名师名校新形态通识教育
"十三五"规划教材

高职大学生

心理健康教育 第2版

+ 夏翠翠 主编 + 宗敏 涂翠平 副主编

人民邮电出版社

北京

图书在版编目（CIP）数据

高职大学生心理健康教育 / 夏翠翠主编. -- 2版
. -- 北京 : 人民邮电出版社, 2020.4（2023.9重印）
名师名校新形态通识教育"十三五"规划教材
ISBN 978-7-115-52465-2

Ⅰ. ①高… Ⅱ. ①夏… Ⅲ. ①大学生－心理健康－健
康教育－高等职业教育－教材 Ⅳ. ①G444

中国版本图书馆CIP数据核字(2019)第277201号

内 容 提 要

本书是为帮助高职大学生更好地理解心理健康、更好地了解自己，学习心理自助与互助的方法，提高高职大学生的心理素质，扩展生命的广度，提升生命质量而编写的。本书分为11章，主要内容包括高职大学生心理健康概述、高职大学生健全自我意识塑造、高职大学生人格发展与心理健康、高职大学生学习心理、高职大学生生涯规划、高职大学生的人际关系、高职大学生健康恋爱及性心理的培养、高职大学生情绪管理、高职大学生的压力管理与挫折应对、高职大学生生命教育与心理危机应对、心理咨询等。本书配套慕课由北京师范大学夏翠翠主讲。

本书可作为大学生心理健康教育与辅导方面的通识教材，也可作为高校相关教职人员了解大学生心理的参考书，同时还可作为青少年健康成长的指导手册以及青年人提高自身心理素质的自学用书。

◆ 主 编 夏翠翠
   副 主 编 宗 敏 涂翠平
   责任编辑 税梦玲
   责任印制 王 郁 焦志炜
◆ 人民邮电出版社出版发行   北京市丰台区成寿寺路 11 号
   邮编 100164   电子邮件 315@ptpress.com.cn
   网址 https://www.ptpress.com.cn
   北京鑫丰华彩印有限公司印刷
◆ 开本：787×1092   1/16
   印张：14.75   2020 年 4 月第 2 版
   字数：302 千字   2023 年 9 月北京第 17 次印刷

定价：42.00 元
读者服务热线：(010)81055256   印装质量热线：(010)81055316
反盗版热线：(010)81055315
广告经营许可证：京东市监广登字 20170147 号

序

目前大学生心理健康教育已受到社会的广泛关注，大学生心理发展的特点和时代的需要对大学生心理健康教育提出了新的要求。一方面，大学生在生理上已经成熟，但心理上正处于从不成熟向成熟过渡的阶段，他们会面临很多人生发展的新问题；另一方面，"00后"大学生出生在网络高速发展的时代，他们在物质基础丰富、文化内容多元化、价值取向多样化的社会中长大，其价值取向、思想观念、人生态度、行为方式等方面都显现出变化和特殊性。快速发展的社会给大学生带来了冲击，同时也给高校心理健康教育提出了新的挑战。

大学是培养高质量人才的地方，创新精神、创造能力、适应能力和实践能力是考核高质量人才的关键标准。拥有健康的心理和良好的心理素质，是大学生健康成长的需要，更是培养现代高质量人才的需要。

阅读完这本书稿，我总结了本书的4个特点。

一是内容有针对性。本书紧扣时代的发展，结合大学生的心理发展特点，从大学生的心理发展任务出发，对大学生常见的困惑和问题及其应对策略进行了阐释与分析。

二是编排形式活泼。本书选取大学生实际生活中的案例，从两个主人公及其身边的人物出发展开论述，案例生动活泼，贴近大学生活，并结合案例从理论上进行了深入浅出的分析。

三是活动可操作。每章都有课堂活动和技能学习，这些活动可以丰富课堂形式，有效地帮助大学生提高心理素质。

四是有配套的音频和视频内容。学生可以根据音频和视频的指导进行自主训练，以满足不同的学习需求。

本书既可以满足大学生了解心理健康知识的需要，又能帮助大学生从活动中提升心理素质，同时对从事大学生心理健康教育工作的人员及其他青年人也有很大的参考价值。概括来讲，本书是一本集讲授知识和提高技能于一体，可读性和可操作性很强的教材。

夏翠翠和涂翠平都是我的学生。夏翠翠毕业十几年来一直在北京师范大学从事大学生心理健康教育工作，涂翠平毕业后在北京科技大学天津学院、北京邮电大学从事大学生心理健康教育工作，这本书也是她们对这么多年来自己工作经验和心得体会的总结。作为老师，我很欣喜地看到她们进步和成长，祝愿她们在未来的工作中取得更多的成绩，为大学生心理健康教育做出自己的贡献！

方晓义

2019 年 8 月 10 日于北京师范大学

前　言

　　当前我国正处于社会转型的特殊时期，社会经济结构发生了深刻的变化。中国特色社会主义进入新时代，我国社会的主要矛盾已经转化为人民日益增长的美好生活需要与不平衡不充分的发展之间的矛盾。美好生活的需要不仅包括物质生活的需要，而且包括精神生活的需要。党的二十大报告提出推进健康中国建设。加强心理健康服务是建设健康中国、平安中国、法治中国的重要内容，是培养良好道德风尚、培育和践行社会主义核心价值观的内在要求，也是实现国家长治久安的一项源头性、基础性工作。

　　在社会高速发展的形势下，大学生的观念和心理状态受到了巨大冲击，心理上的动荡进一步加剧，所面临的心理行为适应问题也前所未有，因此，大学生心理教育尤为重要。为此，教育部颁布了《高等学校学生心理健康教育指导纲要》和《普通高等学校学生心理健康教育课程教学基本要求》，规范了高校心理健康课程教育的基本内容。

　　当代大学生对自身的心理健康也更加关注，越来越多的大学生积极参加学校的学生心理咨询中心开展的各类心理健康教育活动，愿意主动求助，愿意讲自己的心理问题。大学的心理健康教育课堂为大学生打开了一扇了解自己、了解他人、了解世界的大门。

　　我们编写的《高职大学生心理健康教育》第 1 版有幸被全国上百所院校使用，广大师生对这本书的充分肯定，让我们倍感欣慰。同时，他们也向我们反馈了改进意见，在此深表感谢。综合使用院校的意见，以及近几年大学生心理健康教育的新变化、新要求，我们在第 1 版的基础上对此书进行了全方位、立体化的修订，具体表现在以下几个方面。

（一）内容新颖，案例贴切

- 本书在第 1 版的基础上进行了知识拓展，除在每章中充实新的理论和研究成果外，还根据大学生日益增多的心理服务需要，单独在第十一章对心理咨询进行了详细的介绍。

- 本书的案例以两名大学生的大学生活为主线，通过介绍他们与同学、亲人之间的故事，反映大学生常见的心理问题、困惑和思考，案例设计更贴近大学生的实际生活。

（二）形态新颖，知识立体

- 每章开头设置了"引导案例"，章末设置了"本章小结""思考题""推荐资源"，帮助大学生快速进入学习情境，理解人物感受，理顺内容逻辑，拓展知识广度。

- 配套视频课程。扫描书中二维码可以跟随微课视频学习本节知识点，也可登录人邮学院（www.rymooc.com）学习完整慕课。

- 本书还提供大量音频作为补充内容，包括案例、知识拓展和语音指导等。大学生可以扫码聆听，丰富学习层面。

（三）资源丰富，辅助教学

- 本书提供教学大纲、教案、PPT 等教学资料，辅助教师教学。

- 附赠考试练习题，包含选择题、判断题、简答题、分析题等，供大学生自我测试和教师教学。

以上资源均可在人邮教育社区（www.ryjiaoyu.com）下载。

本书由夏翠翠任主编，宗敏、涂翠平任副主编。各位作者的具体分工如下：第一章、第二章、第七章、第十章和第十一章由北京师范大学的夏翠翠编写；第三章、第四章和第五章由外交学院的宗敏编写；第六章、第八章和第九章由北京邮电大学的涂翠平编写；全书由夏翠翠统稿。

编者

2019 年 8 月

目　录

第一章

健康"心"观念
——高职大学生心理健康概述

随着物质条件的丰富，越来越多的人开始注重自己的心理健康，渴望了解与心理健康相关的知识，对自己的内心变化充满好奇。同时，人们也越来越认识到，不只身体要健康，心理也要健康，身体和心理似乎有密不可分的联系。本章学习目标如下：

■ 了解心理健康的概念、心理健康的标准、高职大学生的心理发展任务和初入大学的适应；
■ 掌握影响高职大学生心理健康的主要因素；
■ 掌握高职大学生心理健康的自我保健。

引/导/案/例

主人公出场

张帅：男，19岁，大二，计算机专业，话剧社成员。爱好文艺，喜欢创作。

佳琪：女，18岁，大一，中文专业，正应聘话剧社社员。爱好文艺，喜欢表演。

背景介绍：佳琪上大学以前是个超级学霸，一心只知道用功读书。上了大学后，她听师兄师姐们说以后进入社会只凭学习好是不行的，要踊跃参加各种各样的社团，锻炼自己的能力。思来想去，她选择了一个自己想尝试的社团——话剧社。佳琪应聘话剧社社员，张帅是"面试官"之一，二人在面试中是第一次相遇。

下面将以这两位主人公及其同学为案例，探讨与高职大学生心理健康相关的问题。

第一节

健康从"心"开始——高职大学生心理健康导论

本节视频

当人们的身体生病了，毫无疑问，人们会吃药、看医生，但是当人们的心理"生病"了，人们往往不会看医生，或者向他人寻求帮助，大部分人会认为这些"病"是性格问题，根本没有把一些异常的心理状态或行为和心理健康联系起来。现在我们一起来看看什么是心理健康、心理健康的标准、高职大学生的心理发展任务和影响高职大学生心理健康的因素有哪些。

一、什么是个人的软实力：心理健康的概念

健康不仅仅指强健的体魄。1989年世界卫生组织将健康表述为："一个人只有在身体、心理、社会适应和道德4个方面都健康，才算是完全健康的人。"从世界卫生组织1989年对健康的表述来看，人的健康包括身体健康、心理健康、社会适应良好和道德健康4个部分，缺一不可，心理健康是健康的重要组成部分。革命的本钱不仅包括强健的体魄，而且包括健康的心理。

何为心理健康？2001年世界卫生组织对心理健康的定义为："心理健康不仅仅指没有患上心理疾病，更可视为一种幸福状态，在这种状态中，每个人认识到自己的潜力，可以应付正常的生活压力，有效地从事工作，并能够对社会做出贡献。"由原国家卫生计生委、中宣部等22部委联合发布的《关于加强心理健康服务的指导意见》（国卫疾控发〔2016〕77号）中将心理健康定义为："人在成长和发展过程中，认知合理、情绪稳定、行为适当、人际和谐、适应变化的一种完好状态。"

心理健康是健康的重要组成部分，这项"软实力"确实很重要。不少研究显示心理健康能促进寿命延长，改善身体健康，提高生命质量，并能有效减少犯罪等行为。心理健康是高职大学生建立良好的人际关系、提升创造力、保证良好发展的基础。

扩 / 展 / 阅 / 读

心理健康的新观点

当今，人们对心理健康的理解有以下4个新观点：（1）心理健康是人的一种相对的状态，而不是"十全十美"；（2）心理健康是人较长一段时间内的持续的心理状态，一个人偶尔出现的异常心理或行为及轻微的情绪失调，如果能恢复正常，则不能认为这个人的心理是不健康的；（3）人的心理健康可以用一系列具体标准来描述，但这种描述通常是对人的一种全面的理想要求，人不一定能全部做到；（4）人们对心理健康的理解渐趋于多元模式，人们认为造成心理不健康的因素并不是单一的，而是生物、心理和社会共同作用的结果。

二、内外和谐：心理健康的标准

我国古代就有人提出了心理健康的标准——天人合一。天人合一的思想最早是由庄子提出的，后被汉代思想家、阴阳家董仲舒发展为天人合一的哲学思想体系，并由此构建了中华传统文化的主体。天人合一的思想可以解读为人与自然的和谐，以及人内在生命的和谐。从我国传统文化的角度来看，一个人的心理是否健康，主要看这个人是否与外在环境保持和谐，以及这个人的内在是否和谐。这种和谐是当今学者对心理健康标准界定的核心依据。下面我们一起来看看当今比较认可的对心理健康标准的界定。著名心理学家马斯洛和密特尔曼提出的心理健康的 10 条标准如下。

（1）有充分的安全感。

（2）对自己有较充分的了解，并能恰当地评价自己的行为。

（3）自己的生活理想和目标能切合实际。

（4）能与周围环境事物保持良好的接触。

（5）能保持自我人格的完整与和谐。

（6）具备从经验中学习的能力。

（7）能保持适当和良好的人际关系。

（8）能适度地表达和控制自己的情绪。

（9）能在集体允许的前提下，有限地发挥自己的个性。

（10）能在社会规范的范围内，适当地满足个人的基本要求。

三、成长目标：大学阶段的心理发展任务

案/例

主题班会——大学阶段的成长目标

佳琪刚进入大学没多久，一方面对大学的学习和生活充满新鲜感和好奇心，另一方面也面临很多适应的问题。一天班主任组织全班同学开班会，班会的主题是讨论大学阶段的学习目标和成长目标是什么。

学习目标对于佳琪来说很容易想——好好学习专业，扩展自己的人际交往范围，在社团里锻炼自己的综合能力。但是成长目标对于佳琪来说就很陌生了，可以说她从来没有思考过这个问题。班会上大家的发言很踊跃。

"我要学习自己照顾自己。"

"我要主动和人交往，建立良好的人际关系。"

"我要谈一场恋爱。"

"我要学习面对挫折。"

"我要探索自我，认识自我。"

"我要自己挣钱，养活自己。"

……

上了大学，你的成长目标是什么？你是不是也和佳琪一样，说到成长，并没有仔细地思考过？在大学里要怎么成长？高职大学生有哪些心理发展任务？我们一起来看一下。

1. 分离个体化理论

很多心理学家认为分离个体化是青少年阶段的一个主要发展任务。心理学家强调青少年必须摆脱对家庭的依赖，脱离父母的影

响，并作为成年人世界中一个独立的个体开始发展。

分离个体化理论认为分离个体化是一个内在、主观的过程，是个人在心理上与父母分离，并建立自己作为独立的个人形象的过程。这种身体和心理上的分离是一种必要的发展任务，能帮助青少年在家庭外建立亲密的关系。

良好分离个体化的人会表现出以下特征：他们能与他人合作，考虑他人的利益，在处于压力时能保持冷静；他们对各种各样的观点持开放的态度，尊重他人，为自己负责，能意识到自己对他人的依赖，能平静、理智地处理冲突、批评和拒绝，他们的思维不受情感的影响，他们的行为是出于慎重选择的结果，是建立在对事实认真评估的基础上的；在一个分离个体化程度高的家庭中，成员不需要不断地从他人那里寻求爱、赞许和感激，他们不会因为别人没有满足自己的需要而控制别人为自己负责。良好分离的家庭成员能够在表达他们的个体化的同时彼此保持亲密的联系。

高职大学生正处于与父母的分离个体化的阶段，这个时候会逐渐形成独立的"我"，有自己的观点和看法，逐渐脱离父母和他人的影响。

2. 哈维格斯特的观点

发展心理学家哈维格斯特曾对青年期的发展进行了系统的论述，他认为青年期主要有以下心理发展任务。

（1）青年期的同龄人团体的建立

① 学习与同龄男女之间新的交往方式。

② 学习作为男性或女性的社会任务及角色。

（2）独立性的发展

① 认识自己的身体构造，有效地使用自己的身体。

② 从精神上独立于父母或其他人。

③ 具有在经济上自立的自信。

④ 选择职业并为其做准备。

⑤ 做好结婚及家庭生活的准备。

⑥ 发展作为社会一员所必须具备的知识、技能和观念。

（3）人生观的发展

① 发展并完成附有社会性责任的行动。

② 学习作为行动指南的价值观和伦理体系。

哈维格斯特的观点和分离个体化理论的核心观点一致，认为青年期要发展独立性和人生观，以及建立同龄人团体，他较为详细地叙述了具体的发展任务。

=== 课/堂/活/动 ===

设定成长目标

根据高职大学生的心理发展任务为自己设定 3 个在大学阶段主要的成长目标，并完成表 1-1。

表 1-1　设定成长目标

成长目标	完成情况	阻力	如何打破阻力实现成长目标

四、大学从适应开始：初入大学的适应

从中学毕业后进入大学，高职大学生要面对很多方面的变化，包括学业环境、人际模式、自我认知以及和家庭的关系等，每个方面的适应都尤为重要。

（1）大学的学业环境的变化

高职大学生进入大学后面对的学业环境变化主要有以下3个方面。

① 学习的自由度更高。

② 学习内容从知识教育转向职业（技能）教育。

③ 学习强调实用性。

这意味着高职大学生要面临新的学业挑战——自主学习、技能学习和将知识转化为实践。在大学里，没有站在门后的班主任和每天出现在校园广播里的教导主任，学习变成每个人"自己的事"。学习不再是老师挥舞着教鞭督促，而是要靠自身鞭策和激励。这一时期的学业环境的变化，容易导致高职大学生出现迷茫的情绪：不知道自己要做什么。还有的学生会出现学业适应问题：不知道怎么学。能够帮助高职大学生适应这一时期学业环境的方法有：①为自己设立目标，包括大目标和小目标；②积极和辅导员老师、班主任老师、导师和师兄师姐沟通，向他们寻求经验和帮助，这样更容易渐渐适应学业环境，充分享受大学里丰富的资源和自由的环境。

（2）大学的人际模式的变化

中学生的集体感很强，学生之间更容易接触，共同活动更多，更容易发展亲密关系。而在大学校园里，与集体感相比高职大学生的独立性更强，集体主义思想不断被削弱，个人主义思想开始充分发挥作用。每个人都有鲜明的个性和个人空间，彼此之间的交集较少。高职大学生如果对人际模式的变化适应不良，就容易缺少社会支持资源，变得封闭而孤独。高职大学生适应人际模式变化的一个好方法是参加大学里的各种社团活动，高职大学生可以根据自己的兴趣爱好或者将来的职业发展方向选择社团，例如网球社、动漫社、攀岩社……在不同的领域结识不同的人。

（3）高职大学生自我认知以及和家庭关系的变化

大学时期高职大学生的自我认知趋于成熟，从"疾风骤雨"的青春期走出来，开始步入"同一性探索"的成年早期。相伴随的是，高职大学生慢慢地实现走出家庭、步入社会的过程。从过去每天放学回家，到大学里寒暑假才会返乡，高职大学生和家庭的关系不再像过去那样紧密，这种变化既会给他们带来更多的自由及充分自我探索的机会，又会让他们产生离家的无所适从感。高职大学生能够有效平衡和适应这种变化带来的影响很重要。

第二节

先天还是后天——影响高职大学生心理健康的主要因素

本节视频

一、面条能被拉多长：影响高职大学生心理健康的主要因素

面条能被拉长的长度，取决于两个方面：一方面是面条本身的特性；另一方面是拉力的大小和拉长的技巧。影响高职大学生心理健康的主要因素有两个方面：一方面是遗传；

另一方面是环境。遗传影响人的潜能，环境影响这种潜能是否能发挥出来，以及发挥到什么程度。

1. 遗传

遗传和环境对一个人发展的影响，一直是心理学家争论的焦点。精神疾病是否遗传？回答是肯定的。一些对于双生子精神分裂症的研究表明，同卵双生子的平均相关系数是0.48，异卵双生子的平均相关系数只有0.17。另外，父母患有精神分裂症会增加子女患上精神分裂症的风险。这些研究强有力地证明了精神分裂症受遗传影响。

另外一些研究证明了遗传在酗酒、抑郁症、多动症及双向情感障碍和其他一些神经症上的影响。也许你的亲戚中有人患这些病症，但请放心，这并不意味着你将来一定会患这些病症。研究表明，在父母一方患有精神分裂症的人中，只有9%的人曾经出现过精神分裂症的症状。

北京医科大学精神卫生研究所和伤害精神卫生中心近年的遗传流行病学研究表明：重性精神疾病患者，如精神分裂症、双向情感障碍等与遗传的关系十分密切，一些轻的精神疾病与遗传的关联度较小。

遗传并非影响心理健康的唯一因素，另一个重要因素是环境。

2. 环境

环境对大学生的影响主要来自家庭、社会和学校。

（1）家庭环境

环境中对大学生心理健康影响最大的就是家庭环境。家庭环境对人的影响主要包含3个方面：家庭的自然结构、家庭的人际关系和家庭的教养方式。

有研究表明家庭的自然结构对大学生心理有一定的影响，例如，寄居家庭大学生相对于其他家庭的大学生与人交往时更加敏感；单亲家庭的大学生抑郁程度更高，心理障碍较严重，更容易产生敏感和自卑心理，同时他们的独立性更强。家庭的人际关系不良，例如父母关系不良、经常吵架甚至相互敌视，家庭气氛紧张，自己与父母关系较差或很少与父母联系等，都容易导致大学生产生抑郁情绪。家庭的教养方式从不同方面直接或间接地影响大学生的心理健康水平，否定、消极、拒绝的教养方式对大学生的心理健康起到了一定层面的负面影响；而肯定、积极的教养方式则对大学生的个性特征、社会交往、自我评价起到了积极的作用。

（2）社会环境

在社会经济飞速发展的今天，高职大学生不仅迎来了发展机遇，而且面临各种挑战。高职大学生要提升自己的专业技能和自身的各种能力，这样才能在竞争激烈的职场中找到适合自身发展的平台。

（3）学校环境

大学是人生的重要时期，是青年在生理和心理上走向成熟和定型的重要阶段。学校在向学生传授知识的同时，也通过各种文化建设向学生传授做人的道理。学校犹如一个小社会，学校的文化氛围也会对高职大学生的心理产生很大的影响。

二、"00"后的互联网烙印：社会环境对高职大学生心理的影响

每个人既独特又平凡，独特是因为天下没有一模一样的人，平凡是每个人都嵌套于大的社会环境之中，因此，每个人难免会受到庞大的社会环境体系的影响。每个人从出生开始就在慢慢实现社会化。社会化是人在特定的社会环境中，发展出价值观，使其行为和态度能够适应社会并积极作用于社会的过程。在每个人发展出独特价值观的进程中，社会环境起着很大的作用，每个人的身上都有时代的印记。

1. 社会环境：物质生活优越

目前大部分大学生来自独生子女家庭，他们从小到大都独享着父母的爱。这种环境对大学生的成长是一把双刃剑，一方面可以让高职大学生体验到更多的爱和关注，父母也越来越采取民主的教养方式，让大

学生有充分的空间进行自我探索；另一方面，对大学生太多的关注有时也会变成压力，大学生需要承担更多父母的期待和学业压力。

2. 科技环境：移动互联网和内容大爆发

社会环境对高职大学生的影响涉及方方面面，在当下时代中，对高职大学生影响最大的当属"网络的兴起"。2018年，腾讯发布了《"00后"研究报告》，报告中指出，在对"00后"群体价值观及其塑造过程的刻画中，移动互联网和内容大爆发充当了重要角色。21世纪初，我国进入了个人计算机时代，互联网成了连接各方面信息的媒介，随着网络技术的发展，如今我们已经进入移动互联网与社交媒体时代。互联网的可获得性越来越高，内容上也出现了爆炸式增长的现象。互联网的兴起对高职大学生心理健康的发展产生了很大的影响，一方面塑造了高职大学生的价值取向：乐于探索不同领域并进行深入了解，能够积极获取家庭和外部资源，对差异越来越包容，更擅长自我形象管理，重视平等并关心自己所在的群体。另一方面，互联网对高职大学生心理健康也存在潜在的负面影响，例如，更高水平的社会比较会降低高职大学生的幸福感，自我形象管理的反面就是完美主义倾向等。

时代的作用当然远不只这些，社会环境中的经济、政治、文化等多方面都会在无形中塑造每个人。

三、遗传与变异：家庭对高职大学生的影响

案/例

我和妈妈好像

刚刚步入高职大学生活的佳琪，每次考试的成绩都名列前茅，在同学看来她可以轻松应对各种考试，其实她每次考试前都非常焦虑，甚至会胸闷、失眠……每次快考试的时候，这种焦虑的感觉就会如影随形，随着考试结束她的焦虑也慢慢消失，这样的情况从她上中学的时候就开始了。

最近又要考试了，焦虑的佳琪躺在床上辗转反侧，不由得想起假期里妈妈"手忙脚乱"的画面：妈妈的工作是财务，有次做报表，任务繁重，她非常焦虑和紧张，以致忘记了"批量保存"的功能。直到佳琪过去安抚她，并帮她保存好了文档……似乎，从佳琪记事起，妈妈就非常容易焦虑。

佳琪不仅想到了妈妈遇事的反应，还想到每次自己焦虑的时候，妈妈比自己还要焦虑，比如高考的时候，自己很焦虑，妈妈则更焦虑，每天在家里大气不敢出，平时回家都会看电视，但在整个高三，家里的电视几乎没有开过，和爸爸讲话都是小心翼翼的。佳琪说晚上睡不好觉，妈妈也跟着睡不好。

佳琪的焦虑和妈妈有什么关系呢？这种焦虑的"遗传"又是怎么发生的呢？

1. 从系统论的角度来看高职大学生的心理健康问题

说到家庭对高职大学生心理健康的影响，不得不提到家庭治疗。家庭治疗中的核心基础理论是系统论，系统论认为：系统的整体大于部分之和，家庭不是个人的简单相加，

而是一个关系网，某一家庭成员的变化会引起其他成员的变化，要理解高职大学生的心理和行为，应该考察整个家庭系统，问题的发生与维持是整个家庭系统共同作用的结果。系统论与个体咨询建立在完全不同的理论基础上（更多关于二者之间区别的内容可以参看第十一章第一节）。

比如一个孩子说谎，很多时候人们会把这个看成品质问题，那么孩子说谎和家庭系统有什么关系呢？请你思考一下，孩子在什么情况下会说谎？通常情况下，如果孩子说真话会带来严重的后果，那么他可能会选择说谎。如果父母可以接纳孩子的行为，并积极引导孩子，孩子可能就会说真话。系统论会从整个系统中来考察高职大学生的行为，认为高职大学生的行为与整个系统的运行是密切相关的。

再来看佳琪的例子，当佳琪焦虑时，妈妈也会焦虑，妈妈的焦虑对佳琪会产生什么影响呢？妈妈的焦虑不仅不会减轻佳琪的焦虑，反而会增加佳琪的焦虑，于是母女二人变得越来越焦虑。二人实际上是在相互影响对方，久而久之佳琪就形成了一旦面临重要的事情就会产生焦虑的习惯。

在你阅读家庭对高职大学生的影响这部分内容时，可以反思自己的家庭，看看你的家庭对你产生了什么样的影响。由于这部分内容比较重要也比较多，因此在本节中将用较大的篇幅来阐释。

扩/展/阅/读

家庭的代际传递

人们常说："父母是孩子最好的老师"。无论学习内容是好的还是坏的，孩子会很容易向父母学习，这就是心理学所说的"家庭的代际传递"。

"家庭的代际传递"究竟传递了什么呢？首先，"家庭的代际传递"的内容涉及方方面面，从生活习惯到人格特点等，其中传递最多的就是人与他人的相处模式。"家庭的代际传递"又是怎样发生的呢？"家庭的代际传递"的过程有很多种，也很复杂。有些传递可能是孩子自身的观察和学习，有些传递可能是孩子对父母的认同。

那么能改变这种"家庭的代际传递"吗？答案是能，具体的内容可以参看后面的内容："3.人真的就被家庭束缚住了吗"。

如果想进一步了解"家庭的代际传递"，请扫描右侧的二维码听老师详细的讲解。

扫一扫

听音频

2. 家庭怎么影响高职大学生的心理健康

家庭究竟如何对高职大学生产生影响呢？下面将从3个方面进行讲解。

（1）家庭亚系统和界限与高职大学生的心理健康

家庭系统的内部很复杂，包括许多"亚系统"，例如夫妻亚系统、父子亚系统、母子亚系统、手足亚系统等，个人作为家庭内部的一个成员也可以看作一个亚系统。各个亚系统都具有自身独特的任务与功能，不能彼此侵犯或混淆。比如夫妻亚系统是否发挥其功能对家庭的稳定至关重要。

结构派家庭治疗的创始人萨瓦尔多·米纽庆认为，亚系统之间的界限会影响家庭成员的功能和心理健康水平。如果一个家庭希望功能良好，家庭中的成员心理健康水平高，那么亚系统之间应该有清楚的界限，而疏离和纠缠的界限会影响家庭的功能和成员的心理健康水平。界限是用来规定哪些家庭成员参与到哪些家庭交往活动中的规则，其作用是保证每个家庭成员既属于某个家庭，或者家庭中的某个家庭亚系统，又能作为独立的个体发挥自己的功能和作用。可以把界限形象地理解为"细胞膜"。在亚系统之间的界限清楚而灵活的家庭中，成员彼此之间的距离不会太远或太近，每个成员在家庭中是独立的，但又和家庭其他成员保持着情感联结。高职大学生与父母有清楚的界限，这体现在：自己和父母保持适当的联系；父母会关心自己但不会过分干涉自己的生活；当遇到事情需要决策时，父母会提供建议和支持，但不会强迫自己接受；当遇到困难时，父母会提供帮助和支持，但不会代替自己去做。高职大学生这种清楚的界限有助于高职大学生完成适合自身年龄阶段的心理发展任务，形成健康的心理。

在亚系统之间的界限疏离的家庭中，成员之间的距离比较疏远，虽然彼此很独立，但缺乏情感上的联结。高职大学生与父母有疏离的界限，这体现在：自己和父母很少联系或几乎不联系；父母很少关心自己的学习和生活；当遇到事情需要决策时，父母一般会让自己来做决定，不提供或很少提供建议和支持；当遇到困难时，父母也很少提供帮助和支持。这种疏离的界限虽然会增加高职大学生独立解决问题的能力，但会让高职大学生感到孤独，这会限制高职大学生发展健康的同伴关系和亲密关系，影响高职大学生的心理健康水平。

在亚系统之间的界限纠缠的家庭中，成员之间的距离比较近，家庭就像一锅粥，虽然彼此的情感联结很多，但成员会缺乏独立性。高职大学生与父母有纠缠的界限，这体现在：自己和父母联系非常多；父母非常关心自己的学习和生活的方方面面，什么都要管；当遇到事情需要决策时，父母会替自己做决定，父母非常喜欢提供建议和支持，不管这是不是自己所需要的；当遇到困难时，父母非常愿意提供帮助和支持，认为"孩子的事情就是全家人的事情"。这种纠缠的界限虽然会让高职大学生感觉到爱，但有时候这种爱会让高职大学生感到窒息和压抑，这会限制高职大学生探索和发展自我，影响高职大学生的心理健康水平。

案/例

小刚是张帅的大学好友。有一天，张帅突然接到小刚妈妈的电话，小刚妈妈特别焦急地说："张帅，你赶紧去看看小刚吧，他现在整天玩游戏，给他打电话也不接，发信息也不回，老师给我打电话说他很多课都没去上，我真是担心死了。"

张帅一下子有点蒙了，赶紧说："阿姨，您先别着急，我去看看他到底怎么回事。"

小刚妈妈接着说："好的，这孩子太不让人省心了，现在父母说的话也不听了，你是他最好的朋友，你说的话他肯定听，你劝劝他吧，让他别玩游戏了，好好专心学习，阿姨就拜托你了！"

张帅安慰道："阿姨，好的，我去找他聊聊，您先别着急。"

挂完电话后张帅感到很奇怪，心想：小刚一直都是比较听话的人啊，怎么突然就沉迷于游戏了呢？我得去看看到底是什么情况。

张帅约了小刚一起吃饭，可是过了十几分钟小刚才来。

张帅说："忙啥呢，怎么还迟到了。"

小刚说："没忙啥，有点事情耽误了。"

张帅说："是不是在玩游戏啊？阿姨给我打电话都告诉我了。你为什么会变成这样？"

小刚说："你别管了，我没事。"

张帅说："你觉得我会相信吗？"

小刚支支吾吾了半天说出了自己的心里话："我对现在的课程一点都不感兴趣，你是了解我的，我爱好文艺。高中选文理科的时候我就想选文科，但我妈觉得男生学理科好，非让我学理科，我执拗不过就学理科了。本以为上大学能选个自己喜欢的专业，可我妈又说学计算机将来好就业，我就又屈从了。现在我对所学的内容是真的不感兴趣，根本无法投入学习，只能靠玩游戏消磨时间了。"

张帅说："你要是不喜欢现在的专业，你就和你妈谈，争取选个自己喜欢的专业。"

小刚说："我妈那张嘴，我能说得过她？很多时候我都觉得她说得很有道理，似乎我也没有更强的理由可以说服她，于是我就妥协了。"

听完小刚的心里话，张帅似乎对小刚理解了很多，这个问题看似是小刚个人的问题，但又与小刚和妈妈的关系密不可分。

（2）家庭不良互动模式与高职大学生心理健康

"家家有本难念的经"，世界上不存在没有冲突的家庭，而幸福和不幸的家庭的差别就在于能否有效应对冲突。如果我们细心观察一个家庭，就会发现这个家庭中会有一些反复出现的行为，这些行为就是家庭的互动模式。萨瓦尔多·米纽庆认为家庭的不良互动模式是造成个人心理行为问题的重要原因。一个人出现心理健康问题，往往是家庭成员之间共同作用的结果。

不同的家庭有不同的互动模式，但也存在一些共同的规律。家庭中出现的问题很有可能正是一些惯用的家庭互动模式作用的结果。能够识别出这些不良的互动模式，进而对其进行改变，打破问题的负性循环是提升成员心理健康水平的关键。

小刚与妈妈的互动模式就是高职大学生与父母常见的不良互动模式之一。妈妈管得越多，小刚就越不会表达自己，越不能自主，此时妈妈就越觉得自己的想法有道理，管得更多。小刚沉迷于游戏的行为不是小刚一个人的错，也不能把全部责任归因于妈妈的教育方式，而是小刚和妈妈的互动共同作用的结果。

课/堂/活/动

从小刚的例子和佳琪的例子中可以看出家庭系统中不良互动模式是如何导致高职大学生的个人问题的，也看出家庭系统中的每位成员对彼此的影响。许多高职大学生的心理健康问题，都是由这些家庭中习以为常的不良互动模式导致的。

和身边的同学组成3~5人的小组，分享自己家庭中的一个互动模式，以及这个互动模式对你的影响。

（3）家庭规则与高职大学生心理健康

每个家庭都有独特的家庭规则，这些家庭规则维持着家庭系统，也潜移默化地影响家庭成员在未来关系中的"规则"。

我们可以把家庭规则视为家庭的语言，它维持着家庭系统的运作。家庭中有的规则对家庭系统的运作是有益的，可以让家庭成员形成良性的互动，相处得十分融洽；家庭中也可能存在具有破坏性的规则，这些规则不仅不能达到理想的效果，反而会破坏家庭成员关系。当然，每个家庭成员对于规则的反应也会各不相同，这些规则也影响高职大学生的心理健康。

家庭规则在一定程度上是对个人和家庭的保护，也是家庭传承下来的生活智慧，比如做人要诚信。每个家庭都有自己的规则，如果家庭规则有以下特点便会影响高职大学生的心理健康。

1 非人性化——做人就是要坚强，不许表现出脆弱。这个规则忽视了人本性中脆弱的一面。

2 绝对化——做人要诚实；一定要准时。这个规则过于绝对。

3 矛盾化——做人要诚实，处事要圆滑。这个规则存在矛盾。

4 过时化——孩子要听父母的话。这个规则忽视了孩子长大后的情况。

≡ 技/能/学/习

（1） 请认真思考你的家庭有哪些家庭规则，并写在下面的横线处，这些规则可以是父母说出来的，也可以是父母没说出来由你感受到的。

_____

_____

_____。

（2）分析以上家庭规则，写出你认为有问题的规则，并写出是什么问题(非人性化、绝对化、矛盾化、过时化）。

_____

_____。

（3） 这些有问题的规则是用什么方法来维持的？

_____

_____。

（4） 这些家庭规则对你有什么影响？

_____

_____。

3. 人真的就被家庭束缚住了吗？

假如家庭系统对高职大学生心理健康的影响如此大，那么这种影响是不是永远都无法改变了呢？每个人真的就被家庭束缚住了吗？事实上，虽然家庭系统影响着每个高职大学生，但高职大学生依然有能力改变其对自己的影响。

（1）增加觉察

改变的第一步就是增加觉察。高职大学

生如果自己都没有觉察到家庭系统对自己的影响是什么，是哪一部分在发挥作用，那么改变将无从谈起。觉察是高职大学生走出"家庭影响"的第一步，高职大学生应该用心地观察自己的家庭和自己在家庭中的角色，以及每一次家庭冲突在家庭系统中是如何产生的，前因和后果是什么，大家是如何共同促成这样的结果的。

（2）觉察资源和优势

在觉察的过程中，高职大学生还需要有一双善于发现"美"的眼睛，去发现家庭系统中的资源和优势，这些资源和优势是家庭的宝贵财富。

你也许会感到疑惑，如果一个家庭中总是充满冲突和矛盾，又谈何去寻找资源呢？其实，即便在功能不良的家庭系统中，也依然存在资源和优势，只要你善于发现。比如在权威型的家庭中，子女也许总是要面对父母无止境的约束和指责，我们剖析父母的这些行为后，会发现潜藏在重重约束与指责背后的是父母对子女未来的担心，他们试图以"过来人"的身份规划子女的生活，初衷是让子女少走一些弯路。在这样的家庭中，如果你有一双善于发现美的眼睛，你就会觉察到权威又充满指责的父母其实可以成为儿女强有力的后援，父母有很强烈的动机想要给儿女一些建议和支持，只是这些建议和支持在长期恶性循环的不良互动模式中变成了效果不佳的强制约束。在佳琪的案例中，也可以发现她的资源，即在面对重要的事情时，佳琪非常重视和认真，非常想把事情做好。

总之，当你做好改变准备时，就要用心去觉察当下，觉察家庭中你过去从未留意过的资源和优势，这些将是人发生改变的有效契机。

（3）改变从自己开始

在家庭中，人们特别容易出现的一个想法是错都在对方，只要别人改变了，问题就消失了。有的高职大学生也会认为：我又没办法改变父母，我能怎么办呢？在这里要强调的是改变永远从自己开始。家庭是一个系统，只要有一个部分改变，就会引起系统其他部分改变。自己要怎么改变呢？核心要点就是发现家庭系统中不合时宜的亚系统界限、互动模式和规则，从而有的放矢地从自己开始改变。下面从4个方面提出改变建议。

① 高职大学生的家庭亚系统之间界限是疏离的：这类高职大学生的资源是独立自主，有自己的想法，学习能力强，但需要增加与人（家人）的联系，建议这类高职大学生在人际交往中注重关心他人，学习适当的人际交往技巧，增加与人的联结。

② 高职大学生的家庭亚系统之间界限是纠缠的：这类高职大学生的资源是有爱心，人际交往能力强，好相处，但需要增加自己的独立能力，减少对他人的依赖性，建议这类高职大学生可以从小事的决定开始，学习自己做决定。

③ 高职大学生家庭中存在不良互动模式：在人与人的互动中，任何一个人的改变都有可能改变整个互动模式。就像小刚的案例里，小刚的改变可能也会引发妈妈的改变。如果小刚能够充分表达自己的想法和意愿，能坚持自己的理想并说出理由，让妈妈看到自己独立和有自己想法的一面，妈妈可能会做出妥协，接受小刚自己的决定，妈妈也会减少替小刚做决定的行为，这样母子互动模式就改变了。

④ 高职大学生家庭中存在不适用的规则：高职大学生首先要识别出那些不适用的规则，并且高职大学生要逐渐培养自己的独立能力，要将家庭的规则和自己的想法、价值观进行整合，形成新的规则，不可一味坚持或排斥家庭中的规则。

（4）改变永远在当下

在改变的过程中，我们无法乘坐时光机回到过去，改变已经发生的事情，但我们有能力聚焦于现在，让过去的事情对自己现在的影响发生改变。如果一味地纠缠于过去，人将会感到无力和挫败，应该凭借自身的资源，努力改变现在。

读完此节，如果你已经觉察到你的家庭系统在运作中存在的一些问题，那么请继续发掘家庭的资源，找到可以替代的新的运作模式。

四、每个人都有选择的权力：高职大学生自身的影响

高职大学生也许有这样的疑问：我不断受到来自社会、学校、家庭……环境的影响，那么我如何保持自我？其实，对于自身来说，我们都有自由意志和选择的权力，环境的改变往往是困难的、有局限的，但每个人自己始终有选择的自由。

什么是选择的自由？比如在小刚的案例中，小刚高考填报志愿时被妈妈说服而选择了计算机专业，到了大学后这似乎是很难改变的结果。此时小刚也拥有选择的自由，小刚可以选择自己对学习专业的态度，比如是抵触、回避还是积极面对；小刚也可以选择自己对待所喜欢的文学的态度，比如是积极地去发展文学的爱好还是放弃；小刚还可以选择毕业后做什么，比如是找一份与计算机专业相关的工作，还是找一份自己感兴趣的工作。这就是选择的自由，这种自由是相对的，不是绝对的。这种自由让我们有权力选择是否接受环境的某种影响。这份自由背后也是个人对责任的承担：个人要承担自身选择的结果所带来的责任。

我们每个人都有选择的自由，自己决定是否要受到某种影响，以及受到何种影响，同时，也要做好承担责任的准备。

第三节

健心 = 健身——高职大学生心理健康的自我保健

本节视频

案/例

一天，佳琪从食堂出来的时候，忽然觉得头晕目眩，呼吸困难，她坐在路边缓了好一会儿才感觉好点。佳琪心想：我的身体一直都挺好的，就连前段时间流感盛行时，我都没有倒下，怎么今天忽然很不舒服呢？佳琪想到后天要期中考试，本来就很焦虑的她现在更焦虑了，她担心会因为身体原因而影响复习。

佳琪回到宿舍午休，午休后她发现自己依然有种胸闷气短的感觉，她叫上了室友陪自己去了校医院。医生给佳琪做了一些检查，发现生理上没有任何异常，接着和佳琪聊起了她最近的生活状态。这段时间正值期中考试复习阶段，佳琪回顾了自己的生活发现，基本上每天除了一日三餐和睡觉，其他时间都在学习，感觉做其他事情都是在浪费时间，所以好久没有做运动，或者是和朋友出去玩了。医生听完她的叙述，告诉她可能不是因为生理上的疾病导致了头晕目眩、胸闷气短的症状，而是因为她最近心理压力比较大，长期的焦虑状态让她的身体出现了这些症状。佳琪恍然大悟，原来心理上的焦虑也会对身体健康产生影响。医生还告诉她，以后在重视学业的同时，还要注意适当休息和放松，要好好地关爱自己的身体和心理。佳琪回去后便开始制订各种自我关爱的计划。

一、自我关爱：补充身心的营养剂

你是不是有过和佳琪一样的经历？因为学习而忽略了生活的其他方面？在大学里，学习的方式发生了很大的变化。以前在高中时只要背熟知识就行，到了大学，学习和考试的形式都发生了很多变化，考试不再拘泥于答试卷，课堂展示、小组展示、制图、模型建造、社会实践等都可能是"考试"的形式。佳琪好在意识到自我关爱的重要性，开始制订自我关爱的计划。有的高职大学生则会特别排斥自我关爱，认为自我关爱没有用。如果你认为自我关爱没有用，那你真的需要好好读一读本节的内容，读完以后也许会改变你的看法。

我们先来看看什么是自我关爱。想一想，如果你的朋友对你说起自己最近的烦恼和不顺利，你会怎样做？也许你会轻拍他的背，安慰他说："你已经做得很好了，一切会慢慢顺利起来，要不要出去吃顿好的？"这是我们对朋友最基本的关爱。如果有一天需要安慰的是你呢？你会不会像对待你的朋友一样安慰自己，还是在心里对自己说"你真没用"，或"你真笨，这都处理不好"。如果你能够安慰自己，那么恭喜你，你有很好的自我关爱的能力，如果你对自己没有那么宽容，那么你在自我关爱的道路上还有很长的路要走。

自我关爱指一种能够宽容自己、接纳自己、理解自己的过失和苦难，并坦然接受人无完人这一事实的能力。换句话说，自我关爱和我们对他人的关爱一样，不同的是雪中送炭，炭送给的是自己，锦上添花，花也是添到自己身上。

介绍了什么是自我关爱，那么自我关爱要怎么做呢？每个人自我关爱的方式也许各不相同，但大致上具备一些共同点，高职大学生可以参照以下方法来进行自我关爱。

（1）当自己需要安慰时，可以先想想自己是怎样安慰别人的。有时，人们对他人的关爱要比对自己的关爱多得多，对自己，反而多了很多苛责。

（2）增加对"自我批判"的觉察。有时人们自身也会阻碍自己去关爱自我，如果你留心倾听，你也许会听到心中许许多多自我批判的声音，"你还不够努力""你做得不如别人""你太差了"，对这样的声音多一些觉察，并慢慢让这些声音停下来，这也是自我关爱的一种方式。

（3）学会款待自己，让自己能够感受到长期而稳定的快乐。学会用你喜欢的方式哄自己和奖励自己，也是自我关爱的一种。同时，在进行自我关爱时也要注意方式方法，比如一些"暴饮暴食""酗酒"的方法，只会带来短暂的快乐和长久的痛苦。

人只有把自己照顾好了，才能更好地投身于学习和工作中，才能更好地享受生活。

扩/展/阅/读

自我关爱小贴士

（1）将自我关爱排上你的日程。
（2）定期评估自己。
（3）换个方式打发时间。
（4）做深呼吸。
（5）发挥你的主观能动性。
（6）放松你的身体。

扫一扫

听音频

（7）抓住无聊和失眠的时刻。

（8）让生活更美味一些。

（9）学会寻求帮助。

（10）发挥你的想象力。

（11）寻求专业疏导。

扫描旁边二维码听详细讲解。

二、健身就是健心：身心一体的健康理念

案/例

今天的高职大学生心理健康课堂上，老师让大家做了一个有关性格的心理测试：A型人格和B型人格测试。张帅听得非常入迷。A型人格的人：脾气比较火爆，有闯劲，遇事容易急躁，不善克制，喜欢竞争，爱展示自己的才华，对人常存戒心……张帅越听越觉得这说的不就是自己吗！果然测试结果下来后，张帅发现自己偏向于A型人格。与之相反的是B型人格的人：在生活中容易相处，不易激动，社交适应性良好，而且胸怀开阔，容易想得开，通常来说他们性格较为圆融，非常喜乐。

张帅回想自己的父母，母亲的性格很随和，遇到事情不慌不忙，能够把家打理得很好，和邻里亲戚的关系都很好，而父亲和自己的性子都比较急。老师紧接着提了一个问题：不同人格类型的人的身体健康状况是怎样的？张帅心里想：生病和人格类型有什么关系？很多同学认为生病和人格类型没有关系。接下来老师继续告诉大家，A型、B型人格的人身体健康状况是不同的，A型人格的人患冠心病的风险是B型人格的人的5倍。张帅听完后非常吃惊，父亲确实有冠心病，没想到人格和身体健康居然还有关系。老师还告诉大家身心是相通的，有一类疾病叫心身障碍，就是由心理困扰引起的身体健康问题。张帅听得非常认真，并且决定下课一定要给父亲打个电话，同时也开始思考自己要如何改变。

你如何看待人的心理和身体的关系？和案例中张帅刚开始的想法一样吗？越来越多的研究结果表明，人的心理与身体有非常密切的联系。

1. 心理对身体的影响

医学领域的许多研究已经证明，人的一些身体疾病和心理状态息息相关，比如当人感受到压力大时往往会更容易出现皮炎等慢性病症；在一些癌症患者身上，我们也看到了乐观的心态对于疾病康复和生命维持的重要作用。

精神病学领域的研究也发现，许多精神障碍的人会出现一些躯体症状，如抑郁症患者会出现身体无力、失眠、食欲变化和身体疼痛等躯体症状。

越来越多的例子告诉我们，身心是一体的，二者的健康休戚相关。许多慢性病或重症患者，也会经历内心的煎熬。如果我们想要身体健康，那么就要保证心理健康，反之亦然。

2. 身体对心理的影响

医学研究人员几乎在所有的精神障碍和心理问题的诊断中发现，身体的状态会影响心理的健康状态。例如，当人由于某些原因如车祸，造成头部前额叶受损后，性情会发生很大的变化，如脾气暴躁，不能控制自己等。前额叶是人们调节情绪的关键区域，只有前额叶的功能正常，人才能有效调节情绪，如果前额叶受损，人就会变得难以控制自己。为什么人的身心之间的关系如此密切？因为人的身体和心理的机制是相连的。比如，A型人格的人和B型人格的人相比，会更容易患心脏疾病，原因是A型人格的人体内特殊的神经内分泌机制，这种机制可使血液中的血脂蛋白成分改变，血清胆固醇和甘油三酯平均浓度增加，从而导致冠状动脉硬化。患有情绪障碍，如抑郁症和焦虑症等的人，会出现睡眠增加、饮食减少和其他躯体的症状，这些症状和机体内血清素的含量有关。因此，人的身体和心理在大脑、神经递质和植物神经系统等机制的作用下，产生了非常密切的联系。所以说健身就是健心，健心就是健身。

三、关爱身体：高职大学生的身体保健

前面已经提到心理健康和身体健康息息相关，如果想要保持健康的心理，对身体的

日常保健尤为重要。

身体健康是建立在良好生活习惯上的。良好的生活习惯包括许多方面：良好的饮食习惯、运动习惯、睡眠习惯等。有的高职大学生养成了不好的生活习惯，比如饮食不规律、运动量少、长时间玩游戏、过度节食、晚睡等，这些不好的生活习惯严重威胁着高职大学生的身体健康。

1. 养成良好的饮食习惯

"民以食为天"，我们的一日三餐也影响着我们的身体健康。合理膳食，注重营养搭配，避免暴饮暴食，可以为我们带来健康的体魄。有的高职大学生上大学以前从来没有自己照顾过自己的饮食起居，上大学后不知道如何合理安排膳食，出现营养过剩或者营养不足的现象；有的高职大学生，尤其是女高职大学生，想要保持苗条的身材而过度节食，身材是苗条了，但身体的健康状态堪忧。这些现象在大学里是比较常见的，是不可取的做法，也是大学生需要注意和改变的方面。

肠胃是人体最重要的消化器官，高职大学生要保护好自己的肠胃，而建立良好的饮食习惯是进行身体保健的关键步骤。

课/堂/活/动

回答下面的问题，并认真总结建立良好饮食习惯的方法。

（1）肠胃喜欢什么？（请描述行为，例如：细嚼慢咽）

_____

_____

_____。

（2）肠胃不喜欢什么？（请描述行为，例如：暴饮暴食）

_____

_____

_____。

（3）在饮食方面，你有哪些养生的妙招？

_____

_____

_____。

2. 养成良好的运动习惯

合理运动是维持人们身体正常运行的有效方法之一，是身体抵御疾病的保障。已有研究发现，运动可以促进人体内多巴胺等激素的分泌，这些激素和人的心理健康有关。合理的运动不仅有利于我们的身体健康，还有利于我们的心理健康。养成良好的运动习惯是进行自我身体保健的重要步骤。

3. 养成良好的睡眠习惯

你也许有这样的体验，当睡眠不足时容易产生烦躁的情绪，也更容易出现注意力不集中的情况。睡眠不仅影响人们的身体健康，还会对人的情绪和记忆等认知功能产生影响。睡眠不足的人更容易体验到负面情绪，长期的睡眠不足甚至会使人记忆力降低。在高职大学生群体中，睡眠不足和出现睡眠问题的现象也很常见。高职大学生只有养成良好的睡眠习惯，才能保证学业顺利进行，保持身体的健康。

扩 / 展 / 阅 / 读

关于睡眠你需要知道的

（1）当代人的睡眠状况

根据世界卫生组织的统计，全球范围，人们的睡眠障碍率达27%，美国人失眠率高达50%，英国人为14%，日本人为20%。我国睡眠研究会调查显示，我国成年人失眠发生率高达38.2%，超过3亿人有睡眠障碍，且这个数据仍在攀升中。

（2）健康睡眠的内容

① 时长：睡眠充足。

② 持续性：容易入睡以及半夜不易醒，醒来后可以很快再次入睡。

③ 时机：早睡早起。

④ 睡眠质量：睡得好。

（3）拥有健康睡眠的方法

① 定期运动。

② 注意睡前饮食。

③ 建立良好的睡眠环境。

④ 睡前用热水泡脚。

⑤ 注意睡姿。

⑥ 运用心理暗示。

⑦ 保持情绪平和。

⑧ 放松训练。

如果想进一步了解睡眠，请扫描旁边的二维码听老师讲解详细的内容。

扫一扫

听音频

技／能／学／习

身体保健行动计划

身体保健行动计划的内容如下。

（1）可选择的运动形式。

（2）准备所需装备或物资。

（3）确定锻炼的形式。

（4）确定锻炼的时间及强度。

（5）确定监督者（可选择）。

（6）确定可停止锻炼的情况。

（7）确定锻炼的记录方式。

（8）其他需要安排的事项，例如饮食。

（9）计划可行性分析。

（10）计划执行一段时间后的总结、调整。

高职大学生制订身体保健行动计划的过程也是帮助自己思考和觉察的过程，身体保健行动计划越具体，完成的可能性就越大。

佳琪在医生的建议下，制订了一个身体保健行动计划，她希望通过这份计划不仅能强身健体，为忙碌的学习生活打下坚实的身体基础，同时也把这当作关爱自己的一种方式。

身体保健行动计划

- 姓名：佳琪
- 主题：坚持锻炼身体
- 目的：提高身体素质，锻炼意志品质，放松身心
- 基本目标

从今天（5 月 24 日）至本学期末（7 月 16 日），每周至少 3 天、每天两种锻炼形式、每天至少 1 小时锻炼身体。

- 具体安排

（1）可选择的运动形式

慢跑、快走、慢走、拉伸活动、跳绳、游泳、爬楼梯、仰卧起坐、台阶运动等。

（2）准备所需装备或物资

适合平时运动的内外衣裤、棉袜、运动鞋、泳衣、跳绳、游泳卡等。

（3）确定锻炼的形式

① 一般情况下优先选择慢跑 + 拉伸活动 + 仰卧起坐的锻炼形式。

② 天气炎热或有人结伴时可选择游泳。

③ 大风、沙尘、阴雨天等天气情况较差或操场不开放时选择室内跳绳、爬楼梯、台阶运动等可在室内活动的锻炼形式。

（4）确定锻炼的时间及强度

① 一般情况下选择晚上 8 点至 9 点间室外活动 40 ~ 70 分钟，睡前做仰卧起坐 50 个。

② 身体不适时，活动时间酌情减少，但不得少于 30 分钟，可调整为活动强度较小的运动形式，如慢走等。

③ 每周尽量保证至少 3 天的运动时间。在已知会有某天不能锻炼的情况下，将欠缺的运动量以每天增加 5 ~ 10 分钟的锻炼时间的形式补充回来。

④ 晚上尽量保证在 12 点前睡觉，若需熬夜至 12 点以后，则在室友休息前，如 11 点至 11 点半之间，抽 15 分钟先做完仰卧起坐再继续完成学习任务。

（5）确定监督者

① 向父母和室友报备自己的行动计划，请他们提供必要的提醒监督。

② 选择一个对自己影响较大的人，如男朋友，对自己的锻炼行为进行监督管理，可共同签订一个监督行为的契约，对行为具体要求及奖惩措施进行规定。

（6）确定可停止身体锻炼的情况

① 全天有超过 2 小时进行奔波型体力活动以致劳累过度时，可停止锻炼。

② 睡眠严重不足，如低于 5 小时，需花时间补觉时，可停止锻炼。

③ 当天晚上临时有紧急事情，抽不出 1 小时以上时间进行锻炼和洗澡时，可停止锻炼。

④ 第二天有重要任务，如考试需提前详细准备时，可停止锻炼。

⑤ 其他与监督者协商可视为特殊情况时，可停止锻炼。

⑥ 若晚上 8 点之后有安排，则提前至 6 点或 7 点进行锻炼，并预留洗漱时间。

⑦ 周一晚上社团活动时间为晚上 6 点至 9 点，若下午无特殊安排，则将锻炼时间安排到下午 4 点半至 5 点半，否则在社团活动结束后锻炼至晚上 10 点半左右。

⑧ 如实习被安排晚上 6 点至 9 点半值班，则将锻炼时间提前至下午 4 点半至 5 点半，若有安排，则当天室外锻炼活动取消，仅保留晚上睡前的仰卧起坐运动。

（7）确定锻炼的记录方式

① 利用手机 App，记录每天的锻炼情况，包括锻炼的强度和时长、未锻炼的原因等。

② 每个月总结锻炼计划的完成情况，及时调整、补充或修改锻炼计划。

（8）饮食安排

① 早餐吃饱，晚餐少吃。提醒自己少吃辛辣、油腻的食物，不能暴饮暴食。

② 不主动购买饮料、甜点、雪糕、膨化食品等高热量零食。

（9）计划可行性分析

① 按计划已坚持锻炼了 4 个月，身体能够承受此锻炼强度。

② 行动计划得到监督人员的大力支持。不定时地会有陪伴者陪同锻炼。

（10）执行一段时间后的总结、调整

① 已获得一些正性的强化，例如体重减轻、身体疾病减少、自信心提升等。

② 相信自己有一定的自制力可以维系行为。

看了佳琪的身体保健行动计划，你有哪些收获和学习？赶紧来制订一个你自己的身体保健行动计划吧。

我的身体保健行动计划

姓名：_____。

主题：_____。

目的：_____

_____。

可选择的运动形式：_____

_____。

准备所需装备或物资：_____

_____。

确定锻炼的形式：_____

_____。

确定锻炼的时间及强度：_____

_____。

确定监督者（可选择）：_____

_____。

确定可停止锻炼的情况：_____

_____。

确定锻炼的记录方式：_____

_____。

其他需要安排的事项，例如饮食：_____

_____。

计划可行性分析：_____

_____。

计划执行一段时间后的总结、调整：_____

_____。

四、关爱心理：高职大学生的心理保健

除了身体需要保健，心理也需要保健，心理的健康可以促进身体的健康。

1. 自我接纳

心理保健中常用的方法是"自我接纳"，自我接纳指人对自我及其一切特征采取一种积极的态度，简而言之就是能欣然接受现实自我的一种态度。自我接纳的大前提就是有效的自我觉察，包括对自己所想、所感、所为的觉察——我此刻感觉如何？我的头脑中有何想法？我对此做了些什么？进而接纳自我。有关自我接纳的内容会在本书第二章第二节进行详细讲解。

2. 自我安慰

自我安慰指遇到困难和挫折时要会安慰自己，用自我安慰来取代自我苛责。人生中总会遇到不如意的事情，当你恰逢不顺时，对自己少一些责备和批判，可以像安慰最好的朋友一样安慰自己，肯定自己，学会给自己温暖和关怀。

3. 放松训练（冥想、正念、瑜伽等）

有效的放松训练可以提升人的心理健康

水平。例如人们长期进行冥想、正念或瑜伽的训练，可以有效缓解自身焦虑，减轻压力，更能够体验到活在当下的幸福感。本书配有一些放松训练的音频，包括下面的技能学习1和技能学习2，以及第八章第二节中的技能学习——渐进式肌肉放松法，第九章第三节中的技能学习——正念呼吸法，可以扫描相应内容旁边的二维码进行收听。

扩/展/阅/读

正念觉察——活在当下

　　当你读书的时候，你的全身心都在专注读书吗？你可以觉察此刻自己脑海中产生的想法，也许你会发现很多不同的想法：明天我要约×××去吃火锅；要不要刷个朋友圈休息一下……这些想法存在于你的脑海中，你其实并没有全身心地读书。研究发现，假如人能够全身心地投入一件事中，保持专注，那么人的幸福感会大大提高。而培养专注力的一个有效方法就是进行正念训练。

　　正念最初源于佛教禅修，是从坐禅、冥想、参悟等发展而来的。正念就是有目的、有意识地去关注、觉察当下的一切，而对当下的一切又都不做任何判断、任何分析、任何反应，只是单纯地觉察它、注意它。如今正念被发展成了一种系统的心理疗法，即正念疗法。你在读书时的那些想法也是你的当下，如果你能够觉察你所有的想法，并且对此不带任何批评，这就是正念。

　　你也许会说正念这么简单吗？正念其实说起来容易，做起来难。它更强调的是一种活在当下的生活态度。当你能够充分觉察自己的情绪、想法和行为，并接纳它们时，你就开始渐渐和当下融为一体。

技/能/学/习

正念吃葡萄干练习

——扫一扫——

听音频

　　这是一个正念觉察的练习。请你提前准备好两颗葡萄干，选择一个安静且不被打扰的地方，坐在一把舒服的椅子上，或者坐在舒服的地方，把葡萄干放在手上，扫描旁边的二维码，闭上眼睛，跟着老师的指导语进行练习。

　　结束后写下你在这个过程中的感受：＿＿＿＿＿＿＿＿＿

＿＿＿＿＿＿＿＿＿＿＿＿＿＿＿＿＿＿＿＿＿＿＿＿＿＿＿＿＿＿

＿＿＿＿＿＿＿＿＿＿＿＿＿＿＿＿＿＿＿＿＿＿＿＿＿＿＿。

技/能/学/习

冥想放松练习：遇见静谧、翠绿的竹林

这是一个冥想放松练习，请选择一个安静且不被打扰的地方，选择一个可以盘坐的垫子，准备好了以后，坐在垫子上，扫描旁边的二维码，闭上眼睛，跟着老师的指导语进行练习。

结束后写下你在这个过程中的感受：＿＿＿＿＿＿＿＿＿

＿＿＿＿＿＿＿＿＿＿＿＿＿＿＿＿＿＿＿＿＿＿＿＿＿＿＿

＿＿＿＿＿＿＿＿＿＿＿＿＿＿＿＿＿＿＿＿＿＿＿＿＿＿＿

＿＿＿＿＿＿＿＿＿＿＿＿＿＿＿＿＿＿＿＿＿＿＿＿＿＿。

扫一扫

听音频

4. 享受生活

奥古斯丁说："世界是一本书，从不旅行的人等于只看了这本书的一页而已。"如果一个人只看到自己的一亩三分地，那么他的视野就会越来越小，感受和认知也有了局限性。因此开阔心胸、滋养内心的一个有效方式就是旅行，旅行中我们接触到的风土人情可以开阔自己的视野。享受生活的方式还包括品尝美食、亲近大自然、欣赏音乐等。

5. 建立自己的社会支持系统

建立有效的社会支持系统对高职大学生来说是很重要的。自我心理保健的一个方式就是有一个可靠的支持小组，即朋友，朋友之间可以互相倾听、安抚、支持和娱乐。在本书的第六章会对人际关系进行详细的讲解。

技/能/学/习

心理保健行动计划

制订身体保健行动计划后，给自己也制订一份心理保健的行动计划吧。

我的心理保健行动计划

姓名：＿＿＿＿＿＿＿＿。

主题：＿＿＿＿＿＿＿＿＿＿。

目的：＿＿＿＿＿＿＿＿＿＿＿＿＿＿＿＿＿＿＿＿＿＿＿＿＿＿

＿＿＿＿＿＿＿＿＿＿＿＿＿＿＿＿＿＿＿＿＿＿＿＿＿＿＿＿。

可选择的心理保健形式：＿＿＿＿＿＿＿＿＿＿＿＿＿＿＿＿＿

＿＿＿＿＿＿＿＿＿＿＿＿＿＿＿＿＿＿＿＿＿＿＿＿＿＿＿＿。

准备所需装备或物资：＿＿＿＿＿＿＿＿＿＿＿＿＿＿＿＿＿＿

＿＿＿＿＿＿＿＿＿＿＿＿＿＿＿＿＿＿＿＿＿＿＿＿＿＿＿＿。

确定心理保健的形式：_____

_____。

确定进行心理保健的时间或频率：_____

_____。

确定监督者（可选择）：_____

_____。

特殊情况的处理：_____

_____。

确定心理保健记录的方式：_____

_____。

其他需要安排的事项：_____

_____。

计划可行性分析：_____

_____。

计划执行一段时间后的总结、调整：_____

_____。

本 章 小 结

（1）心理健康指人在身体、智能以及情感上与他人的心理健康不相矛盾的范围内，将个人心境发展成最佳的状态。

（2）高职大学生的心理发展任务主要有3个：青年期的同龄人团体的建立、独立性的发展和人生观的发展。

（3）从中学到大学，高职大学生要面对很多方面的变化，包括学业、人际关系、自我认知以及和家庭的关系等，每个环节的适应都尤为重要。

（4）高职大学生的心理健康是遗传和环境相互作用的结果，很多精神疾病都被证实有遗传的作用。家庭、社会和学校是主要的3个环境影响因素。

（5）家庭是一个系统，系统中的成员会产生相互影响。家庭结构会对人的心理健康产生很大的影响，虽然这种影响很大，但是个人依然有能力改变其对自己的影响。

（6）自我关爱指一种能够宽容自己、接纳自己、理解自己的过失和苦难，并坦然接受人无完人这一事实的能力。自我关爱是补充身心的营养剂。

（7）身心是一体的，越来越多的研究结果证实了心理和身体健康之间的相互影响，健身就是健心。

（8）身体保健的方法包括养成良好的饮食习惯、养成良好的运动习惯、养成良好的睡眠习惯。

（9）心理保健的方法包括自我接纳、自我安慰、放松训练、享受生活和建立自己的社会支持系统。

到底要不要好好学？

思考题

佳琪的同学杨芳，刚进大学的时候就对学习产生了迷茫，杨芳认为自己上了高职，未来没有出路，对学习也提不起兴趣，很难适应目前的生活。在阅读完本章之后，你会给杨芳什么样的建议呢？

推荐资源

（1）书籍:《心理学改变生活》(第9版)，伊斯特伍德·阿特沃特、卡伦·达菲著，邹丹、张莹等译。

本书写给那些有兴趣在生活中应用心理学的知识和原理，更好地认识自己，更好地生活的读者。

心理学看似神秘，实则有迹可循。人作为个体参与社会，从小到大、从恋爱到结婚、从职场到生活，无数磕碰与烦恼，无数自省与调节，都有心理学的踪影。心理学渗透在生活的各个领域，影响和改变着我们的人生。

本书从个人、职场、商场、恋爱、家庭等方面，多角度、多层次地讲解了心理学对生活的巨大影响，结合大量真实心理案例，向读者传授了多种控制负面心理、走出抑郁生活的实用心理调节技巧，再辅以丰富多样的人格测试和心理测验，帮助读者增长智慧，轻松应对生活中的各种压力。

（2）电影:《头号玩家》。

故事发生在2045年，虚拟现实技术已经渗透人类生活的每一个角落。哈利迪一手建造了名为"绿洲"的虚拟现实游戏世界，临终前，他宣布自己在游戏中设置了一个彩蛋，找到这枚彩蛋的人即可成为绿洲的继承人。通过了各种考验的男主角在接手绿洲之后，决定每周停止游戏两天，让玩家多接触现实，与家人在一起。这部影片想向观众传达的意思是游戏是一种消遣和娱乐的方式，当一个人过于沉迷游戏后，他会与现实脱离。

第二章

我是谁
——高职大学生健全自我意识塑造

有人说，人是最复杂的生物，世界上最难的事情就是了解自我，自我似乎是一个谜团，不知如何才能透过这个谜团清晰地认识自我。大学阶段正处于自我的整合阶段，在不断探索自我的过程中，很多高职大学生都经历过迷茫、彷徨的阶段，最终云开雾散。本章学习目标如下：

- 了解自我意识的定义、内容和结构，以及高职大学生自我意识发展的特点；
- 了解高职大学生健全自我意识的 3 个方面；
- 了解高职大学生自我意识的偏差及其调适。

引/导/案/例

猎豹与鹿

认识自己并不难，每一种生物都有认识自己的本能。

猎豹是世界上奔跑速度极快的动物之一，它通常会偷偷接近到与猎物 10 ~ 30 米的距离，然后猎捕猎物。猎豹猎捕时的奔跑速度最高可达到 120 千米 / 小时，且仅一脚着地。但猎豹由于自身生理构造，最长跑 3 分钟就必须减速，否则它会因身体过热而死亡。奔跑 3 分钟后，猎豹要花更长的时间来休息。猎豹在 1 分钟内成功猎捕到猎物的概率只有 1/6。

猎豹遇到鹿群的时候，通常会飞快地奔向鹿群，鹿群则快速分散。猎豹会选中一只鹿为目标，朝它冲刺，而那只被追逐的鹿也以惊人的速度狂奔着。鹿没有跑直线，而是不断地改变奔跑的方向，迫使猎豹消耗其体力从而减慢速度。经过一段奔跑后猎豹便没有力量再跑了，那只鹿逃脱了。

在野生动物的世界里，动物能认识自己，也能认识敌人。

每个人都有所长，也都有所短。既然人生下来就各有不同，个人就要以不同的方式充分利用自己的长处。所谓知己知彼，百战不殆，只有充分地认识自己，才能更好地发展自己。

第一节

认识你自己——高职大学生自我意识概述

本节视频

"认识你自己"，相传是刻在德尔斐的阿波罗神庙的3句箴言之一，也是其中最有名的一句。对这句话的传统阐释是劝人要有自知，要明白人只是人，并非诸神。可见人对自己的认识是多么重要。

根据第欧根尼·拉尔修的《哲人言行录（卷一）》的记载，有人问泰勒斯："何事最难为？"他应道："认识你自己。"尼采在《道德的系谱》的前言中，也针对"认识你自己"这一观点表达了自己的想法，他写道：我们无可避免跟自己保持陌生，我们不明白自己，我们搞不清楚自己，我们的永恒判词是"离每个人最远的，就是他自己"。——对于我们自己，我们不是"知者"……

一、"我"的万花筒：自我意识及其内涵

课 / 堂 / 活 / 动

假如让你写下20个"我是……"你会写下什么？现在尝试写一下，随便写什么都行。

表2-1是小美在进行心理咨询的过程中"知心姐姐"让小美写下的20个"我是……"

表2-1 小美写下的20个"我是……"

小美的自我意识	属于哪种自我
我今年19岁	生理自我
我是爸爸、妈妈的乖女儿	社会自我
我是善良的	心理自我
我是外表坚强、内心脆弱的人	心理自我
我是一个瘦弱的女孩	生理自我
我是一个其貌不扬的人	生理自我
我有很多朋友	社会自我
我不被别人讨厌	社会自我
我容易紧张和担心	心理自我
我有时不能控制自己	心理自我
……	……

1. 自我意识的定义

意识的定义为人对于内部和外部刺激的知觉。意识是人们心理活动的一种高级水平，为人类所独有。

自我意识是对自己身心活动的觉察，即自己对自己的认识，具体包括认识自己的生理状况（如身高、体重、体态等）、心理特征（如兴趣、能力、气质、性格等），以及自己与他人的关系（如自己与周围人们相处的关系，自己在集体中的位置与作用等）。

与自我意识相关的概念主要有自我概念、自我同一性、自我认识、自我认同、自我评价等。自我意识是一个主观的过程，每个人心理的"自我"比现实的"自我"对个人产生的影响要大，就像图 2-1 所示的一组图片。培养健康的自我意识有助于个人的心理健康。

图 2-1　心理自我与客观自我

2. 自我意识的内容

从自我意识的定义来看，自我意识包含 3 个方面的内容：生理自我、心理自我和社会自我，如图 2-2 所示。

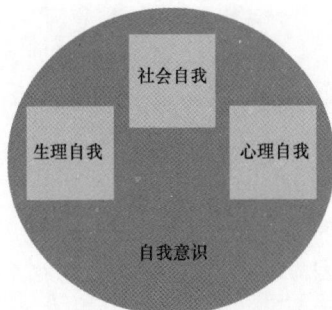

图 2-2　自我意识的内容

（1）生理自我

生理自我指对自己的身高、体重、容貌、身材、性别等的认识和评价，以及对生理病痛、温饱饥寒、劳累疲乏等的体验。

（2）心理自我

心理自我指对自己的知识、能力、情绪、兴趣、爱好、性格、气质等的认识、评价和体验。

（3）社会自我

社会自我指对自己在群体中的地位、作用以及自己和他人相互关系的认识、评价和体验。

3. 健全自我意识的意义

有健全和良好的自我意识，除了能够让我们更好地了解自己，还有一个重要的意义，它是自我决定的基础。这里给大家简单介绍一个关于自我决定的理论。

自我决定理论是由美国心理学家德西（Deci）和瑞恩（Ryan）提出的。自我决定理论是一个关于个人自我决定行为的动机过程理论，它强调人类行为的自我决定程度。该理论按自我决定程度将动机看成一个从无动机、外部动机到内部动机的连续体。动机指激发和维持个人的某种行为，并使该行为朝向一定目标的内在动力倾向。

自我决定理论认为人类具有 3 种基本的心理需要，包括自主需要、胜任力需要和归属需要。这 3 种需要的满足为内部动机和动机的内化提供了支持，对个人形成内在目标定向和提升幸福感具有重要作用。如果一个人能够体验到自主性，比如可以自由地选择、自由地表达自己、自行做决策等，那么他可以感受到更高的控制性，内部动机就会更高。当人们在生活中可以自主时，便可以增加自己做一件事情的内部动力。

当人们对自己有更多的了解、理解，对自己有更全面和深入的认识时，也可以更好地为自己做决定。

技/能/学/习

他人眼中的我、自己眼中的我以及理想的我

请根据自己的推测和感觉，在表2-2中写出"父亲眼中的我""母亲眼中的我""好朋友眼中的我""自己眼中的我""理想的我"。比较一下，周围的人对你的认识一致吗？别人对你的认识与你对自己的认识一致吗？是否每个人对你的评价都是客观的？你怎么综合大家的看法和自己的认识，形成一个对自己较为客观和完整的认识呢？

表2-2　认识自我

父亲眼中的我	
母亲眼中的我	
好朋友眼中的我	
自己眼中的我	
理想的我	

课/堂/活/动

假如我是……

全班同学每10人分为一组，每组中的每位同学独立填写下列句子。

（1）假如我是一种花，我希望是 _____，因为 _____。

（2）假如我是一种动物，我希望是 _____，因为 _____。

（3）假如我是一种乐器，我希望是 _____，因为 _____。

（4）假如我是一种水果，我希望是 _____，因为 _____。

（5）假如我是一种颜色，我希望是 _____，因为 _____。

（6）假如我是一种交通工具，我希望是 _____，因为 _____。

（7）假如我是一种树，我希望是 _____，因为 _____。

填写完之后，请在小组内进行下列互动。

（1）每位同学念出7个"假如"。

（2）分享这个过程的感受和感悟，避免对他人进行评价。

（3）邀请部分同学进行全班分享。鼓励大家进行分享，对所分享的内容不做好与坏的评价，也不做类型的判断，重点在于引导同学与自己内心的联结，分享内心的感受和感悟。

二、自我的认知、体验、调控：自我意识的结构

自我意识的结构指自我意识所包含的成分。由于自我意识既是心理活动的主体，又是心理活动的客体，是涉及认知、情感、意志过程的多层次、多维度的心理现象，因此，自我意识的结构表现在自我认知、自我体验

和自我调控 3 个方面。

1. 自我认知

自我认知是主观自我对客观自我的认识和评价，包括自我感觉、自我观察、自我印象、自我评价等。自我认知解决"我是一个什么样的人""我如何看待我自己"的问题。

2. 自我体验

自我体验指主观自我对客观自我产生的情绪体验，是在自我认知基础上产生的。自我体验的内容包括自我价值感、成功体验和失败体验、自豪感与羞愧感、内疚等。自我体验最重要的部分是自我价值感，核心内容是"我对我自己感觉怎么样"。自我认知决定自我体验，而自我体验又强化自我认知。

3. 自我调控

自我调控是伴随自我认知、自我体验而产生的各种思想倾向和行为倾向，调控常常表现在对个人思想和行为的发动、支配、维持和定向，因而又称为自我调节。自我调控是自我意识结构中的最高阶段，其核心是"我将如何实现理想的人生""我将如何改变自己"。

高职大学生健全自我意识的标准就是要有正确的自我认知、良好的自我体验和有效的自我调控。

扩/展/阅/读

乔哈里资讯窗

扫一扫

听音频

针对自我意识，心理学家乔瑟夫·卢福特和哈里·殷汉提出了"乔哈里资讯窗"（Johari Window）理论，"窗"指人的自我意识，包括 4 个部分：开放我、盲目我、隐藏我和未知我（见表 2-3）。这 4 个部分自己都有哪些特点呢？可以扫描旁边的二维码听听详细的讲解。

表 2-3　乔哈里资讯窗

别人 ＼ 自己	自己知道	自己不知道
别人知道	开放我（公开区）	盲目我（盲点）
别人不知道	隐藏我（隐藏区）	未知我（未知区）

三、破茧成蝶：高职大学生自我意识发展的特点

案/例

校园中的"忙"与"盲"

佳琪是典型的学霸，也是典型的不愿比别人差的倔强女孩。她大部分时间都在埋头苦学，佳琪本以为期末考试可以拿个好成绩，没想到自己竟然不是第一名。佳琪接

受不了这个结果，向张帅哭诉："我这么努力学习竟然没能考第一，我觉得自己一点也不优秀，周围的同学个个都比我强，虽然很多人学习不好，但是能歌善舞，很活跃，有很多朋友。而我感觉没有方向，非常迷茫，只能是别人做什么我就跟风做什么，到头来忙忙碌碌却没有收获。"

张帅劝佳琪道："别着急，这才第一个学期。大学和高中不一样，生活、学习各方面都丰富了很多，上大学不能像高中那样死读书了，不是学习好就行，要有自己的方向，别看别人做什么自己就做什么，慢慢你就有感觉了。"

佳琪刚进入大学不久，便遇到了很多大学生都会面临的有关"自我"的问题，佳琪对自己产生了怀疑：我究竟是一个什么样的人？我的将来要努力的方向是什么？面对这个问题，张帅比佳琪淡定很多，因为他已经过了这个迷茫的阶段。我们一起来看看高职大学生自我意识的发展有哪些特点。

1. 自我认识的矛盾性

青年期是个人自我意识迅速发展并趋向成熟的关键时期，高职大学生正处于这一时期。高职大学生在这个阶段会经历一个特别典型的矛盾和整合过程。由于从高中到大学，学习、人际关系和生活环境都发生了巨大变化，高职大学生的自我意识也发生了巨大的变化，会显示出强烈的矛盾性特点，主要体现在"理想我"和"现实我"的矛盾。

"理想我"是个人在自己头脑中塑造的自己所期望的自我形象，即"我希望我是什么样的人"。"现实我"是个人通过实践而形成的真实的自我形象，即"我是一个什么样的人"。高职大学生这个年纪富于理想，往往对未来抱有一些不切实际的幻想，对自己的未来充满了信心，通常会在脑海中构想一个"理想我"，并将这个"理想我"和"现实我"加以对照比较，一旦发现两个形象不一致时，便产生很大的苦恼。对于这种矛盾，高职大学生通常会出现3种不同的情况：第一种是积极实现"理想我"；第二种是高职大学生发现"现实我"和"理想我"差距太大，经过努力仍无法接近目标，或距离虽不大，但主观上缺乏自我调控的能力，无法实现"理想我"，在这种情况下高职大学生会调整"理想我"，比如重新评估自己，调整自己的期待和要求，使"理想我"和"现实我"和谐统一；第三种是高职大学生发现"理想我"和"现实我"差距太大，无法调和二者的关系，进而出现心理问题。

2. 自我体验的情绪化

自我体验的情绪化是人对于客观事物是否符合自己的需求而产生的心理体验。处于青春期晚期的高职大学生的情绪常常表现出短暂、起伏、易变等特点，这些特点也表现在高职大学生自我意识的各个方面，高职大学生的自我评价常常发生矛盾，对自我的态度常常是波动的。高职大学生当情绪好时对自我认同度高，对自我评价也高，对自己充满信心；当情绪低落尤其是遇到挫折时自我认同度骤然下降，自我判断失准，认为自己什么都不会。高职大学生对自我的肯定与否定时常随着情绪的变化而变化。

另外，高职大学生的情绪还容易走极端，考虑问题时易受到各种社会思潮与其他外部环境的影响，容易偏激、冲动。面对"理想我""现实我"时易产生自我肯定、自我否定等矛盾，常常表现出心理的不平衡，情绪体验较强烈，易振奋，也易波动。

3. 自我调节的中心化

高职大学生强烈地关注自我，他们从自己的角度和自我的标准去认识、评价事物和他人，并采取行动，因而很容易出现自我中心倾向。高职大学生由于自我意识的发展、能力的提高、活动范围的扩大、思维水平的提高以及知识经验的不断积累，对社会、对人生的理解形成了自己的一套观念体系。但是，高职大学生的社会经验不足，对社会现象的认识往往有失偏颇，对事物的评价往往只拘泥于个人的某一个观点、立场，而不善于从他人的立场、不同的角度来分析问题，不善于理解别人，特别是父母、教师等长辈，再加上他们情绪体验的深刻性和极端性，就表现出了强烈的自我中心倾向。

4. 自我意识发展的阶段性

高职大学生自我意识的发展非常丰富，他们已开始逐渐探索自我，建立自我同一性。在这个过程中并非所有人都一帆风顺，很多人都经历过与佳琪同样的过程——怀疑自己，找不到方向，感到迷茫。一旦能够从这种怀疑和迷茫中重新找到自己，便会经历从"旧我"破碎到"新我"重建的过程，就像张帅一样。

第二节

做最好的自己——高职大学生健全自我意识的塑造

本节视频

每个人都对自己有一定程度的了解和认识，健全的自我意识包括正确认识自我、积极悦纳自我和有效控制自我，这三者相辅相成。接下来，我们从这 3 个方面出发，看看高职大学生要如何塑造健全的自我意识。

一、"我"的多面体：正确认识自我

案/例

卧谈会

地点：301 男生宿舍

卧谈会发起人：张帅

张帅最近遇到了自己心仪的女孩佳琪，一直在对佳琪示好，他想向佳琪表白，但是又担心被拒绝。因此晚上他想请宿舍里的舍友帮助他分析佳琪是否喜欢他。大家七嘴八舌开始热烈讨论了起来。

李斯：你长这么帅，学习又好，哪个女孩子都会喜欢的，佳琪肯定喜欢你，不用担心了。（分析：物理世界。）

华子：那可不一定，每个人对外表的评价标准不一样。关键你得看看佳琪对你的反应怎么样，你约她吃过饭吗？送过她礼物吗？如果她答应你的邀请，接受你的礼物，说明她对你是有好感的。（分析：反射性评价。）

张帅：和她吃过几次饭，圣诞节还送过她一次小礼物，她收下了。不过我还是不能确定。

小庆：对啊，要是你能约到她，至少说明她不讨厌你。另外，你也可以比较一下她对你和对别的男生有什么不同，她会和别的男生吃饭吗？会接受别的男生的礼物吗？（分析：社会比较。）

张帅：这个我就不清楚了。

小庆：那你可以留心观察一下。

小林：你别问我们的意见了，她喜不喜欢你，你自己心里最清楚了，回忆一下你和她相处的过程，你的感觉怎么样，你感觉佳琪的反应怎么样，你肯定知道她是不是喜欢你。（分析：内省。）

张帅：我回想了一下，她和我在一起挺开心的，有说有笑，我想她对我还是有好感的吧，我只是担心如果表白会不会太冒失了。

……

张帅想知道佳琪对自己的看法，想了解自己是不是被佳琪所喜欢，你是不是和张帅一样也有同样的对自我了解的疑问？人怎么了解自己？怎么认识自己？怎么知道自己是否具有某种能力？通过什么标准评价自己？以下内容会回答这些问题。一般来说，人们了解自己有3种信息来源：物理世界、社会世界和内部心理世界。

1. 物理世界

物理世界为人们了解自己提供了方法和途径，如一个人的身高、体重和喜欢吃什么，都可以通过外在的物理世界来了解。但是人们通过物理世界了解自己有两个局限：一个局限是很多特点在物理世界中并不存在，尤其是一个人的心理品质，如一个人是否坚强，是不能通过物理世界来认识的，坚强无法通过物理世界观察和测量出来；另一个局限是即使自己的一个特点是可以测量出来的，但所了解到的信息不一定是个人想要的，如一个人的体重可以测量出来，但是人们仍然不知道自己的体重在人群中所处的位置，是偏胖还是偏瘦。

2. 社会世界

人们想要知道自己在社会中是什么样子，必须通过社会世界来了解自己。下面介绍两个在社会世界中认识自我的方式。

（1）社会比较

每个人几乎都会进行社会比较，即将自己的某些特点与别人进行比较，并由此对自己的这个特点进行判断，比如一个人的英语考试考了90分，他无法只通过90分知道自己是考得好还是不好，还要和他人做比较，才能做出判断。一个人想要知道自己真正是什么样，就少不了与别人进行比较。

谁是合适的比较对象？在大部分情况下，人们与自己相似的人进行比较时获得的信息是最可靠的，比如一个人想要知道自己学习是否努力，他只有与相同专业、相同年龄、相同智力水平的同学进行比较后，才能够更好地得出自己是否努力的结论。如张帅需要和佳琪的其他追求者相比，而不是和佳琪的所有同学或者父母、师长相比。

（2）反射性评价（他人反馈）

反射性评价（他人反馈）是人们认识自我的一个方式，即个人通过观察他人对自己的反应来认识自己。比如一个学生会干部组织一个活动，得到了老师的表扬，同时很多同学也积极踊跃地参加，他就可以从这些反应中了解到自己成功举办了这个活动，自己具有一定的组织能力。张帅可以通过约佳琪吃饭、送佳琪礼物，看看佳琪是否应邀、是否接受自己的礼物，以此来判断佳琪是否对自己有好感。

3. 内部心理世界

在内部心理世界里人们主要是通过内省进行自我认识的。内省是个人认识自我的一个常见方式，它指个人向内部心理世界寻求答案，直接考虑个人的态度、情感和动机。比如一个人想要知道自己是不是喜欢吃香蕉，他可以通过内省来发现，他如果非常想吃香蕉（动机），吃香蕉的时候内心觉得很满足，很开心（情感），那他可以得出他喜欢吃香蕉的结论。就像最后小林给张帅的建议，张帅通过内省可以知道佳琪的想法。

高职大学生正确认识自我的关键在于要全面认识自我，如果只从物理世界认识自己，那对自己的认识就有可能产生偏差。高职大学生如果只是通过内省认识自己，那很有可能只是沉浸在自己的内心世界，而忽略了别人对自己的看法。高职大学生要想全面认识自己，就需要从物理世界、社会世界和内部心理世界3个方面去认识。不仅要看客观的情况，而且要通过社会比较、他人的反馈以及自我反省来认识自己。

扩/展/阅/读

体验与分析——如何内省才能帮到你

扫一扫

听音频

内省是一种个人了解自己的可靠方式。但内省也会有一些问题，适当的内省可以促进个人的自我了解和觉察，但过分内省反而会降低自我认识的准确性。

人们在内省的时候，重点应放在体验和感受自己的内心想法与情感，通过体验去了解自己，而不是通过分析原因来了解自己。内省重点在于"我的想法是什么""我感受到了什么"，而不是"我为什么这样想""我为什么会有这样的感受"。

如果想进一步了解内省，请扫描旁边的二维码听老师讲解详细的内容。

技/能/学/习

一个人要想全面地认识自己，就要从多个途径去了解自己，如果只从一个途径去了解自己，就很可能产生自我认识的偏差。完成表2-4，尝试更好地了解自己。

表 2-4　认识自我

希望了解的特点	物理世界	社会比较	反射性评价（他人反馈）	内省
例如：张帅是否被佳琪所喜欢	长得帅，学习好，也许是佳琪喜欢的类型	佳琪很少答应别的男生的邀请，我对她来说是特别的	佳琪接受了我的邀请，接受了我送的礼物，应该是对我有好感的	佳琪和我在一起很开心，有说有笑，她不讨厌我

课/堂/活/动

自我觉察训练（身体扫描）

指导语：这个活动可以帮助大家觉察自己和了解自己。我们一起来体验一下。请大家选择一个舒服的坐姿坐下，一起来享受这个过程，扫描旁边的二维码，开始训练。

训练结束后，你的感受如何？有的人可能会说很放松，有的人可能更容易觉察到自己的想法和感受，有的人可能觉察不到自己的感受。你只需要尽可能接纳自己自然出现的想法和感觉，不管是身体的还是心理的，不做任何的评判，只是去观察。坚持这个训练，你可以更进一步了解自我。

扫一扫

听音频

二、尺有所短，寸有所长：积极悦纳自我

案/例

丑女孩是一首耐读的诗

尽管妈妈说我小时候十分可爱，每个人都想抱抱我；尽管爸爸对我说我现在依然

"不难看"，是他最喜欢的女孩子，但是，我还是知道自己丑。我从小就因为自己相貌平平而自卑，上了大学后，这种自卑心理更加严重。我总是找各种理由不参加班级活动，我总感觉舍友在背后议论我的相貌。每当我苦恼的时候，就独自一人在无人的地方吹箫。

有一次，学校要举办艺术展示大赛，班长号召大家积极参与，有一位同学突然大声说："你吹箫那么好，快报名啊。"我还没来得及反应，班长就把我的名字写进了报名表中。在同学们的鼓励下，我参加了这个比赛，并取得了年级第一名。同学们纷纷向我表示祝贺，舍友更是天天围着我，向我学习如何吹箫。自此，学校、班级只要有文艺表演，我都会上台展示。走在校园中，每当我听到有人叫我"吹箫女孩"时，我就更加自信。现在的我已经不在乎自己的相貌，我认为后天的努力可以让自己重塑另一个"外貌"，丑女孩的光芒就在于自信。丑女孩不会让人一见倾心，但丑女孩或许是一首很耐读的诗，一段很动听的箫声。

1. 什么是悦纳自我

影响一个人心理健康的重要因素之一就是他能不能悦纳自己。每个人都有优点和不足，每个人都是一个独特的存在。影响心理健康的关键点不是"我是什么样的人"，而是"我如何看待我自己"。

悦纳自我的含义就是愉快地接纳自我。愉快地接纳自我可以帮助我们更好和更全面地认识自己，拥有更加积极的自我体验，同时也可以进行更好的自我控制，朝着自己想要的方向去努力和前进。就像案例中的丑女孩一样，从外在物理世界的角度来看，她不漂亮，但是她却有着乐观、坚韧、善良等内涵，长得丑并不妨碍她悦纳自我。

心理健康的人首先要有自知之明。对自己能做出恰当评价的人，既能了解自我，又能接受自我，体验自我存在的价值。一个悦纳自我的人，并不意味着他的一切都是完美的，而是说他在接受自己优点的同时，也了解自己的缺点，很坦然地承认自己的不足之处，然后能不断克服缺点，不断完善和突破自己，更加自信地面对生活。

2. 悦纳自我与放纵自我

有的高职大学生可能会担心如果什么事情都悦纳自我了，是不是就是放纵自我呢？

悦纳自我不等于放纵自我。放纵自我指放任而不约束自己，纵容自己想做什么就做什么，放纵更多指行为。而悦纳自我指愉快地接纳或者接受自己本来的样子，悦纳更多指对待自己的态度。如一个人害怕在公众面前讲话，但又想拥有好的人际关系，放纵自我的人可能会因为害怕就不讲了，避免出现在公众场合；悦纳自我的人会接纳自己的害怕，并且做出尝试。

3. 有条件的价值与无条件的价值

很多人从小就被动接受了太多的标准。一个好学生的标准是学习好、听话、乖巧，一个成功人士的标准是工资高或社会贡献大。在社会中充满了这样的标准，往往人们会用这些标准来判断自己的价值。如一个高职大学生成绩不好，他会判断自己没有价值，因为成绩不好就没有前途；一个高职大学生人际关系不好，他会判断自己没有价值，因为不被人喜欢。这些都是有条件的价值，人一旦能满足这些条件，就非常自信，充满了自我价值感；一旦不能满足这些条件，就立刻对自己失去了信心。这种有条件的价值有其可取之处，是我们判断自身社会价值的一种方式。

实际上，一个人的价值除了这种有条件的、外在的社会价值，还有一种无条件的、内在的存在价值。这种价值指每个人在这个宇宙中都是独特存在的，每个人都是一个独特的人，作为人这个存在本身的价值是无条件的。一个人外貌丑并不会比漂亮的人价值低，一个人有钱并不会比穷人价值高。

高职大学生学会区分这两种价值，并且了解人的内在价值是无条件的，这是积极悦纳自我的第一步。

4. 学会从"垃圾"中找宝

高职大学生要学会把自己看成宝贝，即使是浑身"垃圾"，也要学习从"垃圾"中寻找宝，从缺点中找优点。有的高职大学生认为自己实在是没有优点，如果要求把他自己的缺点列出来，可能会列出很多缺点：做事拖拉、注意力不集中、不会讲话、没心没肺、成绩差、做事急躁等。其实只要换一个角度看问题，这些缺点也是优点：做事拖拉——做事谨慎，注意力不集中——注意力范围广，不会讲话——担心讲话别人不感兴趣，没心没肺——良好的心理素质，成绩差——其他能力不一定差，做事急躁——效率高、行动力强。

技 / 能 / 学 / 习

活动——我是独一无二的

完成下面的句子，每天默念几遍。

（1）我是独一无二的，因为我＿＿＿＿＿＿＿。

（2）我是奇妙的，因为我＿＿＿＿＿＿＿。

（3）虽然我有缺点，但是我＿＿＿＿＿＿＿。

每个人都应该学习从独特的角度欣赏和接纳自己，而不是从好和坏的标准评价自己，欣赏自己的独一无二，为自己的这份独特感到自豪。

课 / 堂 / 活 / 动

天生我才

活动目的：每位同学通过自我欣赏和聆听他人的自我欣赏，发现自己与他人的优点，增强自信和对他人的信任。

（1）每位同学按照提示，完成下列语句。

我最欣赏自己的外表是＿＿＿＿＿＿＿＿＿＿＿＿＿＿＿＿＿＿＿＿＿＿

＿＿＿＿＿＿＿＿＿＿＿＿＿＿＿＿＿＿＿＿＿＿＿＿＿＿＿＿＿＿＿＿＿＿。

我最欣赏自己对朋友的态度是＿＿＿＿＿＿＿＿＿＿＿＿＿＿＿＿＿＿＿

＿＿＿＿＿＿＿＿＿＿＿＿＿＿＿＿＿＿＿＿＿＿＿＿＿＿＿＿＿＿＿＿＿＿。

我最欣赏自己对学习的态度是＿＿＿＿＿＿＿＿＿＿＿＿＿＿＿＿＿＿＿

＿＿＿＿＿＿＿＿＿＿＿＿＿＿＿＿＿＿＿＿＿＿＿＿＿＿＿＿＿＿＿＿＿＿。

我最欣赏自己的性格是_____
_____。

我最欣赏自己对家人的态度是_____
_____。

我最欣赏自己做事的态度是_____
_____。

我最欣赏自己的一次成功是_____
_____。

（2）以 5 ~ 8 人为一组，每人在小组中分享自己所写的内容和原因。如果同学之间相互熟悉，还可以让其他同学补充。

三、做自己的主人：有效控制自我

1. 如何控制自己

心理学家提出了自我调控的反馈机制，如图 2-3 所示。从图 2-3 中可以看出，人的自我调控与行为是否符合标准，与自己能否改变行为的信念相关。这种信念与自我效能感密切相关。

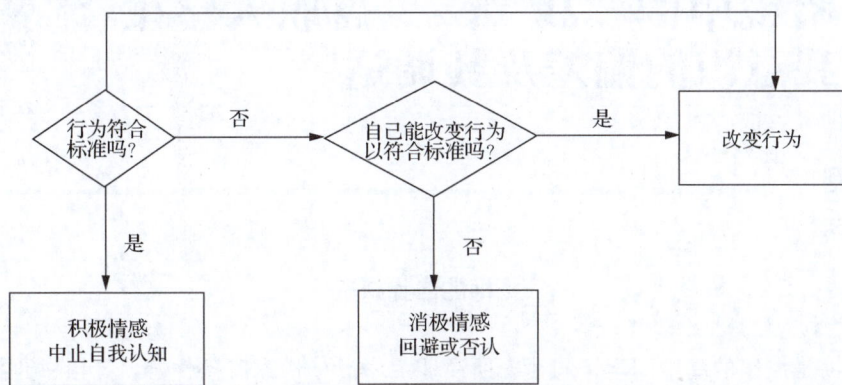

图 2-3　自我调控的反馈机制

自我效能感是由心理学家班杜拉首先提出的。自我效能感是个人对自己能否利用所拥有的技能达到特定成就的信念，是个人对自己能力的一种主观感受，而不是能力本身，即个人在特定情境中对是否有能力完成某项任务的预期或自信程度。班杜拉认为预期是认知与行为的中介，是行为的决定因素。他进一步把预期分为结果预期和效能预期。结果预期是个人对某种行为导致某种结果的预测。效能预期则是个人对自己能否顺利地进行某种行为以产生一定结果的预测。一个人觉知到的效能预期越强，则越倾向于做更大程度的努力。

班杜拉认为，自我效能感影响人的思维、情感、行动并产生自我激励。自我效能感调节人们选择干什么，在所选择的事情上付出多大的努力，在面对困难和挫折时，能经受多大的压力。高职大学生如果要提高自我调控的能力或水平，那么提高自我效能感是一个关键。

2. 如何提高自我效能感

（1）设立合适的目标

高职大学生可以给自己设立切实可行的目标和任务，并把这些目标和任务分解成小的目标和任务，在持续的小的成功中提升自己的自我效能感。

什么是合适的目标？合适的目标指个人经过一定的努力能够达到的目标。其中有两个关键词缺一不可：一是经过努力；二是能够达到。不经过努力就能达到的目标并不能提升自我效能感，不能完成的目标只能加深个人的挫败感。

（2）找到合适的比较对象

合适的比较对象可以帮助高职大学生更好地认识自己，既可以看到自己的优点，又可以正确认识自己的缺点，从而提升自己的自我效能感。

（3）合理归因

高职大学生在深入分析自己成功和失败的原因过程中可以提升自我效能感。高职大学生如果将失败归因于自己的能力，将成功归因于运气好，那么他很难有自我效能感，因为他认为再怎么努力都没用。合理的归因方式是个人在分析成功的原因的时候归因于自我努力，在分析失败的原因的时候归因于自己不够努力，这样会让自己产生自我调控感，从而逐步建立自我效能感。

第三节

哈哈镜中的"我"——高职大学生自我意识的偏差及其调适

本节视频

案/例

杨梅的自我认识

杨梅是佳琪的高中同学，同在一所高职上学。杨梅家庭条件好，琴棋书画样样精通，是班里的文艺委员。她学的专业是经济管理。在佳琪眼里杨梅是一个天生乐观、开朗的女孩，但上了大学后，杨梅总是很苦恼，不知如何学习，期末考试成绩是全班倒数第四。她越来越自卑，觉得自己比周围人都笨，以前光鲜亮丽的一面全都没有了。现在她一心想退学，一刻也不想在学校待下去了。

人的自我意识是一个主观的过程，就像照镜子一样，如果照的是哈哈镜，那么个人的自我意识就会产生偏差。就像杨梅一样，当她得知自己期末考试成绩全班倒数第四时，她觉得自己其他的优点全都不见了，整个人感到非常自卑。

一、我什么都做不好：自卑及其调适

1. 自卑及其表现

自卑指个人因自我评价偏低、自愧无能而丧失自信，并伴有自怨自艾、悲观失望等情绪体验的消极心理倾向。自卑的人常常表现出以下特点：过分地夸大自己的缺陷，甚至毫无根据地臆造许多弱点，喜欢拿自己的短处和别人的长处相比，不能冷静地分析自己所受的挫折，总将这些挫折归因于自己的无能，不能客观地看待别人对自己的评价，认为自己一无是处，对那些稍做努力就能完成的任务也轻易放弃等。

很多高职大学生都像案例中的杨梅一样曾感到过自卑。上大学后，高职大学生在面对各项"技能"更"强劲"的对手，面对更加社会化的人际交往，面对新的环境时，容易产生自卑。自卑心理广泛存在于人们的日常生活中，并影响人们的生活、学习和工作。自卑是大部分人都有过的体验，自卑心理在高职大学生群体中尤为突出，也是高职大学生常见的心理问题之一。

2. 从优点认识自己——积极评价自我

自卑的人习惯用放大镜看自己的缺点和别人的优点，用缩小镜看自己的优点和别人的缺点，夸大自己的失败和别人的成功，忽略自己的成功和别人的失败。个人要改变自卑就要改变认识自己的方式，从优点来认识自己，通过全面、客观的认识，辩证地看待别人和自己。

技 / 能 / 学 / 习

我的优点

每天记录下自己的一个优点，或者成功的一件事情，可以是很小的优点或者事情，如"今天我给同学带饭了，我很热心""我今天学会做演示文稿了"。刚开始做的时候，你可能会有些困难，慢慢就会习惯。坚持记录两个星期，两个星期以后再回顾自己的这些优点和事情，看看会有什么发现。

活动总结：自卑的人在生活中往往聚焦于自己的缺点和不足，不习惯去看自己好的方面。自卑的人如果从平时点点滴滴的事情觉察自我，可能会发现其实自己身上也是有很多优点的，只是这些优点都被自己忽略了。自卑的人将这种新的习惯保持下去，自卑感会一点一点消除。

3. 积极自我暗示 —— 练习肯定自我

暗示法就是个人通过积极的自我暗示、自我鼓励，消除自卑的方法。人的自我评价实际上就是人对自我的一种暗示作用。自我暗示与人的行为之间有很大的关系，消极的自我暗示导致消极的行为，而积极的自我暗示则带来积极的行动。

积极自我暗示不等于盲目自信，并不是说我告诉自己我能吞掉一头大象我就真的能做到。积极自我暗示只是对那些可以做到，但是没有信心做到的事情起作用。

你善于肯定自我吗？有的时候人的行为看起来是在肯定自我，但实际上是在给自己泄气。有一些高职大学生总习惯用"是的，但是……"这样的语句做自我评价，比如有的高职大学生在肯定自己的时候会说："是的，我学习非常努力，但是我还是没能考上好大学。""是的，我能歌善舞，但是能歌善舞有什么用？""是的，我人缘很好，有很多好朋友，但人缘好有什么用呢？"无论怎么肯定自己，当有"但是"进行转折时，焦点都是放在自己的不足之处上。觉察一下自己，你在自我肯定的时候会带这样的转折吗？如果会，从现在开始就把"但是"后面的内容去掉，看看自己的体验会有什么不同。

技/能/学/习

自我美化

每天对着镜子中的自己进行练习。首先要微笑着面对镜中的自己，然后暗示自己"我真棒""我觉得自己很好""我喜欢我自己"等，也可以想一些其他积极的语言。

活动总结：自我美化是一种积极的自我暗示，当开始做这个活动时，你有没有觉得自我感觉比以前好了？长期坚持做这个活动，你能够慢慢改变对自己的消极观念。

二、夜郎自大：自负及其调适

1. 自负及其表现

自负指个人过高地评价自己。自负往往以语言、行动等方式表现出来。自负实质是无知的表现。

2. 自负与自信

自负是一种自我膨胀，即过度的自信。自负的人的表现：对自己的认识以点带面，自己的某一方面好就认为自己各方面都优秀，瞧不起其他人，不接受他人的建议和批评，更缺乏自我批评；总认为自己对而别人错，把自己的意志强加在别人身上，难以和他人相容，人际交往不良。

自信则与自负不同。自信是相信自己。自信的人对自己的信任是建立在客观现实基础之上的，并不是盲目地、过度地信任自己。

3. 改变自负的方法

（1）接受批评。自负的人的明显特点是不愿意改变自己的态度或接受别人的观点，接受批评即是针对这一特点提出的办法。这个办法并不是让自负的人完全服从于他人，只是要求他们能够接受别人的正确观点，通过接受别人的批评，改变自负心理。

（2）与人平等相处。自负的人无论在观念上还是行动上都无理地要求别人服从自己。与人平等相处就是要求自负的人以一个普通社会成员的身份与别人平等交往。

（3）提高自我认识。自负的人要全面地认识自我，既要看到自己的优点和长处，又要看到自己的缺点和不足，不可"一叶障目，不见泰山"，每个人生活在世上都有自己的独到之处，都有他人所不及的地方，同时又有不如他人的地方。在与他人比较的时候不能总拿自己的长处去比别人的不足，把别人看得一无是处。

（4）要以发展的眼光看待取得的成就。辉煌的过去可能标志着你过去是个英雄，但它并不代表自己的现在，更不预示着将来。

三、水仙花：自我中心及其调适

案/例

王峰的抱怨

王峰是张帅的同学，在班级里他几乎没有朋友，和同学也鲜有来往。为什么大家都讨厌王峰呢？这和王峰的为人处世有很大关系。

王峰在食堂打饭时，看见炒的蔬菜色泽不好，就大声嚷嚷"：这菜怎么让人吃啊！"刚巧同班两位女同学正在打这种菜，她俩觉得王峰太挑剔。全班打算去郊游，班委提前和大家商量方案，大家想去风景区，可王峰认为那个风景区没有意思，据理力争要把活动安排在附近的另一个地方，结果讨论会不欢而散。最后郊游还是去了风景区，大家却没有通知王峰。

同学们渐渐疏远了王峰，王峰自己却很纳闷：究竟自己做错什么了，让人这么讨厌？

在生活中，我们不难发现有这样一些人，他们存在过于浓厚的自我中心观念，凡事都只希望满足自己的欲望，要求人人为己，却置别人的需求于度外，说话、做事很"直接"，不考虑别人的感受，就像王峰一样，要求所有的人都以他为中心，服从于他。

自我中心主要表现在以下 3 个方面。

（1）很少关心别人，与他人关系疏远。自我中心的人时时事事都从自己的利益出发，很少考虑别人的感受和需要。实际上，人类的交往是互惠的，"人人为我，我为人人"，任何人都不愿与自我中心的人交往。

（2）固执己见，唯我独尊。自我中心的人在人群中总是以自己的态度作为别人态度的"向导"，要求别人都必须与自己的态度一样，而且他们在明知别人正确时，也不愿意改变自己的态度或接受别人的态度，因而他们难以从态度、价值观的层次上与别人进行交往。

（3）自尊心过强，过度防卫，有明显的嫉妒心。自我中心的人有很强的自尊心，不愿损伤自己的自尊，强烈地维护着自己。他们对别人的成绩、成功非常妒忌，对别人的失败幸灾乐祸，不向别人提供任何有益的信息。

技 / 能 / 学 / 习

小小访谈员——学会倾听

自我中心的人的最大表现就是唯我独尊，把自己看成焦点，很难听进别人讲的话。下面这个练习可以帮助自我中心的人学习倾听和关注他人。

对自己身边的一些同学或朋友进行访谈，请他们聊聊对最近发生的一些事情的看法和感受，或者询问一些他们的近况。例如下面的问句。

（1）你最近怎么样？暑假去哪里玩了吗？旅行的过程中遇到哪些好玩的事情？

（2）今天中午去哪个食堂吃的饭？你觉得那个食堂的饭菜怎么样？有什么好吃的菜可推荐？

（3）你喜欢什么体育运动？你是怎么安排这些体育活动的？是自学的还是跟着教练学的？

总之，访谈原则在于询问和了解对方，你在整个访谈过程中不对对方所讲的话发表任何意见，只是简单地复述对方的话，以确认对方是不是讲的这个意思，如可以采用下面的句式。

（1）你刚刚讲的意思是……

（2）你是说……

（3）我听到的是……

本章小结

（1）自我意识是对自己身心活动的觉察，即自己对自己的认识。当人对自己有更全面和深入的认识时，可以更好地为自己做决定。

（2）自我意识的内容包含心理自我、生理自我和社会自我3个方面。

（3）自我意识的结构包含自我认知、自我体验和自我调控，健全自我意识的标准是有正确的自我认知、良好的自我体验和有效的自我调控。

（4）高职大学生自我认识发展的主要特点：自我认识的矛盾性、自我体验的情绪化、自我调节的中心化和自我认识发展的阶段性。

（5）个人主要通过物理世界、社会世界和内部心理世界3个方面来认识自己。

（6）个人要想获得良好的自我体验，需要学习如何积极悦纳自我。

（7）自我调控的核心是建立自我效能感。

（8）自卑指个人因自我评价偏低、自愧无能而丧失自信，并伴有自怨自艾、悲观失望等情绪体验的消极心理倾向。改变认识自己的模式可以改变自卑。

（9）自负就是过高地评价自己，正确认识和评价自己是改变自负的关键。

（10）自我中心的人凡事以自己为中心，学会倾听和关注他人是改变自我中心的关键。

思考题

小雅是张帅的同学，大一时参加了学校和系里的各类学生干部、干事的竞选，都失败了。长这么大，小雅第一次受到如此沉重的打击，一向好胜的她陷入了自我否认的泥潭。小雅的情绪往往会因为一件很小的事情而大起大落，反复无常。她在寝室好与人争执，很少忍让。大二班干部竞选时因一票之差又与学生干部擦肩而过，她再度陷入失败感的折磨中。有一次，她在寝室门外无意中听到了同学的议论："争强好胜，能力不怎么样，还总觉得谁都不如她……"从那以后，小雅变了，变得不爱说话，不和人交往，对每个室友都充满敌意。每当看到别人高兴地在一起玩或学习时，小雅内心便充满了孤独感，晚上常常做噩梦，睡眠出现问题，精神状态不佳，没有胃口，自己常常不知道为什么就发脾气，很难控制自己的消极情绪。她变成了同学眼中的另类。

请思考：小雅的自我意识可能存在什么偏差？如果你是小雅，你要如何调整自己？如果你是她的同学，可以怎样帮助她？

推荐资源

（1）书籍：《自我》，乔纳森·布朗著，陈浩莺等译。

如果你想对自我心理有更深入的了解，这本书就一定要看。这本书综合了哲学、社会学和心理学知识的有关自我的思想。它的材料是新颖的，研究方法是严谨的，表达方式是引人入胜的。这部著作可以作为社会心理学或人格心理学选读材料，或者是自我专修课的主要教科书。

（2）电影：《跳出我天地》，又名《舞动人生》。

主人公比利·艾略特是一个矿工的儿子，他每天除上学之外还要照顾生病的奶奶，还要在放学之后练习拳击，尽管他的拳击课上得一塌糊涂。比利·艾略特的未来差不多已经定了：和他的爸爸、哥哥一样，上学、练拳击，然后成为家乡的一个矿工——如果不是偶然遇到了芭蕾舞女教练威尔金森夫人。威尔金森夫人发现了比利·艾略特的芭蕾舞潜质，全心地培养比利·艾略特，还鼓励他去报考伦敦的皇家芭蕾学校。比利·艾略特仍然懵懵懂懂，但是他发现，自己在芭蕾舞中得到了难以形容的激情和快乐。克服了重重障碍，最终成了一名舞蹈家。

CHAPTER 03

人格万花筒
——高职大学生人格发展与心理健康

曹雪芹在《红楼梦》中塑造了许多性格迥异、个性鲜明的人物形象，例如，通过"未见其人先闻其声"的语句生动地刻画了王熙凤的性格特点。在现实生活中人们的性格也各不相同，有的人开朗热情，有的人独立坚强。人格和性格一样吗？人与人之间到底存在怎样的差别？本章将和你分享有关高职大学生人格发展与心理健康方面的内容。本章学习目标如下：

- 了解什么是人格，以及人格的特征；
- 了解人格类型与人格特质的定义；
- 了解并辨析不同人格测试的方法；
- 通过大五人格测试了解自己的人格特质；
- 掌握自我人格完善的方法。

引/导/案/例

妈妈的同学聚会

佳琪的妈妈参加了毕业 30 年的高中同学聚会，最近打电话和佳琪沟通的话题都是聚会的事情，佳琪的妈妈向佳琪讲述了很多聚会上的趣事。随着时间变迁，很多人的长相变了，声音也变了，但是一聊天，过去熟悉的感觉就找回来了，很快认出对方。例如老李当时是个受男生"欺负"的老好人，现在是单位的管理者，这次聚会时还是话不多，憨憨地在一旁微笑，哪个同学的水杯空了，他总是第一个起来给满上。还有当时班上的"风云人物"老夏，是个豪爽活泼的女子，这次见面明显成熟多了，表现出少见的温柔，但是眼见有同学被灌酒，她还是忍不住"出手相救"，颇有当年女中豪杰的影子。佳琪也和妈妈分享班里同学的趣事，有的同学活泼开朗，有的同学稳重独立，各不相同。

本节视频

第一节

面具与真我——人格概述

和妈妈分享完趣事的佳琪，也开始对自己的性格特点感到好奇："我到底有怎样的性格，会改变吗？"她仔细反思后发现自己的性格的确会有变化，有的时候自己非常具有冒险精神，好像天不怕地不怕，有的时候自己又非常胆小，就想窝在家里不见人。相信你也有这样的好奇，什么是人格，性格和人格一样吗？人格会改变吗？哪个才是真正的我？这些内容都是本节讨论的重点。

一、我是谁与谁像我：人格概述

1. 人格的定义

对于如何描述一个人的人格，以及人格心理学包括哪些问题，心理学家从不同的角度给出了不同的界定。这正反映了探索人格的框架非常复杂和丰富。人格的内涵非常广泛。心理学家普遍认为，广义的人格等同于个性特点，指相对稳定的和独特的认知、情感与行为模式，它体现了一个人独特的精神风貌。我们可以把人格理解为一个大家庭，它具有多种成分和特质，如能力、气质、性格、兴趣、价值观及行为习惯等都会表现出我们独特的人格的差异（见图3-1），为了理解上的方便，我们一般会把"人格"与性格、个性或人格特质替换使用。人格的形成过程离不开我们与他人的人际互动，外部环境对人格有重要的作用。父母的教育方式、社会文化等因素都对人格产生影响。

2. 人格的特征

一般来说，人格具有以下4大特征。

（1）独特性

我们经常说的"人心不同，各如其面""千人千面"就是指人格的独特性。遗传、教育和环境的不同，使每个人形成了各自独特的人格。个人的人格可能表现出与某些人相似，但经过观察后会发现还是有差别的。比如佳琪的同学方毅和陈佳都属于开朗活泼类型的人，但是了解以后就会发现他们还是有所不同的，方毅在对待一般的朋友时比较大方客气，他的活泼一般在和亲近的朋友相处时才表现出来；而陈佳对任何人都是自来熟，在任何朋友前都表现出幽默感、机灵活泼。

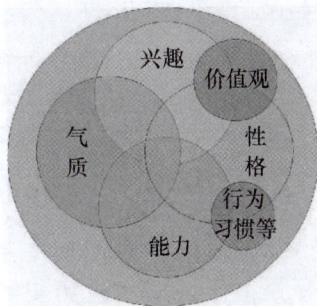

图3-1　人格大家庭

（2）稳定性

"江山易改，本性难移"强调了人格的稳定性，人格的稳定性指一个人经常表现出来的特点，是其一贯的行为方式的总和，一般具有生物学基础。人格的稳定性表现为跨时间的稳定性，比如今天的你和昨天的你大致一样；又表现为跨情境的一致性，比如性格外向的你在家里和学校都表现出喜欢与人交流的倾向。但是，稳定性并不意味着人格不可改变，人格同时具有可塑性。一般而言，儿童的人格正在形成中，还不稳定，容易受环境影响而发生变化；成年人的人格比较稳定，但是还可以自我调控。比如《国王的演讲》中的主人公经过自己的练习和努力最终克服了口吃，发表了激动人心的演讲。

（3）统一性

人格的第三个重要特征就是统一性。人格是由气质、性格、能力、兴趣、爱好、需要、理想、信念等成分构成的，这些成分或特征却不是孤立地存在的，而是具有内在统一性的。正常人能够正确地认识和评价自己，能及时地调整在自己内心世界中出现的相互矛盾的心理冲突。一个人如果失去了人格内在统一性，就会出现人格分裂现象。例如美国著名的电影《搏击俱乐部》的主人公就表现出典型的人格分裂，他一方面是都市白领"杰克"，做着一成不变的工作，患有严重的失眠症；另一方面却分裂出另一个人格"泰勒"，成立了地下搏击俱乐部，疯狂地发泄情绪。

（4）功能性

人们常说人格或性格决定了一个人的生活方式，进而决定一个人的命运，就是强调了人格的功能性。一个人的人格功能发挥正常的时候，人表现为健康而有力；人格功能受损会影响一个人的社会功能和生活，人表现出怯懦、无力、失控或病态。

扩/展/阅/读

人格是在何时"定型"的？会不会变化？

（1）一个人的人格是在什么年龄定型的？

美国心理学家詹姆斯认为："大多数人到30岁，人格便稳定得像一块石膏了，而且再也不会变软"。沃尔特·米歇尔则持不同意见，他在1968年出版的《人格与评估》一书中写到，没有足够的证据能证明人格特质是显著而稳定的，相反，人们的日常行为会受到情境等因素的影响。

（2）在实际生活中我们的人格到底有没有发生改变呢？

2014年哈佛大学心理学家丹尼尔·吉尔伯特在著名的科学杂志上发表了《历史终结的错觉》，为人们分享了重要的研究结果。他发现不论何时，人们的人格会发生不小的变化。

（3）人格可以被人为改变吗？

2017年一篇心理学文章中对207个在心理治疗过程中测量了人格变化的研究进行了元分析，其中1/3的研究是长期追踪。结果发现，人格在心理治疗干预过程中出现了明显变化。哪些特质的变化更显著？如果想了解详细的内容，请扫描旁边的二维码听讲解。

扫一扫

听音频

二、稳定与变化：人格的影响因素

人格还有多大改变的空间？受什么因素影响呢？

1. 遗传因素

心理学家对于人格是否会遗传的问题，往往采用同卵双生子研究进行进一步探讨，研究结果显示即使同卵双生子被分开抚养，他们之间的相似性也大于异卵兄弟姐妹，可见遗传在人格中发挥的作用显著。具体到某些人格特质，比如外向性、神经质（情绪稳定性），遗传的变异贡献量占到20%～45%，这个比例是非常高的，不过这种遗传效果并不意味着永久不变。另外一项对同卵双生子的研究表明，双胞胎被分开抚养的时间越长，两人之间的差异也就越大。每个人都是先天后天相互影响的"合金"，我们的一些人格特质可能受遗传倾向的影响，如妈妈有焦虑的情况，孩子出生就表现出敏感焦虑的气质特点；外向开朗的家长，孩子也普遍外向活泼。不过人不是机器，并不是按照编写好的程序自动运行的，我们虽然不能忽视遗传因素的影响，但每个人一生的发展其实是自己选择的结果，遗传并不能决定我们的命运。

2. 社会文化因素

社会文化同样是影响人格的重要因素，对人格具有塑造作用，例如不同文化的民族有其固有的民族性格，不同的地域有不同的文化传统，不同的文化发展时期有不同的文化认同。与中国人自我表达和判断他人的"曲折化"相比，西方人则更直接、更坦率。例如，方毅和陈佳尽管性格开朗活泼，但因受到中国传统文化的影响，在人际互动中重视情境和场合的作用，对待情感表现出含蓄的特质，而佳琪班里新来的美国交换生卡洛琳则是典型的美国人，对待情感喜欢直接表达。

3. 家庭环境因素

家庭是"制造人类人格的工厂"。家庭是一个人最早接受教化的场所，社会和时代的要求往往是通过家庭对儿童产生影响的。许多精神分析学家认为，一个人从出生到五六岁，是人格形成的关键阶段，父母的教养态度对于其人格的形成和今后的发展起着重要作用。不同的依恋关系、父母对子女的态度、家庭氛围都对一个人的人格有较强的影响。"早期的亲子关系决定了一个人的行为模式，塑造出这个人一切日后的行为。"这是心理学家麦肯侬有关早期童年经验对人格影响力的论述。另外，有研究者对孤儿院里的儿童进行了研究，发现这些早期被剥夺母爱的孩子，长大以后在各方面的发展均受到影响。但是这种早期的创伤经验并不会单独对人格产生影响，早期儿童经验是否对人格造成永久性影响因人而异，对于正常人来说，随着年龄的增长、心理的成熟，童年的影响会逐渐缩小、减弱，其效果不会永久不衰。

4. 自然环境因素

生态环境、气候条件、空间拥挤程度等物理因素不仅会影响人的情绪，而且会影响人的人格。例如，人在热天会表现出烦躁不安，对他人采取负面的反应。世界上炎热的地方，是人们发生攻击行为较多的地方。外部环境和情境同样影响人格的表现方式。

扩 / 展 / 阅 / 读

气质类型

公元前 5 世纪，古希腊的一位医生希波克拉底提出气质类型这一概念。他认为人体含有 4 种基本的体液，每种体液与一个特定的气质类型相对应。现代气质理论把气质看作人格结构中的先天因素，也沿用了这样的分类方法，将气质分为 4 种典型的类型：多血质、抑郁质、黏液质、胆汁质。气质类型的差异如图 3-2 所示。

图 3-2　气质类型的差异

扫一扫
听音频

　　如果想了解每种气质类型到底有什么样的特点，自己又属于哪种气质类型，请扫描旁边的二维码收听详细讲解。

三、我有很多面：人格类型与人格特质

案/例

　　佳琪周末和朋友一起去商场吃饭，听见对面一个女士大声和服务员说话："你们餐厅是不是属于××集团啊？菜到底好不好吃啊？"佳琪和朋友的注意力一下子就被吸引过去了，那是一个中性打扮的中年女士，剪着利落的短发，穿着格子衬衫和牛仔裤，一个人吃饭。佳琪和朋友对视了一下，心中有了对这个女士的判断。

　　你在看到上述情境时，是否也在心中对这个中年女士有了自己的判断？比如她很独立，有点强势等。对于我们来说，学习人格理论最期待能够回答"我到底是什么样的人"以了解自己，同时非常想知道"别人是什么样的人"，以"预测"他们的行为，并以此来确定我们对待他们的方式。

　　心理学家很早就开始了"判断他人"的研究，提出了各种方法，试图把人格分为不同的类型。卡尔·荣格是最先提出可以将人

分成内向和外向两种类型的心理学家，他认为内向的人的注意力、能量指向内在，通常安静、稳重；外向的人的注意力、能量指向外在，通常胆大、好交际。

特质流派心理学家奥尔波特不认同类型理论把人简单分类的解释，他认为人格是连续的，是可以测量的，测量的单位就是特质，每个特质在全人类的表现上都是一个正态分布（见图3-3）。他致力于找到大多数人共有的人格特质进行测量研究，比如热情，他认为只有非常少的人属于非常热情，同样非常少的人属于完全没有热情，大部分人的热情特质在这个曲线上的某一点。

奥尔波特将人格特质分为3类：首要特质、核心特质和次要特质。

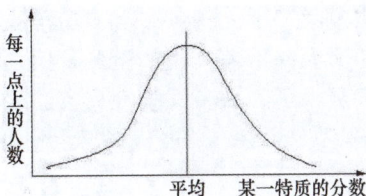

图3-3　特质曲线

（1）首要特质是一个人最典型、最具概括性的特质，如林黛玉的多愁善感、曹操的狡猾奸诈。但并不是所有的人都会发展出这样明显的首要特质。

（2）核心特质是代表一个人主要特征、构成个体独特性的重要特质，在每个人身上有5～10个，如林黛玉的清高、率直、聪慧、孤僻、内向、抑郁、敏感都属于核心特质。

（3）次要特质是个人一些不太重要的特质，对于理解个人的人格作用不是很大，如对于食物和衣着的偏好。

不管是类型论还是特质论，都在试图更好地说明人格的特点，目前主要的人格类型分类有两种类型（A-B型）、5种类型（大五人格结构）、16种类型（16PF人格结构），并对应各种类型开发了很多量表对人进行测量。需要注意的是，通过量表获得的人格类型划分可能存在人格判断过于简单化的问题。

请你重新思考一下对前面案例中餐厅女士的判断，结合上面所介绍的知识，你真的可以直接得出她"强势"的结论吗？

案/例

　　佳琪班上的同学肖剑是个孤僻的人，从来不主动和同学讲话，同学和他打招呼，他总是好像没看见，男生约他打球，他也借口不去。大家提起他都说，他太冷漠、太内向。直到有一天班上发生了一件事情让大家对他刮目相看。有个女生遭遇男友提分手，男友恶语伤人，她伤心地在班里大哭。班上的男生都摩拳擦掌，想要教训那个男生，女生们也在不停地安慰她。肖剑这个时候却直接出去了，回来的时候，将一瓶碘酒和消毒棉放在女生桌上（大家都没发现这个女生膝盖擦伤了），女生也收到了男友的道歉短信。原来这都是肖剑找那个男生理论的结果，大家这时候发现肖剑还有这么勇敢、正义、细腻的一面。

其实每个人都有很多面，片面地看到别人的一些行为表现就断定他就是这样的人，非常容易犯经验主义错误。接纳和认可人格框架的每一面才能更好地理解自己和理解他人，而对我们自己来说，看待别人和自己的视角和框架越多、越灵活，适应性也会越强。

第二节

"星座、运势分析"靠谱吗——人格测试与分析

本节视频

案 / 例

班级里的星座大师

佳琪的同学对星座很着迷，很多同学都能准确说出十二星座的个性特点。星华更是其中的人物，对各种星座的运程了如指掌，深得大家的信赖。班上白羊座的张莹和摩羯座的李佳走得很近，有谈恋爱的迹象，但是星华预言二人很难长久："白羊座热情奔放，摩羯座死板较真，两人很难不吵架。"最初两人并不信，挺甜蜜的，但是后来真的争吵不断，以分手而告终。这下子星华的名气更大了，很多同学在交友恋爱上都爱问问她："我该和什么星座的人在一起？"

一、准不准与信不信：人格测试面面观

提到心理学，最让大学生感兴趣的部分就是各种各样的心理测试了。网络上、杂志上、心理活动中的各种测试都让大家乐此不疲，其中有关人格的部分更是广受欢迎，市面上的星座、血型、属相、颜色偏好测试都有为数不少的忠诚粉丝。但是不管什么测试都需要考虑下面两个问题。

（1）这些测试准不准？

解释这个问题，首先需要给大家介绍一个有趣的心理学实验。有位心理学家曾经请一群人填写完明尼苏达多项人格调查表（MMPI）后，拿出两份调查表让参加者判断哪一份是自己填写的。事实上，一份调查表是参加者自己填写的，另一份调查表是这位心理学家把多数参加者的回答综合起来的填写结果。调查表的判断结果让所有参加者都大吃一惊，大部分参加者竟然认为后者更准确地表达了自己的人格特征。这种现象被称为"巴纳姆现象"，即人很容易受到来自外界信息的暗示，从而出现自我认知的偏差，认为一种笼统的、一般性的人格描述十分准确地揭示了自己的特点。

下面一段话是心理学家使用的材料，你觉得是否也适合你呢？

你很需要别人喜欢并尊重你。你有自我批评的倾向。你有许多可以成为你优势的能力没有发挥出来，同时你也有一些缺点，不过你一般可以克服它们。你与异性交往有些困难，尽管外表上显得很从容，其实你内心焦急不安。你有时怀疑自己所做的决定或所做的事是否正确。你喜欢生活有些变化，厌恶被人限制。你以自己能思考而自豪，别人的建议如果没有充分的证据你不会接受。你认为在别人面前过于坦率地表露自己是不明

智的。你有时外向、亲切、好交际，而有时则内向、谨慎、沉默。你的有些抱负往往很不现实。

其实这只是套在谁身上都合适的一般性描述，甚至包含了相互矛盾的信息，但是当我们对自己不清楚，或者情绪低落、失意的时候，更容易受此类内容的影响。算命、星座、生肖等预测除了有心理方面的原因，还可以用概率学来解释。事物都具有两面性，因此这些预测常常有 50% 的胜算。它们提供的往往也是一般性的说明，肯定有些内容非常符合你，有些则不完全符合，这些说明并不能准确反映你的真实人格情况。

（2）这些测试可不可信？

除了星座、血型等测试，市面上还有很多娱乐化的投射测试，这些测试可能根本没有研究支撑，就如同下面的例子一样，测试的内容和结论之间根本没有关系，并不能反映你的人格特点。但是很多喜欢研究星座的同学可能并不认可，因为他发现确实自己符合某个星座的描述。原因除了上面提到的概率因素，还有一个期望效应，当你认为自己属于某种类型，你会在言行上有意无意地做出那种类型要求的举动，如一个生性叛逆的小学生做了班长，他会变得负责、自律，还被大家认为具有领导才能。

案/例

小测试

你在黄昏时分外出散步，发现一间屋子。你从一扇向西的窗户往里看，你的视线突然被屋内的某样东西吸引。吸引你的东西是（　　　）。

A. 冰箱　　　　　B. 微波炉　　　　　C. 锅　　　　D. 砧板

选择 A：你喜欢冰箱。

选择 B：你喜欢微波炉。

选择 C：你喜欢锅。

选择 D：你喜欢砧板。

二、问答与投射：测试技术

通过娱乐性心理测试来预测人格的方式并不可信，那么有没有可以相信的测量方式呢？心理学家确实开发了各种测量方法来洞察人心。

1. 人格测试量表

人格测试量表是特质心理学家采用的基本形式，他们设计一些问题组成人格测试量表，让参加者根据自己的真实情况填写，通过分析参加者的答题情况，判断参加者在这些人格特质上的表现。这种通过统计大样本的调查方式，具有较高的信度和效度，人格测试量表中的每一道题目都是经过筛选的，确保该题和参加者的人格维度高度相关。只要参加者真实作答，问卷就能够相对准确地评估参加者的人格情况。明尼苏达多相人格测验、大五人格测验、16PF 测试都属于这种测试类型。

2. 投射测试

投射测试是精神分析、心理动力学家喜欢采用的方式，它用间接的方法揭示人们无意识或内隐的想法、愿望和需要。罗夏墨迹测试就是历史悠久、使用广泛的投射测试之一。图 3-4 所示是一张罗夏墨迹测试中的测试图，心理学家会通过分析参加者对这些模棱两可的图片的解释，探索参加者的若干人格特征。还有一种主题统觉测试（见图 3-5），也是一种知名的投射测试，由美国心理学家莫瑞创编。该测试由一系列模糊的图片组成，让参加者根据情境讲故事，故事的差异是参加者内在人格的线索。主题统觉测试常用来测查一个人在支配需要上的差异，以及在人际关系中的情感问题。目前流行的"房树人"绘画测试等也属于投射测试的范畴，这种测试因为是无结构也无固定答案的，来访者更容易讲出那些困扰他们的问题，临床心理学家通过分析来访者的主要心理冲突，开展有针对性的咨询。投射测试也有明显的缺陷，就是效度不高，不同心理学家对于测试结果的评分的客观性不高，所以这种测试必须由经过培训的专业人士来使用、分析和解释。

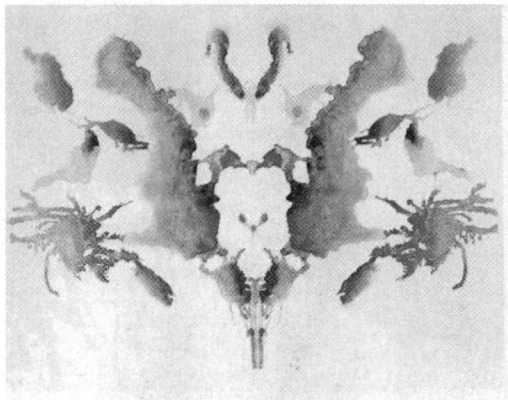

图 3-4　罗夏墨迹测试图

3. 情境测试法

情境测试法将参加者置于某种情境，如挫折、压力、诱惑等，心理学家通过观察他们在这种情境下的行为反应进而了解其人格特点。这不同于我们日常在地铁公交车上的随意观察，而是带有更多目的性的观察，评分也更为规范。儿童心理学家会通过观察儿童在陌生情境下与母亲的互动发现孩子的人格发展特点；而职业心理学家会在招聘的过程中使用压力测试的方法，观察压力情境下应聘者的反应，以此来推断一个人的人格特点是否与职业要求相匹配。

图 3-5　主题统觉测验

4. 访谈法

访谈法就是通过谈话的方式快速判断一个人的人格特点的方法，如在企业招聘的面试环节面试官通过与应聘者谈话，对应聘者的人格做出判断。这种方法具有比较大的主观性，非常容易受到参加者穿着打扮、身份的影响。但是这种方法能收集到丰富的言语和非言语信息，是问卷测试所不能达到的。

以上 4 种或者更多的测试方法都有其优劣之处。不管是人才测评还是心理诊断，人们越来越倾向于使用多种测试技术，所以人格评估往往采用成套测试的方式，既包括初步访谈，又有人格测试量表和投射测试，甚至压力测试等。这也给大学生一个启示，心理学家评估一个人都需要这么多方式，单凭从网上的某个测试就能看清楚一个人实在太不现实了。

扩/展/阅/读

大数据心理测评技术

扫一扫

听音频

你相信吗？基于你在社交网络上的点赞、转发、搜索等网络行为，就可以预测你的人格特点。大数据心理测评技术本质上是行为观测法的升级版。到底人格心理学家和大数据技术碰撞出怎样的火花？这些技术的准确性如何？它的使用存在哪些风险？如果想了解详细的内容，请扫描旁边的二维码。

三、人格的海洋：大五人格量表

每个人内心都会有"认识自己"的声音在召唤，人们渴望了解自己，有效的心理测评能够成为探索自己的工具，并且帮助人们在理解自己的基础上更好地理解他人。

由心理学家萨姆·戈斯林、贾森·伦特福德和威廉·斯旺编制的大五人格（OCEAN）量表，是在人格研究领域被使用较多的人格量表之一，测试的结果非常稳定，你想不想测一测呢？

课/堂/练/习

测一测：简版大五人格测评

下面有一些人格特质描述，可能适合你，也可能不适合你。请根据你的赞同和反对程度，按表3–1所示为每个描述打分。

表3–1　分数说明

非常反对	比较反对	有一点反对	既不赞同也不反对	有一点赞同	比较赞同	非常赞同
1分	2分	3分	4分	5分	6分	7分

（1）外向，热情。（　　　）

（2）爱挑剔，好争论。（　　　）

（3）可信赖，自律。（　　　）

（4）焦虑，容易心烦意乱。（　　　）

（5）对新体验持开放的态度，多元化。（　　　）

（6）保守、文静。（　　　）

（7）具有同情心，热心。（　　　）

（8）散漫，粗心。（　　　）

（9）平静，情绪稳定。（　　　）

（10）传统，缺乏创造力。（　　　）

计分：

尽责性得分＝［第3项得分＋（8－第8项得分）］÷2；

宜人性得分＝［第7项得分＋（8－第2项得分）］÷2；

神经质得分＝［第4项得分＋（8－第9项得分）］÷2；

开放性得分＝［第5项得分＋（8－第10项得分）］÷2；

外倾性得分＝［第1项得分＋（8－第6项得分）］÷2。

测试分为5个维度，一般来说，每个维度的得分在6分以上属于高分，3分以下就属于低分，其中在西方的样本中，开放性维度中超过6.6分才算高分，而低于4.4分则属于低分。表3-2所示为大五人格特质解释表。

表3-2　大五人格特质解释表

高分者人格特质	维度	低分者人格特质
认真、勤奋、井井有条、守时	尽责性	马虎、懒惰、杂乱无章、不守时
信任、宽容、心软、脾气好	宜人性	多疑、刻薄、无情、易怒
自寻烦恼、神经质、害羞、感情用事	神经质	冷静、不愠不火、自在、情感淡漠
富于想象、创造力强、标新立异、有好奇心	开放性	刻板、创造性低、遵守习俗、缺乏好奇心
喜欢参加集体活动、健谈、主动、热情	外倾性	不合群、安静、被动、沉默

1. 尽责性

尽责性指人们控制、管理和调节自身冲动的倾向，尽责性得分高的人比得分低的人更有条理、认真，也更愿意坚持。这个人格特质与个人学业、职业领域的成就密切相关，它是世俗意义上成功的最佳预测指标之一。得分高的人更可能追求并坚持健康的行为，从而获得长寿。但是如果得分高的人生活在混乱、不确定和快节奏的环境中，就不一定能成功，反而容易环境适应不良。例如鲍勃·霍根和乔伊斯·霍根的研究发现，在需要即兴演奏的环境中，尽责性得分低的爵士乐音乐人反而更有可能获得同伴的认可和好评。人格研究需要考虑人格特质与社会生态环境的适应性，看似积极的人格特质有可能只是在适宜的环境条件下发挥最大的作用。

2. 宜人性

宜人性考察的是一个人对其他人的态度，宜人性得分高的人亲近人、有同情心、信任他人、宽容，也容易心软，非常看重合作和人际和谐。它在人的第一印象上起的作用非常重要，但是与其他大五人格特质相比，宜人性对世俗意义上的成功的预测作用最低，宜人性和工作效率的关系并不稳定，太讨人喜欢或太难相处的人工作效率都不高，宜人性得分中等的人工作效率较高。

3. 神经质

神经质指的是情绪稳定性，反映了一个人的情感调节过程，神经质得分高意味着这个人的情绪稳定性比较差。神经质得分高的人倾向于有心理压力和不现实的想法，可能会有过多的要求和冲动，更容易体验到诸如愤怒、焦虑、抑郁等消极情绪。和其他大五人格特质不同，神经质和个人幸福的关系相当简单明了，那就是神经质得分低的人更容易获得幸福。因为神经质是人格特质中与生物学因素联系紧密的因素，它反映的是人对环境中消极信号的敏感程度，所以神经质得分高的人也是敏感度高的人，他们会更容易发现危险的信号并反复回想琢磨这些信号，一直处于警惕的状态，长期处于压力状态。另外神经质还是其他人格特质的放大器，尽责性得分高的人如果情绪非常不稳定，就容易出现过度谨慎或者强迫行为。但是也不能简单推论神经质测试高分的人就一定糟糕，因为每一个人格特质都有重要的功能，神经质的人格特质在人类进化的历史上发挥了重要的适应作用，高敏感的特质在某些环境中有不可替代的作用。

4. 开放性

开放性描述一个人开放的认知风格，他愿意接受新的观点、新的人际关系和新的环境，这是与创造力高度相关的特质。开放性不仅仅是对新事物的接受更开放，对情绪也一样，所以开放性得分高的人比得分低的人更容易感受到焦虑、抑郁，同时也容易体验到快乐、喜悦等积极情绪。如果一个人开放性得分很高，那他就更容易对文化与艺术感兴趣，偏爱奇特的味道或气味，具有更复杂的理解世界的方式。开放性得分高的人对幸福的体验更加细腻。

5. 外倾性

外倾性也叫外向性，表示个人人际互动的数量和密度、对刺激的需要以及获得愉悦的能力。我们可以从人际的卷入水平和活力水平两个层面来理解外倾性。外倾性得分高的人（外向的人）更愿意与人互动，更主动，一直试图提高自己的活力水平，而外倾性得分低的人（内向的人）则表现为沉默、严肃、腼腆、安静，总是寻求降低自己活力水平的环境。一般来说，咖啡能够让人兴奋，外倾性得分高的人喝咖啡能够更有效地执行任务，而对外倾性得分低的人则不一定有作用。外倾性人格特质的差异是由人们生理基础的气质差异造成的，并不能由此判断人的人格特质的优劣，他们处理信息的方式、身体反应、记忆系统、行为方式、交流方式、注意力指向、能量恢复方式均有所不同。其实内向和外向是连续体，纯粹内向或外向的人是很少的，大多数人是介于内向和外向之间的中间型。美国的组织心理学家亚当·格兰特发现中间型的人比外向或内向的人更擅长销售。

你了解了大五人格测试的结果和解释后，有什么想法吗？会不会对自己某个人格特质非常喜欢，而对另一些人格特质则没什么好感，甚至希望完全改变？如何更好地运用大五人格测试了解自己和接纳自己，将在第三节中详细介绍。

课/堂/练/习

测一测：柠檬汁内向、外向实验

（1）准备一支吸管、一根双头棉签、一根线和一杯浓缩柠檬汁（普通的柠檬汁效果不好）。

（2）把线系在棉签的中间，让棉签水平悬吊。

（3）先请参加者做 4 次吞咽动作，然后把棉签的一端含在舌头上 20 秒，放开。

（4）接着，在舌头上滴 5 滴浓缩柠檬汁，吞咽。

（5）然后把棉签的另一端含在舌头上 20 秒，放开。

（6）观察吊起来的棉签哪一端比较重。

一般来说，外向的人的棉签会继续保持水平，内向的人的棉签会有一端下沉。原因是内向的人对柠檬汁的刺激反应更强烈，分泌了更多的唾液。

在生活中，很多大学生可能会有一种感觉，有的时候觉得自己是外向的人，有的时候则会非常内向，甚至困惑自己是谁，或许做完柠檬汁实验，你对自己的生物性人格有了更多的了解。其实在生活中，内向和外向就像人们的左手和右手，人们都会使用到。有些人在朋友面前是开心果，在长辈面前则尽量降低自己的存在感，表现得像个内向的外向者；有些人喜欢安静独处，但在社交场合也可以如鱼得水，表现得像个外向的内向者。人们虽然有天生的生物学意义上的内向、外向差别，但是为了适应社会，还是会发展出适合当时情境的自由人格特质。

扩/展/阅/读

内向者的优势

张帅宿舍的李斯是个"学霸"，性格内向，平时既不喜欢和舍友一起打游戏，又不愿意和大家一起聊天，但是他平易近人，别人问他学习方面的问题总是能耐心解答，和同学的关系一直挺好。最近他有了一件烦心事，喜欢上班里非常漂亮活泼的张也，却鼓不起勇气去追求，因为他认为张也喜欢的是张帅那种开朗、活跃的阳光男孩，而自己性格太内向，这让他对自己很失望。他尝试改变自己的性格，努力尝试和同学玩到一起，结果发现自己总是表现得很尴尬，而且很累，但是不改变就离心仪的女生更远，这让他很迷茫。

你是否有像李斯这样的烦恼呢？对自己内向的性格感到失望？在所有人格特质的描述中，内向和外向是稳定性较高的特质。但是人们并没有平等地看待内向和外向的人格，社会更鼓励外向的行为，片面地把内向病态化，把内向与羞怯、社交焦虑、自闭症、注意力障碍联系在一起，这本身并没有科学依据。

第三节

接纳自己——人格的协调发展

本节视频

案/例

我的阴暗面

佳琪班上有个运动达人李佳，每天健身打球，也很爱笑，大家都觉得他很开朗、热情，但是给人的感觉若即若离。他有不能提及的另一面，就是他的家庭。他的爸爸是服刑人员，在他很小的时候，爸爸与妈妈发生口角，爸爸失手重伤了妈妈而坐牢。后来他一直和奶奶生活。这件事情几乎没有人知道，当有舍友给家人打电话时，他总是借口出去。虽然有女同学向李佳示好，但是被他拒绝了，他的网上留言总是有那么一种阴郁的气质："人都是注定孤独的，恋爱不是我能驾驭的事情。"

一、危险与机会：人格的发展

人们成为今天的自己，表现出形形色色的人格特质，其实经历了很多坎坷，人们对这些经历的看法、内化塑造了自己的人格。精神分析流派的心理学家埃里克森描述了人格在一生发展中的模式和特点。在人生的岔路口上总是充满危险和机会，人们解决危机的方式决定了自己的人格发展方向，并影响了自己如何解决今后的危机。表3-3所示为埃里克森的心理社会8个阶段及其人格发展结果。

表3-3　埃里克森的心理社会8个阶段及其人格发展结果

心理社会阶段	年龄	积极结果	消极结果
基本信任与不信任	1岁	能够感受到内在的美好，信任自己和他人，积极乐观	只有消极感受，不能信任自己和别人，悲观
自主与羞耻和怀疑	2～3岁	能够自我控制，做出适当行为和决定	僵化，过度自我审查，多疑，感到羞耻
主动与罪恶感	4～5岁	能够主动追求目标，积极主动完成任务	对追求目标和成就有罪恶感和迟疑
勤勉与自卑	小学期	工作专注，并为完成工作感到自豪	对自己完成工作的能力没有自信，消极怠工
自我认同与角色混乱	青少年期	自我的各角色间存在一致性和持续性，对未来有信心	自我的各角色没有设定和一致性，自觉虚假
亲密与孤立	成年前期	理智成熟和情感丰沛，二者之间平衡适当、相互辅助	逃避亲密的人际关系，只维持表面关系
创造性与停滞不前	成年期	对于工作和生活都充满创造性，张弛有度	工作兴趣丧失，人际关系单薄
整合与失望	晚年	内部充满秩序、意义，对人生感到满足平安	对死亡充满恐惧，感觉悲苦，没有实现自己的人生目标

高职大学生正处于青少年到成年前期的过渡时期，所以既要完成自我认同，避免混乱，同时又渴望建立亲密的关系，从亲密关系中获得情感的满足，避免肤浅关系带来的孤独。具体来说，高职大学生要能很好地认识自己，确定自己的优势，知道自己该往哪个方面发展，树立自信；同时也到了渴望恋爱，发展亲密关系的阶段，期待能从恋爱竞争中脱颖而出，这两个任务往往相互影响。案例中的李佳产生了"我是阳光英俊的男生，值得有人喜欢"和"我是犯人的儿子，不会有人喜欢"的角色冲突，让他在恋爱问题中退缩、冲突，与其他人的关系也若即若离。

二、矛盾与适应：人格与健康

人们的压力反应和健康不仅受外界环境的影响，而且存在一些人格因素的影响，有些人更愿意争强好胜，有些人更愿意随遇而安，某些人格因素可能会引发健康问题，甚至某些人格问题可能带来功能不良或毁灭性的后果。

1. A-B型人格

A-B型人格，并不是严格意义上的分类，这个人格维度被称为"心脏病易感性行为方式"，A型人格的人更容易患心脏病及心血管疾病，B型人格的人相对不容易。A型人格的人有强烈的动机去克服困难，会竭尽全力实现目标；他们热爱竞争、权力和被关注，有控制欲也易被激怒；不喜欢等待和浪费时间，喜欢用充满激情的方式迅速、有效地完成事情。A型人格的人特别不能容忍与从容不迫或拖沓的人相处。B型人格的人则比较松弛，不急迫，他们可能是勤奋工作的人，但不会像A型人格的人表现出那种冲动和激情并存的做事风格，他们会筹谋在先，冷静地推动事情的发展，会为工作留出缓冲和灵活变动的空间。表3-4所示为A型人格和B型人格的典型特征。

表3-4　A型人格和B型人格的典型特征

A型人格	B型人格
竞争性强	工作及游戏时都不具竞争性
个性倔强	态度从容，随遇而安
办事速度快	做事慢，但有方法
在工作环境及社会地位上努力，欲获升迁	对于目前工作上及社会上的地位深感满意
希望大众对自己的努力加以肯定	不追求大众对自己的肯定
易被激怒	不容易被激怒
被迫沉静时会感到心定不下来	喜爱悠闲的感觉
说话快	说话慢
一次做好几件事，以力求成长	一次只做一件事，但心觉满意
走路、行动及进食速度快	走路、行动及进食从容不迫
对于任何迟缓都不耐烦	对于迟缓有耐心且不生气
对时间很有概念，做事赶在期限以前完成	对时间没概念，不在乎期限
约会几乎每次都准时	约会经常迟到
经常绷着脸握拳头	面部表情轻松且不握拳

通过对表3-4分析，不难发现A型人格的人的生活方式给心脏带来极大的压力，心脏需要时刻做好准备来应对A型人格的人"进攻"的步伐。但并不是说所有A型人格的人都会患心脏病，大量证据证明A型人格中愤怒和敌意的成分是心脏病的罪魁祸首。有一项研究用4年的时间对12 986名中年男女进行了调查，发现愤怒特质高的人，患心脏疾病的可能性是不爱愤怒的人的两倍以上。

A型人格的人容易愤怒和充满敌意该如何调节呢？研究发现学会愤怒管理非常有效，当一个人学会放松，特别是转换看待挫折的视角就能显著减少患心血管疾病的风险。如果你是A型人格，但是不具有愤怒、敌意特征，则不一定易患心血管疾病。

2. 坚韧性

在复杂的环境中，人们普遍压力较大，但是有些人则表现出很强的适应能力。原因是他们具备强坚韧性，具体来说包括 3 个方面：承诺、控制与挑战。一个人努力面对生活中的压力和挑战，充分投入，而不是逃避或者自怨自艾，更容易获得健康和长寿。

3. 人格障碍

人格障碍指一些适应困难的人格类型，按照特质理论的说法就是一些人格特质处于正态分布极端的表现。人格障碍的人往往难以适应社会生活，难以与别人和谐相处。虽然这些人格特质一般人可能都有，但是人格障碍的人处于极端。如每个人都可能有多疑敏感的一面，偏执型人格障碍的人会更多疑，过分敏感，对别人有强烈的敌意，无法信任别人。表 3-5 列出了精神疾病诊断标准 DSM-Ⅳ 中的一些主要的人格障碍类型及典型行为。

表 3-5　人格障碍类型及典型行为

程度	人格障碍类型	典型行为
中度障碍	依赖型人格	过分地服从和依附他人
	表演型人格	过分地向他人表达情感和寻求他人注意
	自恋型人格	妄自尊大，过分地期望别人不断赞扬自己
	反社会人格	不负责任，有反社会行为，如攻击他人、骗人、行为粗暴无礼、对人毫无同情心
重度障碍	强迫型人格	行为呆板，一切必须井然有序、绝对完美
	分裂型人格	缺乏情感，人际冷漠，无法与他人建立亲密的人际关系
	回避型人格	在公共场合非常不适，害怕被人评价，极度害羞
极度障碍	边缘型人格	行为冲动，在对自我的表象、与他人的关系和心境等方面极度不稳定
	偏执型人格	极度怀疑他人的动机，认为他人所做的一切都是要危害自己
	分裂型人格	与社会隔绝，行为极度怪异，思维混乱，有精神病症状但并非严重精神错乱

人格障碍的诊断需要专业的精神科医生才能做出，不能仅根据个人行为就判断此人有病。同样，人格障碍的治疗也需要专业的机构来进行。

三、改变与接纳：自我调节

不管你是进行自省，还是完成了前面的大五人格测试，可能会发现自己的人格特质有自我矛盾的地方，或者发现自己可能缺乏想拥有的某些人格特质，但是却拥有某些自己非常不喜欢的特质。例如你渴望情绪稳定，但是偏偏神经质的得分很高，尤其是发现神经质与幸福的关系后，就更加焦虑和紧张。如何面对这些结果呢？

我们需要有勇气改变可以改变的事，有胸怀接纳不可改变的事，有智慧来分辨二者的不同。

1. 改变的勇气和节奏

一个人处于慵懒的状态时，总希望通过外部刺激促使自己振奋起来，重新走向正轨。在生活中人们被动的巨变并不常见，更多的是主动的渐进式的改变，发生改变的关键是行动，人们需要基于对自己的了解、认可和接纳，设立明确合理的目标，不断专注、投入地去改变。有些大学生对自己确有不满意的地方，也非常想改变，比如减肥，但是他们往往会给自己设立不合理的目标，比如一个月瘦 10 斤，当实现不了时只能放弃，甚至认同了自己就是"懒惰"的人，觉得自己没法改变。

2. 面对天性

一个人要想支配天性，首先要服从天性，然后善用天性。每个人都有自己不愿面对的性格不足和缺点，仿佛接纳这些就意味着"软弱"和"失败"，然而改变过程中又常被挫败。比如我们看到某个口齿不清的学生，经过刻苦训练，成为辩论高手的事例心生敬佩，而面对自己不善言谈的不足，不管自己如何努力也达不到侃侃而谈。其实这些不足也可能是你的天性，盲目挑战天性可能会适得其反，或许你需要接纳的正是这个有些木讷的自己，发挥优势，"管理"而不是"克服"不足。《现在，发现你的优势》一书的作者马库斯·白金汉其实在每次大型演讲前还是抑制不住地紧张，而且他非常不擅长参加演讲后的酒会，但是这并不妨碍他成为非常著名的记者和培训师，他发现经过自己充分准备后，在人数规模较小的群体中演讲，自己会发挥得非常好，这些优势帮助他一次次完成了高难度的演讲任务，但是他容易焦虑和紧张的天性并未发生巨大的变化。

3. 智慧的自我

接纳自己和改变自己的关键就是分辨变与不变的区别。有的同学花了很多力气和自己的核心特质较劲，有人则把自己的问题归结为性格如此，不愿意踏出自己的安全区，做出改变。如何才能让做调节工作的"自我"充满智慧，做出最佳的选择呢？

（1）相信你的价值。无论你陷入了怎样的悲伤和低迷，你还是你。就像被折了一角的百元大钞，永远不会贬值为50元。每个人作为独特的存在，都有本身的核心价值，永远不要自我贬低。

（2）不要完美主义。每个人都有可能做一些错误的选择或者决定，例如不去努力做可以改变的事情，给自己下达"只做正确的选择"的命令没有任何意义，人们更多的智慧是在失败、挣扎之后的发现。

（3）对自我包容。健全人格的人能包容自己的不足之处，而不是排斥所有的缺点。大学生重点不是"改正"自己个性方面的缺点，而是理解自己"缺点"背后的积极意义，进行转化，促进人格的整合和协调发展。

扩/展/阅/读

人格面具和阴影

人格面具和阴影是荣格人格理论中的重要概念。人格面具（Persona）实际上是人们所表现给别人看的自己。"persona"一词源于演员所戴的面具，用来表示他所扮演的角色，以及与他人的不同。人格面具使人们扮演特定的角色，采取某种约定俗成的集体态度，以及表现出社会文化的刻板现象，并不是真正的我。

荣格用阴影（Shadow）描述人们自己内心深处隐藏的或无意识的心理层面的部分。阴影的组成或是由于意识自我的压抑，或是意识自我从未认识到的部分，但大多数是让人们的意识自我觉得蒙羞或难堪的内容。

阴影与人格面具的内容和特质，是由自我发展的过程所选择的。自我意识拒绝的内容成为阴影，而它积极接受、认同和吸纳的内容，则变成人格面具的一部分。荣格发现人们发展出符合社会条件与要求的社会性角色，一方面受到社会期待与要求的引导，另一方面受到个人的社会目标与抱负的影响。

当人格面具与阴影发生冲突时，自我面临个体化的危机，同时也是获得新成长的机会。解决之道就在于"自我"能开创出一个包容二者并引领向前的真空地带，发展并穿戴新的人格面具，同时整合先前不能被自我接受的部分。作为适应工具的人格面具改变的潜力相当大，只要自我愿意改变旧的模式，它便可以越来越具有弹性和灵活性，能适应变化的情境。

四、整合与发展：人格完善

我们在生活中不管是面对自己还是看待别人，都习惯将某一部分看作整体，或者把自己或他人化成两栏："好的"和"坏的"。一个人越是试图掩饰坏的部分，就越削弱自己的成长可能性，同时这种内在的争斗也会让自己丧失其他的能力。其实人格的各个部分都是我们的资源，在整合自己的基础上，只有不断设计新的发展计划，才能实现自己人格的完善和发展。

1. 发展灵活的个人建构

人们在评价自己和他人的时候，总是带着这样或那样的看法和观点，但是只要你开始认真审视自己，就发现这些看法和观点并不是一成不变的。比如李斯觉得张也不会喜欢自己这样内向的人，这就是他对自己和张也的看法，也可以叫作属于李斯的个人建构。如果内向是李斯对自己的核心个人建构，他甚至可能会认为自己的内向是导致一切悲剧的主要原因。难道李斯就没有外向的一面？张也只喜欢非常外向的男生，完全不会喜欢有些外向的内向者吗？内向的李斯就一定找不到女朋友吗？相信你的回答会和我一样：不一定。

与自我价值相关的个人建构是人们的核心建构，也就是人们对我是谁的核心理解，是相对稳定的。这个核心的理解给了人们一个安全的框架，但是也限制了人们对自己的探索。谁说一个人完全不可以改变呢？当人们的核心自我建构越丰富、越灵活时，人们的个性适应性也就越高。如果你也和李斯一样不喜欢自己的内向性格，但自己内向变成外向非常困难，或许你可以把自己的发展方向定为外向的内向者，这就是灵活的个人建构。

2. 制订与自我协调一致的发展计划

李斯如何才能变成一个外向的内向者呢？他可能会制订一个个人发展计划，让自己有计划、有步骤地接近自己的理想状态。如果你曾经在开学初制订过学期计划，那么一定会理解实现计划并不容易。个人计划是否能够顺利执行，有 3 个条件：第一，必须是自发的，并不是外界环境要求个人必须改变，而是自己希望有所改变；第二，这个计划是有可能实现的，不切实际的计划完全没有意义，例如李斯从内向变成外向的计划有点逆天性而为，从内向变成具有外在特质的内向者则更贴近自己的实际；第三，这个计划本身是可控且可持续的，当人们制订改造自我的计划时总是兴趣盎然，但是时间一长就很容易懈怠，所以个人计划需要有监控的措施，你可以请舍友帮忙监督，互相帮助，一起成长。

3. 创造自我恢复的空间

雄心勃勃的自我人格"改造"计划要想顺利实现，不能忽视自己的生物属性，所以创造自我恢复空间，就是一个重要的配套措施。如果你是内向的人，那么在发展自己外向的自由特质，如在完成在班上主动发言、在同学聚会上侃侃而谈的挑战任务后，最好去图书馆找一个让自己舒适的角落，喝一杯热气腾腾的枸杞养生茶，读一读自己喜欢的书"冷静"一下。这样你就可以有更多的精力面对下一次的突破天性的举动，也会变得越来越自然和平衡。

本章小结

（1）广义的人格等同于个性特点，是相对稳定的和独特的认知、情感与行为模式，它体现了一个人独特的精神风貌。

（2）人格的主要特征有独特性、稳定性、统一性和功能性。

（3）人格的影响因素主要有遗传、社会文化、家庭环境及自然环境等。

（4）特质流派认为人格是连续的，是可以测量的，测量的单位就是特质。

（5）奥尔波特把人格特质分为首要特质、核心特质和次要特质3类。

（6）巴纳姆现象指人很容易受到来自外界信息的暗示，从而出现自我知觉的偏差，认为一种笼统的、一般性的人格描述十分准确地揭示了自己的特点。

（7）现在人格评估的应用往往是一套测试，既包括初步访谈，又有问卷和投射测试及压力测试等。

（8）大五人格量表包括尽责性、宜人性、神经质、开放性、外倾性5个维度。

（9）大学生处于自我认同和培养亲密感的人格发展阶段，具有多个发展任务和危机。

（10）某些人格因素可能会引发健康问题，甚至某些人格问题可能带来功能不良和毁灭性的后果。

（11）大学生要有勇气改变可以改变的事，有胸怀接纳不可改变的事，有智慧来分辨二者的不同。

（12）人格的各个部分都是人们的资源，越能整合各个部分，就越能运用自如，实现人格的和谐和完善。

思考题

自卑的小明

小明从初中就开始住校，上了高职后，学习成绩很好，但是他发现自己在与异性交往上很自卑，不知道该说什么。他觉得如果不知道女生喜欢什么就没法聊天，如果不聊天就不会知道她们喜欢什么。这让他很矛盾。

运用人格理论谈谈你对他的理解，以及如何帮助他。

推荐资源

（1）书籍：《突破天性》，布赖恩·利特尔著。

《突破天性》提供了一种新的看待自己和他人的方式，通过个人计划、个人建构、稳定特质、自由特质等多个层次、多种视角来认识自己和他人。布赖恩·利特尔告诉人们，想要了解他人，不能问"你属于什么人格类型"，而应该问"你生命中真正重要的事情是什么"。

（2）电影：《黑天鹅》。

该电影讲述的是挑选天鹅舞演员的故事。《天鹅湖》排练的过程中，因前领舞贝丝离去，总监托马斯决定海选新领舞，且要求领舞分饰黑天鹅与白天鹅。女主角妮娜原本是循规蹈矩的顺从者，在竞争领舞的过程中一步步触碰到自己内心所隐藏的激烈的阴暗面，然后撕裂结痂，直击心中的真"恶"，并与之反抗。电影通过妮娜的改变展现了人性中善恶截然分开带来的心灵折磨。

第四章

学海导航
——高职大学生学习心理

各位同学经过单独招生、普通招生或对口招生进入高职院校，学习可能是自己最熟悉的领域，然而进入高职后的学习却和中学的学习有了本质的区别。有关学习的心理学研究引导人们主动思考为什么学习、学什么、怎么学的问题，分析拖延的原因，同时探讨如何自我推动。本章将带领大家一起探讨如何面对学习上的挑战。本章学习目标如下：

- 思考学习的意义，了解高职学习的特点，设计属于自己的学习方案；
- 了解学习背后的推动力，寻找学习的兴趣，设立目标应对学习中的困惑；
- 利用记忆与思维的心理规律，掌握学习的策略，有效学习。

引/导/案/例

图书馆偶遇

李斯是张帅舍友中唯一的英语系学生，是宿舍中学习最用功的一位。一天他正在图书馆看李开复的《做最好的自己》，被迎面走来的老乡佳佳看到，佳佳笑着对他说："呦，学霸又在努力学习了？"李斯笑笑，答道："没有，随便看看闲书。"他赶紧合上了书，问道："很少见你来图书馆啊，今天是借书还是自习？""马上要英语测试了，当然是自习喽。唉，哪还能像你一样不慌不忙地看闲书呢。"佳佳一脸无奈地在李斯的对面坐下，打开让她头疼的英语书，准备背单词……李斯也继续刚才的阅读，心理却越来越疑惑，好好学习有什么用？听从父母决定学英语的我，真正要的是什么？

为自己而学习——成为主动的学习者

本节视频

在上面案例中，和佳佳在图书馆复习考试不同，李斯在看闲书，并开始思考学习的意义、我为谁学习的问题。这涉及本节的几个重要的概念：什么是学习、学习的意义以及高职学习的特点。心理学研究表明如果人们认为目标意义重大，并且能够实现，通常会愿意负责并投入行动；如果人们不太相信自己能够对目标有所控制，通常也不太会采取必要的行动。了解学习的意义决定了高职大学生对学习的投入，本节就从学习和意义的问题开始谈起。

一、吸水的海绵：学习的概念

最早的学习发生在什么时候？让我们先来看一个经典的学习心理学实验。刚出生 12 小时的阿布就已经成为一名小小的学习达人了，他已经学会分辨父母的母语节奏和其他语言节奏的不同，而且有了偏好，更喜欢自己在妈妈肚子里耳濡目染的母语而不是其他语言……

阿布还不会说话，甚至还看不清楚这个世界，他是如何给人们展示出来他学会了呢？发展心理学家通过观察他吮吸奶嘴的频率和强度窥视了他的内心。学习在妈妈肚子里就开始了，真是太神奇了。这种学习的最初形式，充分说明人类对学习和体验新事物所具有的天生欲望。人们能够区分并且记住人、事、物之间的不同，并且随着成长，人们开始对熟悉的事物习惯化，更愿意注意新鲜的事物。随着学习的范围越来越大，人们学会

的东西越来越多，开始像科学家一样思考，并且尝试自己创造，可以说人们成长的过程正是不断学习的结果。当学习变成一项专门的活动——学校学习之后，"读书""上学"成了提到学习大家更易想到的内容。对一些大学生来说，对学习可能并没有什么美好的感觉，甚至认为学习与我无缘，这其实是把学习的理解窄化了。

学习发生在我们生活的方方面面。广义的学习指基于经验而导致行为或行为潜能发生相对一致的变化的过程；狭义的学习特指学校学习，而在中小学阶段的学习内容主要侧重于一般能力的培养，进入大学阶段才有了差别，普通大学侧重于学科学习，而高职侧重于技能应用。所以摆在很多高职大学生面前的是一次新的机会，过去的学习经验并不能完全决定你未来的学习成绩。现在大家可能需要更新自己的学习字典，学习不只考试成绩，我们一直都像一块吸水的海绵一样在学习，每个人在成长过程中都拥有非常丰富的学习经历和体验：初次开始集体生活，接触真正的专业知识，甚至开始尝试跟一个人恋爱等都是在学习。上文例子中看闲书的李斯，在看书中不管是认识了新的句型，还是开始了自己的思考，都毋庸置疑是在学习。那你是如何对待你的学习呢？主动出击，尝试新事物，还是坐等同学的攻略笔记？著名的学习教育心理学家奥苏贝尔等人按照学习方式和学习者对内容的熟悉程度对学习进行了分类（见表 4-1）。

表 4-1 学习的分类

划分标准	类别		类别
学习方式	接受学习：将别人的经验变成自己的经验 例如：看音乐视频学唱新歌	VS	发现学习：个人独立发现、创造经验 例如：发现新的旅游线路
学习内容能否与学习者联系起来	机械学习：在缺乏某种先前经验的情况下，靠死记硬背进行学习 例如：学一门外语	VS	有意义学习：学习者利用原有经验来进行新的学习，理解新的信息 例如：攻读感兴趣的学科的研究生

课/堂/活/动

我的学习方式

请你根据表 4-1，对号入座，反思你的大学学习生活。

（1）你都进行过哪些学习活动？

_____

（2）你主要采用何种学习方式？效果如何？

_____

（3）学习方式和学习活动有什么关系吗？

_____

　　李斯的主动思考正是有意义学习的代表，佳佳在老乡中是个活跃分子，她在和人交朋友方面总是充满好奇，得心应手地使用发现学习的方式，面对机械的英语学习很烦恼。你通常是采用一种普遍的学习方式，还是根据学习活动的不同采用不同的学习方式呢？一般来说，当人们对学习不了解、没自信的时候更容易等着接受别人的指导，而当人们无法依靠别人，或者对学习很自信的时候就愿意采用发现学习的方式。同样我们对知识内容越熟悉，就越容易学得如鱼得水，越陌生我们也越容易照葫芦画瓢，甚至会闹出不少笑话。印度一部经典电影《三傻大闹宝莱坞》中擅长靠"背功"得高分的查尔图被选为在一次重要的大会上发言，但是他不愿意理解演讲稿的意思，完全靠死记硬背，结果却因为演讲稿中的词句被兰彻篡改而当众出丑。在学习过程中，人们只有更主动加入自己的思考，思考学习的意义，发现其中的奥秘，才会学得更好。

二、努力为哪般：学习意义的思考

　　进入高职，你是否也和李斯一样思考过高职这 3 年学习对自己的意义？有些高职大学生可能想过，但是更多的人可能并没有主动思考过这个问题，自由选择在带来责任感、价值感的同时也会带来一定程度的焦虑。如果我们相信生活的意义是自我选择的结果，那么现在的空虚就是自己不负责任的表现，干吗不早点努力考上个本科甚至重点本科的大学？这样焦虑就更加严重。许多高职大学生的大学学习就像叔本华说的一样，"注定要徘徊在焦虑和厌倦这两极之间"。当觉得要为自己的学习负责时就开始焦虑，需要通过放松对自己的控制才得到一定的缓解，但是放松时间一长又觉得厌倦或无聊，比如有些高职大学生投身在玩游戏的"事业"中，但是游戏结束后，很快又开始厌倦、自责。

"当你不了解自己，又从别人那里随便地索取一些什么的话，可能会变好，也可能会变得很差，就看你的运气了"。这是一个 13 岁小女孩说出的话，是否对你有一些启发？高职这 3 年是你未来人生的起点。有意义和无意义的学习、主动与被动的学习之间存在巨大的差异。李斯的思考看似自寻烦恼，其实在明确这些问题的同时，他也对自己多了一些了解："报英语专业是父母的决定，我最喜欢的专业是经济，但是当前很多的经济学研究都是用英语写的，我现在就开始读经济学英文原著，既有助于增加我对经济学的了解，又能提高我的英语水平。我准备下学期开始辅修经济学的双学位，一举两得"。这样英语就成了李斯了解经济学的必备工具，好好学习英语成了他实现人生目标的关键一步，而不是为了机械地应付考试，他也产生了更大的学习动力。你是否也愿意承受一定的焦虑开始思考以下问题？

- 你为什么要学习？
- 学习对你的独特意义是什么？
- 学习和你的梦想是怎样的关系？
- 你今天的学习和明天的生活又有什么样的联系？

著名心理学家弗兰克尔告诉我们，寻求意义是人类的重要动机之一。当你觉得你现在所学的内容对自己来说非常意义，能够对别人和社会有帮助时，你就会充满热情，也更能抵御诱惑，例如马克·扎克伯格在编程的时候常常废寝忘食，精力充沛。如果你并不喜欢你所学的专业，那么主动把当前的学习和自己真正的理想联系起来，找到学习的意义非常有必要。虽然你现在可能对学习持有消极想法，但是主动思考学习意义的过程会让你重燃对学习的热情。

案 / 例

佳通是某职业技术学院大二男生，出生并成长于一个小县城，家里条件较差，父母文化程度不高，靠外出打工维持生计。佳通还有一个姐姐高中后辍学随父母一起打工。佳通在中学时成绩中等偏上，并担任班级干部，但是高考发挥不佳，考入某职业技术学院化学分析专业，但是他觉得自己本来高中时化学学的就不好，现在更是一上化学课他就头疼。

其实我们很少直接把今天具体的学习任务或者社团工作和明天自己的理想生活联系起来，学习成绩好、社团活跃并不能保证你能找到一份好工作，就算找到一份工作，也并不能保证你能过上幸福的生活。学生中存在这样的声音："学习无用，逃课有理"。

大学生逃课也是老师最头疼的问题，所以想了五花八门的方式来点名，而有的学生也发明了更多的方式来逃避点名，结果，往往一个教室只来了 20 人，签名表上却有 30 个名字。有一天有个老师问国外某名校的校长："你们是怎么应对逃课的学生？"校长一脸惊讶地说："你见过去超市买东西，付了钱，却不拿走东西的人吗？"

逃课的大学生是否和那些付钱不拿走东西，把东西塞给售货员后还沾沾自喜的人们一样？将逃课看成沾光的做法其实自己损失最大。

大学生第一次离开家庭生活，不再单纯地学习或背诵书本上的理论知识，有足够的自由处理生活和学习中遇到的各类问题。只有做主动的学习者，思考自己人生独特的意义和价值，允许自己做真正让自己快乐的事情，才能对面临的问题提出解决方案。

当然没有人能被强迫着成长和学习，不管身边人的意图有多好，也没办法告诉自己应该怎么上大学才是好的。只有大学生自己才能决定为什么负责、对什么负责以及对谁负责。一旦大学生知道自己想做什么，并真正去做，就走上正轨了。

三、盒饭与自助餐：高职学习的特点

李斯来自北方的一所重点高中，原来学校对学习要求很严格，每天早晨7点到晚上10点都必须要学习，而且大考小考不断，他是学校的佼佼者；进入大学后他继续着早7晚10的作息时间安排，每天的大部分时间都在自习室度过。然而不久他就开始困惑，大部分学科就只有期末一次考试，在自习室该看什么？于是他来到图书馆，偶然翻到了李开复的书，这才有了开篇的思考。

不管高中阶段的学习成绩如何，对很多普通大学生和高职大学生来说，都需要重新思考如何安排大学生活的事情。学习有方法，结实的大锁挂在门上，铁杆费了九牛二虎之力，还是无法将它撬开。钥匙来了，它瘦小的身子钻进锁孔，只轻轻一转，大锁就应声而开（见图4-1）。方法有时候比动机更重要。

图4-1　学习方式

对李斯来说，大学的学习与他本来擅长的学习方式有了较大的变化。对很多高职大学生来说，进入高职学习后也能感觉到非常大的变化，高中的学习更倾向被动接受，而高职的学习更倾向积极主动，亲身实践，对自我监控的要求很高。具体来说，高职学习具有以下4个特点。

1. 学习的职业性

高职学习注重能力技能的培养，所开设的专业方向往往考虑社会需求，学习的内容围绕学生未来就业方向和需要展开。像张帅所学的计算机专业，学生未来直接会在计算机应用相关行业就业，所以学习内容包含很多上机操作。学好专业课更需要大家思考知识和实践之间的联系，使用有效的学习策略（具体参见本章第三节）。

2. 学习的自主性

高职的学习具有高度的自主性。如果说高中的学习像"盒饭"，那么高职的学习更像是"自助餐"。高中时，学生只是被动接受老师"上饭"，学生间比谁"吃得快""吃得干净"，很少自己主动思考，而到了高职之后，高职大学生就像进入自助餐厅，老师成了退守食物背后的"服务员"，由学生自己来选择吃什么，怎么吃，吃多少。在高职里，课程、学习时间、学习方式全由自己做主。突然的自主让很多学生凸显出缺乏自主安排学习计划的意识和能力的困难。

3. 学习的实践性

高职的学习具有非常强的应用性，很多学生毕业工作后所学知识可以直接应用到未来职业中去，所以在高职学习阶段，实地实习和实践操作就显得尤为重要。学生通过调动全身的多种资源获得更多的体验，才能转化为自己的收获，带来持久的影响。天天泡在自习室的李斯开始阅读经济学英文原著后，也试着与朋友一起搞了一次英语的模拟拍卖活动，这次活动不仅使他获得了更多的拍卖体验，而且引发了他对销售的兴趣。

4. 评价的多样性

高职阶段的学业成绩已经不是评价的唯一标准。学习成绩的高低，特别是基础课只侧重考察学生的逻辑思维能力和语言能力，并不完全决定一个人是否成功。而更重要的人际沟通能力、领导管理能力、艺术创作能力、动手能力等却很难在考试中体现出来，这些能力却对一个人的成功非常重要。能够掌握学习的方法，学会做生活的有心人，体验生活中的美好和精彩的人，才能成为一个更优秀的高职大学生。如果你没有考到第一名，没关系，希望下面的"第十名现象"，能给你一些启发。

杭州市一位教师发现了这样一个现象。小学期间前几名的尖子学生在升入初中、高中、大学，乃至工作之后，有相当一部分学生会淡出优秀行列，甚至在其后的升学和就业方面屡屡受挫。而第十名前后的学生，却在后来的学业和工作中出乎意料地表现出色，并成为栋梁之才。这种现象就是"第十名现象"。

四、营养搭配攻略：高职学习导航

高职大学生了解了高职学习的特点之后，还有一个迫切需要解决的问题就是该学些什么，该怎么设计属于自己的营养大餐攻略。每个高职大学生在理性上都知道学习很重要，但是对学习的感觉并不好，对应该学什么，怎么学更是一头雾水。李斯看到高中同学在微信朋友圈上分享的一段《恰同学少年》电视剧片段的视频，得到了一些启发。

少年毛泽东的老师杨昌济先生，为初入大学的毛泽东设计了"修学储能，先博后渊"的求学之路。学习专业知识和培养各种能力要搭配进行，进入高职没多久的高职大学生，因为见识有限，很难一下子圈定自己的学业专攻和能力范围，更重要的是先广泛地了解自己感兴趣的学科和活动，先博后渊。

社团达人华子也有过自己的烦恼，在大一的时候加入了10个社团，忙得团团转，本来踌躇满志，结果疲于奔命，课程也落下不少。

从杨先生的观点看，华子在修学和储能之间的平衡上出了问题，但是也确实符合先博后渊的思路。其实解决二者之间矛盾的关键就是认识到修学储能和先博后渊是一个过程，不是一个固定不变的状态。华子在意识到自己的身心根本应付不了那么多社团活动后，开始思考哪些对自己更重要，主动减少了社团数量，留下了两个社团，把更多的精力投入专业学习中去，专业水平得到了提升，还当上了其中一个社团的社长。因为他经历过"先博"的过程，所以他的"后渊"之路走得更坚定。各位同学可以允许自己一段时间混乱探索，从而迎来更清晰更自如的自我状态。

除了先天的天赋，后天学习的知识和能力可以分为3部分：专业知识、自我管理技能、可迁移能力（见表4-2）。

表4-2　知识能力分类表

后天学习的知识和能力	定义	举例	特点
专业知识	又称内容性知识，多用名词描述，一般不可迁移，常常与人们的专业学习、工作分工直接相关	管理、财务、销售、技术、其他专业领域知识	这部分能力不止通过专业学习一个途径来获得 专业知识的作用存在积累效应 专业知识的组合很重要
自我管理技能	是适应性技能，指一个人如何使用自己的专业知识，以什么样的态度从事工作的技能	积极心态、时间管理、情绪管理、压力管理、工作方法	是人们管理好生活和做好工作的保障
可迁移能力	是功能性能力，一般用动词描述，这部分能力可以迁移到不同的工作之中，是人们最可靠的能力，能够持久地发挥作用	沟通、分析、演讲、计算、决策、团队合作、组织等	是人们安身立命的根本，使人们能够适应不同工作变动和职位要求的变化，面对生活的各种挑战和机遇

自我管理技能和可迁移能力更像是储能的范围，而专业知识的储备则属于修学。如果把一个人比作一辆汽车的话，可迁移能力就是发动机，专业知识为轮胎，而自我管理技能就是方向盘，三者决定了人们行驶的方向。对各位高职大学生来说，就是要找到自

己的优势组合，制订适合自己的能力培养计划，有意识地把它们形成合力。

虽然并不能只看专业成绩来预测一个人在工作中的表现，但是忽视专业知识的学习那就是误区了。知识有一个累积效应，它很可能在将来的某个时候派上用场，如李斯的老乡张亚以前是学习古典音乐专业的，但是后来做了市场营销，正巧他的客户对古典音乐非常痴迷，他的专业知识成为与客户良好沟通的桥梁。

如果你不喜欢自己的专业，又不能马上转换专业，那么最起码需要把自己的本专业学好，这个过程不是完全痛苦和无意义的，因为你在为未来储备知识，同时也是在其中磨炼和展现自己的其他两部分能力。此外，高职大学生还要注意专业知识的组合，李斯主动把现在的英语专业与自己喜欢的经济学专业组合起来，就成了优势。

第二节

学习有动力——学习的动机

本节视频

案/例

图书馆里的佳佳，打开英语书后，叹了口气，打开水杯喝了口水，接着打开手机刷起了微博，直到她想起该背单词的时候，时间已经过去1个小时了。她很快紧张起来，责怪自己，怎么又拖延了，然后硬着头皮开始背单词。

你是否像佳佳一样，也想知道为什么学习没效率？这背后的心理学原因是什么？该如何才能避免这样的循环呢？这一节的动机探索相信会给你一些启示。

一、学习行动背后：动机与需要

我们中的大多数人可能都会和佳佳有同感。有时候我们会立即完成任务，特别是当这项任务能使我们更接近某些期望的目标，例如准备新年晚会现场布置的材料。有时候我们对任务会拖延甚至会制造借口不完成，浪费宝贵的时间，特别是面对那些自己不愿意做但又是我们"应该"做的事情，例如不喜欢英语的佳佳为了考试而"复习"时就会很拖延。影响你面对任务或坚持，或放弃，或拖延的背后的力量，就是动机，动机是一种激发、引导、维持并使行为指向特定目的的力量。

扩/展/阅/读

动机与需要

动机是个人内心需要的外在表现。著名心理学家马斯洛认为人们的需要分为5个层次，以从低到高的等级结构方式运行。这5个层次分别为生理需求、安全需求、社交需求、尊重需求、自我实现需求（见图4-2），请注意，图片越往上宽度越窄，这表示层次越高得到满足的人越少。

每个需要层次到底包含哪些需要？需要层次之间的关系和先后顺序如何？如果想了解更多详细的内容介绍，请扫描旁边的二维码收听音频讲解。

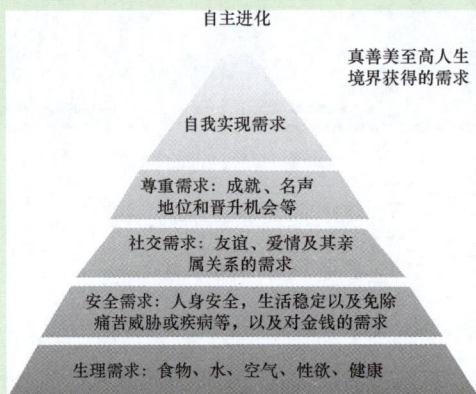

扫一扫

听音频

图4-2 需要层次理论

1. 动机有强弱之分

不同人的动机有强弱之分，例如，对于英语学习，李斯的动机要强些，他能主动控制自己背单词，佳佳的动机要弱些，她容易分心，被打扰。同一个人的动机也有强弱之分，例如中文系的佳佳在中文学习中很愿意思考和阅读，甚至在戏剧社里也主动运用所学，给台词添彩，而对看似简单的背英语单词则能拖则拖。这其中蕴含着什么样的规律吗？

有研究者发现，人类的动机强度与活动效率之间呈倒"U"形曲线关系，动机过高或过低都会使活动效率下降，中等强度的动机才最有利于问题的解决。任务的难易程度不同，动机的最佳水平也会变化。对一个简单的任务，如打字，需要一个较高的动机水平；对于较复杂的任务，如考大学，那么较低的动机水平更为有利，这也被称作耶克斯－多德逊定律（Yerkes-Dodson Law），如图4-3所示。

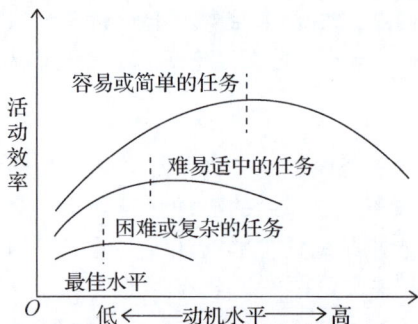

图4-3 耶克斯－多德逊定律

在生活中，很多高职大学生并没有按照这个定律行事。对待背单词这件较简单的事情，很多学生会一拖再拖，用较低的动机来应对；而面对应聘这样的复杂任务，却暗示自己一定要成功，结果焦虑不堪，难以发挥出应有的水准。这就是为什么有时候陪同面试的高职大学生获得了工作，而志在必得的高职大学生却失之交臂。

耶克斯－多德逊定律只告诉人们一个结

论，可是为什么会这样呢？

2. 动机有内在、外在之分

李斯学英语关注的是学习带来的外部结果，即外在动机，而佳佳喜欢中文则是由中文本身的意义和价值引起的内在动机。具有内在动机的人能够独立、自主和积极参与，具有好奇心，喜欢挑战，能够坚持不懈地努力，忍受挫折与失败。具有外在动机的人只为了达到外在目的，一旦达到目的，动机就会下降，如果失败则会一蹶不振。

发现学习的外在动机不是难事，而真正推动高职大学生持续投入地学习恰恰是珍贵的内在动机。那么外在动机能转化为内在动机吗？恐怕不能，实际上它们是两个独立的连续体，具有各自的高端和低端。但是外在动机会对内在动机产生影响。有这样一个故事。

一群孩子在一位老人家门前嬉闹，非常吵。几天过去，老人难以忍受。于是他出来给每个孩子 25 美分，对他们说："你们让这里变得热闹，我觉得自己也年轻了，我准备了这些钱表示感谢。"孩子们很高兴，第二天还来，一如既往地嬉闹。老人再次出来，给了每个孩子 15 美分。他解释说，自己没有收入，只能少给一点。15 美分也还可以，孩子们仍然兴高采烈地走了。第三天老人只肯给每个孩子 5 美分。孩子们勃然大怒："一

天才 5 美分，知不知道我们多辛苦！"他们向老人发誓，再也不陪他玩了。

老人阻止孩子嬉闹的方法很有效，他将孩子们的内在动机"为自己快乐而玩"变成了外在动机"为得到美元而玩"，他操纵了美元这个外部因素，也就操纵了孩子们的行为。外部力量的控制会降低个人的自信心和控制感，哪怕是奖励。生活中很多同学为了奖励和惩罚而去学习、做事，却失去了本来的好奇心和学习的快乐。当然外在动机也不是没有积极意义，结合耶克斯－多德逊定律，个人在简单的事情上能保持高动机，多半是外在动机发挥的作用。

3. 我们对成就的追求有高低之分

成就动机，指希望尽可能独立并成功地完成或掌握一些非常困难或极具挑战性事情的动力。其包含两大要素：追求成功和避免失败。在做事情的时候，人们既会受内心渴望的驱使，又会评估成功的可能性，同时考虑成功后获得的奖励（可能是实质的奖励，也可能是精神上的奖励）。成就动机高的人制订的目标会难度适中、比较实际，从而提高目标成功的概率。成就动机低的人制订的目标要么要求很低，要么几乎没有成功的可能。趋向成功和避免失败的两两组合，就形成了成就动机的 4 种类型（见表 4-3）。

表 4-3　成就动机类型

类型	表现
高驱高避	设置目标过高，过度努力，害怕失败，焦虑恐惧 例如：《三傻大闹宝莱坞》里的拉朱，因为肩负改变家族命运的使命，进入最好的工程院校后很恐惧每一次失败，求助于神明保佑
高驱低避	自我效能感高，成功定向，失败了反而会想办法 例如：《当幸福来敲门》里的克里斯·加德纳，生计的困苦并没有打倒他，继续追求自己的理想，努力发挥所长，最终获得成功
低驱高避	设置目标过低，极力避免失败 例如：佳琪的舍友华月，对诗歌文学很感兴趣，在课堂上总害怕发言出错，完全避免回答老师上课的提问
低驱低避	放弃努力，认定自己是个失败者 例如：《三傻大闹宝莱坞》里的乔伊，在被退学的时候，放弃了自己的生命，在墙上写下"I quit"的遗书

主动把自己感兴趣的经济和必须要学的英语专业相结合的李斯，更偏向于高驱低避型，在面对挫折时主动思考，设置合理的目标，成功的可能性就更大。其他3种类型则偏向于避免失败，或者害怕恐惧，或者失去继续努力的动力和信心。其实成就动机的大小，除了和每个人独特的成就需要相关，还和环境结果以及对自己的自信程度相关。很多大学生也不是天生就不爱学习的，最初可能也试图努力实现目标，但是在实现的过程中遇到挫折，特别是挫折连续发生时，就开始怀疑自己，自我妨碍甚至自我放弃。个人能否维持在高驱低避类型的状态下，最重要的是保持对自己的信任和尊重，努力调整寻找新的目标机会。

二、变乐为志：学习的兴趣

案/例

2001年5月，美国麦迪逊中学在入学考试时出了这么一道题目：比尔·盖茨的办公桌有5个带锁的抽屉，分别贴着财富、兴趣、幸福、荣誉、成功5个标签，比尔·盖茨总是带一把钥匙，而把其他的4把钥匙锁在这个抽屉里，请问他带的是哪一把？学生为了得到答案给比尔·盖茨写信，比尔·盖茨的回信写道："在你最感兴趣的事情上，隐藏着你人生的秘密。"

兴趣对人们来说是最基本的动力，人们每天的行为都会受到兴趣的影响，兴趣中蕴含着巨大的潜力。曾经有老师在课堂上对"你对什么感兴趣"做过很多次调查，学生一般会回答"我喜欢听音乐""我喜欢看电视""我喜欢打羽毛球""我喜欢旅游""我喜欢打游戏"等，很少听到有学生回答"我喜欢学习""我喜欢我的专业"。很多学生对每天接触的，日后很可能作为职业的专业学习没有表现出强烈的兴趣，甚至认为兴趣都是学习之外的爱好。

人们成长在"专注学习，少花时间在没用的东西上"的氛围里，很少有人真正享受学习新知识、掌握和创造新观点所带来的兴奋，对学习本来的兴趣，学习的内在动机被外在成绩绝对削弱了，同时削弱的还有人们的爱好。

不过所有的成功人士都认为，只有将兴趣变为做事业的激情，才能享受创造的快乐。例如，乔布斯因为对电子技术的狂热，才有了现在的苹果产品。在某个电视求职节目中，喜欢公交车的大学生刘辰的经历让很多人惊叹，刘辰坚持了自己的兴趣，把兴趣和职业规划相结合，既获得了职场的肯定，得到了旅游体验师的职位，又获得了心理的满足。

我们如何才能寻找到兴趣所在呢？其实兴趣就蕴藏在我们的生活中，我们在做让自己感兴趣的事情时会由衷地体验到愉悦，所以让我们先从愉快的生活体验中寻找兴趣吧！

课/堂/练/习

愉快的生活体验

请回顾最近一段生活的点滴，回想让你感到愉快的经历。请举出3件发生时或完成之后让你感受到相当程度的喜悦和满意的事，想想这些事件的共同特性。

第一件：_____。

第二件：_____。

第三件：_____。

共同点：_____。

闲暇时间你通常会从事哪些休闲活动呢？列出 3 个你喜欢的活动，想想活动的共同点。

活动 1：_____。

活动 2：_____。

活动 3：_____。

共同点：_____。

你有哪些发现呢？

对于某件事，你是否十分渴望重复它，是否能愉快地、成功地完成它？

你过去是不是一直向往它？

你是否总能很快地学好它？

它是否能让你感到满足？

在这个过程中，注意不要把父母的期望、社会价值观、朋友的影响融入。

兴趣，特别是对专业学习的兴趣有时候并不是非常明显。请不要让"不能""不会""没希望"等思维定势阻碍你寻找真正兴趣的机会。此外，需要澄清"感兴趣的事"一般指具体的活动，而不是某一项工作或者学科，如一个法律系的学生对法律专业中的庭审辩护感兴趣，但对背诵法律条文没兴趣。由上面的练习可知大学生基本没有对专业没兴趣这回事，而是对专业的某些活动不感兴趣，就算是乔布斯在经营苹果公司的过程中也不是对所有的事情都感兴趣。"对专业没兴趣"不能成为自我放弃的借口，如果专业中你不感兴趣的活动很多，可以选择转换到更喜欢的专业上，或者像李斯一样通过辅修其他专业，寻找专业与兴趣的结合点，再或者重新"爱"上你的专业，总之尽量让兴趣成为学习的动力。

1. 兴趣需要实践

一个人只有真正试过才能真正了解自己的兴趣所在。没有人能够拍脑袋找到让自己永葆热情的专业，就算有一些想法也只能是叶公好龙。如果你还没有找到上面有关真正兴趣的答案，那就要给自己机会去接触更多的选择。

2. 兴趣需要专注

在从事某项活动时，我们往往因为不够专注而体验了失败，其实如果尽可能投入其中往往也会获得较大的成就感，也容易发现兴趣。

3. 兴趣需要重新发现

如果手边的任务不能刺激你，你至少还应该关注一下它能给你带来乐趣的部分。如果你对某门课程非常不感兴趣，总是拒绝接触它那就太遗憾了，如果你能把注意力放在能够激发自己兴趣的部分就会发现它的乐趣，比如寻找老师讲的内容与自己兴趣的联系等。

总之，当我们放下对某事的成见，投入地做事情时，就更容易觉察到自己的兴趣和做这件事的乐趣。无趣的状况往往是个人早早地决定了不再努力时产生的，而转念之间就可能与自己内心的兴趣相遇，除此之外，我们需要尽量发现自己对做事本身的兴趣，如果关注点总在别人的评价上，往往会阻碍自己进行更多的探索。

三、我在自我妨碍吗：学习的困惑与应对

学习是大学生活中的重要组成部分，我们了解了学习的内在动力之后，相信大家一定想准备好好调整自己的学习状态，接下来让我们一起来面对实际学习过程中的困惑和压力，看看如何与"学习"和平相处。一般来说，我们和学习容易产生3个层面的矛盾，如果我们能换一个视角，重新理解矛盾背后反映出的心意，可能会有不同的解读和感悟。

1. 焦虑与自责："我还在乎你"

和为了英语考试而焦虑复习，却没有完成计划而自责的佳佳一样，很多高职大学生很容易在学习中产生焦虑和自责。比如一上化学课就头疼的佳通，提到化学学习就容易

高度焦虑，还可能有失眠、紧张的问题，表现得更糟糕。有些高职大学生想要消除焦虑反而更紧张、更疲惫。既然难以消除焦虑，那么焦虑的存在有没有意义呢？其实焦虑和自责是一种提醒，背后有个人对自己学习的良好期待和关心，这其实表达了一种良好的意图，完全没有焦虑的生活是乏味的，完全没有自责的人生是危险的，其实个人是"决定"通过焦虑和自责让自己更努力。想到这里，是不是你对学习的焦虑也会有所减轻了呢？

2. 拖延或逃避：我不想失败

我们在目标实施过程中会遇到不可避免的挫折，进而会对挫折愤怒，可能会出现第2个层面的问题——拖延或者逃避。

案/例

张帅虽然也爱打魔兽世界（一种网络游戏），但是却从不敢痴迷，因为他的一个即将毕业的老乡世嘉让他无限惋惜。世嘉也是计算机专业的，大一的时候成绩就不好，到了大二开始学习专业课，他感觉知识更难学。他从大二开始接触魔兽世界，一下子着了魔似的，逃课打游戏。大三的时候，由于他成绩太差，学校发出了退学通知单。

世嘉对学习有自己的看法，他认为去上课没有意义。仔细了解后发现，世嘉是不愿意面对学习成绩在班里垫底时不完美的自己，开始对学习产生愤怒而逃避到游戏里。有的人面对学习困难的时候开始拖延，不到最后一刻不动手，这样就可以有一个完美的借口——"没做好不要怪我，是因为时间不够"，看似潇洒，其实都是对自己的折磨。个人逃避或拖延是在表达"我不想失败"，出现这种情况时，你可以回到成就动机上，从让自己有成就感的小事情上，一点点改变，寻求解决之道。

3. 习得性无助：我放弃，才能活

如果面对学习的表现持续不佳，挫折连续出现，我们就非常容易变得失望和抑郁，出现第3个层面的问题，因为习得性无助而自我放弃。

扩/展/阅/读

美国心理学家塞利格曼1967年在研究动物时提出习得性无助的概念。他用狗做了一个经典实验：起初把狗关在笼子里，只要蜂音器一响，就给狗以难受的电击。狗

关在笼子里逃避不了电击。多次实验后，蜂音器一响，在给狗电击前，研究者把笼门打开，此时狗不但不逃反而直接倒地开始呻吟和颤抖。接下来他把这样的狗放到图4-4所示的大笼子里，当蜂音器响起（图中灯亮）时，它本来可以轻松越过低矮的隔板躲避电击，但是却不敢再尝试了，只是原地等待痛苦的来临，这就是习得性无助。

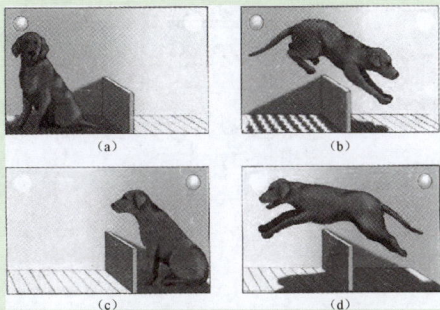

图4-4 习得性无助实验

在高职院校中，高职大学生学习不努力、旷课、旷考的现象不在少数。当这些学习问题存在时学校和老师往往关注学生的外在行为表现，忽略了这些厌学行为的内在心理因素正是习得性无助的自我妨碍现象。自我妨碍是为了达到保护个体的自我价值目的，而做出的一种不愿因为失败而造成他人对自我能力评价降低的自我保护行为。表现在学业方面的自我妨碍行为称为学业自我妨碍。其实就算学习上暂时处于一个不利的地位，并不意味着个人价值的失败。当一个人对某个方面出现习得性无助的时候，如果能从其他方面重新找到自己的位置，或许能突围出来，重新树立自信，而一味地自我否定，可能会抑郁，甚至伤害自己。

高职大学生在努力学习和成就自我的路上，面对不同层级的学习困惑，如何才能提高自己的挫折抵御能力呢？首先，要知道自己真正想要什么，寻找真正感兴趣和重要的事情，这样在做事情的时候才能更专注；其次，把学习的目的调整成为个人成长而学习，把关注点放在技能掌握上，而不是证明自己上；最后，也是最重要的就是放弃完美主义，允许失败，给自己更多的接纳和欣赏。

四、做与不做：与拖延症做朋友

案/例

池子是大二的男生，有一天他午睡醒来后，发现全宿舍就剩自己一个人了，他躺在床上想，后天我就要交调研报告了，那我接下来要干什么？思来想去定不下来，最终用抛硬币的方式决定，正面朝上去看美剧，背面朝上去打游戏，硬币立起来就去自习室写报告……

人类正是因为拥有理性，才和动物区分开来的，但实际上，人类存在很多非理性的行为，拖延就是典型的非理性行为，比如池子的行为就是很多大学生的真实写照。图4-5形象地描述了大学生在拖延过程中的心路历程：拿到任务并不是立即开始着手做，而是先做很多无关的事情，然后进入恐慌区，接着是哭着在最后期限到来之前把事情做完，结束后捶胸顿足地警告自己下次不能再拖延了。

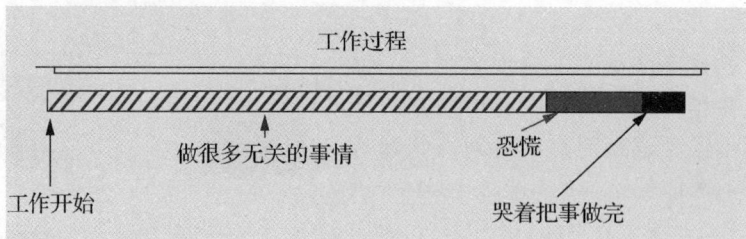

图 4-5　工作拖延时间发展示意图

1. 拖延的生理机制

完成每一项作业和计划就像完成游戏中的进度条。设置合理的目标、及时开始、努力坚持都是在执行进度条，但是在执行的过程中，却存在各种诱惑，稍不注意就容易分心，拖慢进度条。本来该是调节完成目标的放松行为，反而让我们拖延完成任务。那么放松为什么有那么大的吸引力，我们为什么愿意为了眼前的小诱惑而放弃本来完美的计划和长远的收获呢？

（1）奖励承诺系统和多巴胺

现代神经科学家在人的大脑中发现了奖励承诺系统，每当大脑的这个区域受到刺激的时候，就会释放多巴胺，促使人们产生期待"再来一次！这会让你感觉良好！""多巴胺"这种神经递质，具有强大的魔力，很容易让人们沉迷于一些诱惑，欲罢不能。当人们知道上网有可能收到新消息、下一个视频有可能会让自己捧腹大笑时，就会不停地点击刷新，忘了还有执行进度条这回事。

（2）锻炼自控力

人们总希望通过一些方式来帮助自己抵御诱惑，你都用过什么方式呢？例如切断网络、卸载游戏、远离寝室等，这些都是自控力在发挥作用。自控力其实是一种帮助我们在面对诱惑时，稳定心率，三思而后行的能力。但自控力要抵御的不是外在的诱惑而是内心的冲突，当池子掏出硬币的时候心里非常明白，自己应该努力让硬币立起来，但是大脑却不断在说"我想玩会"，这种冲突正是让他失控的关键。如何才能打破这个魔咒，提高自己的自控力呢？

自控力其实更像是一种身体生理指标，而不是人格因素，而且几乎每个人都拥有自控力。心理学家对孩子进行的棉花糖实验发现，在 4～5 岁的时候，人们就拥有延迟满足，以期获得更大的长期收获的能力。但是自控力对大脑来说是一项非常耗能的工作，当大脑感到能量不够时，总是倾向于在完全失去能量之前关掉自控力而保存实力。我们提高自控力就是要训练自己相信"我还有实力"。长跑运动员都知道当第一次疲惫来临的时候并不是真的疲惫，而撑过这次疲劳之后还能获得新的进步。运动是锻炼自控力的良好方法之一，一项研究发现，改善心情、缓解压力最有效的锻炼是每次 5 分钟，而不是每次几小时，任何能让你离开椅子的 5 分钟的活动都能提高你的自控力储备。充足的睡眠也能起到类似的效果。执行进度条的过程，极佳的方式不是过完全隔离诱惑的生活，而是过努力保持身心愉快的生活，加强运动。

2. 拖延背后的原因

拖延对很多人来说就是一场噩梦，让人们痛恨又无奈，品尝"明明给自己定好的计划总是不能完成"的苦涩滋味。然而人们为什么会拖延呢？原因主要有以下几个方面（见表 4-4）。

表 4-4　拖延背后的原因

拖延的原因	举例
觉得完成任务的过程没意思	背单词
问题太难了	做高等数学题
觉得完成这个任务没价值	洗衣服
害怕别人对自己做的工作给予消极的评价	写论文
对完成后结果的恐惧，或者还有更多任务需要做	写作
避免被控制	这个老师太不通情理，坚决不按时交作业
追求最后期限来临前的兴奋和刺激	晚起床，最后一分钟赶上公交车
完美主义	不断修改自己的设计方案
压力过大	精力耗尽了，再也不想努力了
社交需要	同学都拖延，我不拖延没朋友

拖延作为一种习惯，改变起来并不容易，你肯定有过下定决心绝不拖延却失败的经历。你尝试一下改变两手自然交叉的方式，就能深切体会到改变习惯的困难感觉。拖延确实给人们带来了麻烦，很多人把它当作影响自己追求心中梦想和目标的罪魁祸首，更重要的是它让人们对自己做出消极的评价。

真正改变拖延，就是认真计算你的拖延成本，真正从心里认识到拖延的代价。接下来就是行动，很多人认为行动前必须先改变态度，其实真正迈出改变第一步不是改变态度，而是改变行动，做出行动的同时态度也就跟着改变了。

3. 结构化拖延法

斯坦福大学的哲学教授约翰·佩里根据自己多年来的拖延经历提出了"结构化拖延法"，他认为："拖延者完全可以利用拖着不干正事的心态，完成很多有意思且有意义的事情，从拖延者直接变身高效能人士"。

第一条：拖延的人并不是一无是处。如果不相信，可以想想自己在拖延这件事的时候是不是完成了很多其他事情？比如喂鱼，把好久没有收拾的宿舍好好打扫了一下，还落了个"勤快"的雅称。

第二条：把你必须完成的任务按照重要性和紧急性排序，列一个清单，当然最紧急最重要的事情排在最前头，然后把一些很重要的事情排在后面。

第三条：最关键的一条，为了避免完成清单最上方的任务，开始完成后边的任务。

第四条：直到下一个更紧急、更重要的任务登上最上方，个人就可以拖着新任务，完成原来的重要任务了。这样执行任务的方式，使人们感觉最后期限在生活中非常常见。

"结构化拖延法"看似是一种阿Q的精神，却暗示着一种主动建构的价值观，帮助人们换个视角看当下的问题，同时也契合了有关拖延的最新研究：拖延不是时间不够用，而是因为焦虑导致大脑中解决问题的带宽不够，心力不足。或许人们最该解决的不是拖延的行为，而是因拖延带来的沮丧和自我否定，解决了这些情绪因素，就为开始行动提供了带宽。

第三节

学习无障碍——学习的策略

本节视频

案/例

过了1个小时才发现自己的单词书才看了一页的佳佳，很是着急，对着手机叹气："唉，怎么老毛病又犯了？"佳佳心想：到底该怎么做才能避免拖延，该掌握怎样的方法才能提高学习效率，又该利用哪些资源最大化地帮助我而不是面对诱惑无能为力呢？这些问题都是本节关注的重点。

一、我的优势和风格：学习的风格

人们擅长学什么以及适合的学习方法并不相同。从生理上看，有人喜欢在音乐背景下写作业，有人喜欢安静的环境；有人上午的学习效率高，有人则需要夜深人静时才能集中精神；有人擅长左半脑进行推理和思考，有人擅长右半脑的直觉思考。学习者在完成学习任务时表现出一贯、典型、独具个人特色的学习策略和学习倾向就是学习风格。例如，佳佳很有亲和力，在和同学一起做小组作业的时候总能提出好点子；李斯很有毅力，独立学习的能力强。

在不同学习风格的背后，起决定作用的是人的智能类型。哈佛大学教育学教授霍华德·加德纳从解决问题的方式不同提出了多元智能理论（见图4-6），他把人的智能分为8种，分别是语词智能、自然智能、内省智能、人际智能、身体动觉智能、音乐智能、视觉空间智能和数学－逻辑智能。不同的智能类型匹配不同的学习方式，都可能达到相当的成就。没有人能够学会

一切知识，更有效的成功之道是选择适宜自己的学习方式，在自己擅长和喜欢的智能领域学习研究。

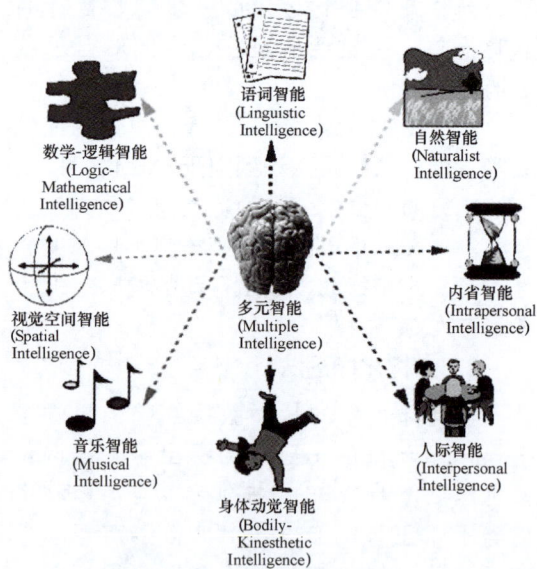

图4-6　多元智能理论

表4-5具体给出了多元智能类型的特点及学习方式建议。

表4-5　多元智能类型的特点及学习方式建议

多元智能类型	特点及学习方式建议
语词智能	有很好的听觉能力，喜欢阅读、写作，对名称、时间、地点的记忆好，喜欢讲故事。用听说的学习方式，效果最好
数学－逻辑智能	喜欢研究图形和关系，喜欢完成有一连串指令的工作。把知识分类，利用抽象思维找到一般规律的学习方式，效果最好
视觉空间智能	喜欢通过阅读、看录像和观察的方法学习，喜欢形象思考。阅读课堂讲义，特别是做图、表的学习方式，效果最好
音乐智能	对声音很敏感，学习和读书的时候也喜欢听音乐，喜欢声调和节拍。通过优美的音乐旋律学习，效果最好
身体动觉智能	对事件能够做出恰当的身体反应，善于利用身体语言来表达自己的思想和情感。适合身体操作、协调的学习方式
人际智能	喜欢生活在人群中。叙述、分享和合作的学习方式，效果最好
内省智能	喜欢独处，能意识到自己的优缺点和各种感觉，有创造性思维，喜欢反思。独立的学习方式，效果好
自然智能	对自然界和环境变化具有敏锐的观察力。通过自己直接观察和体验的学习方式，效果最好

通过以上的多元智能的分析，相信你会发现，在中学阶段的学习比较看重的是语言和逻辑智能的培养，而在高职阶段学习不占优势的部分学生并不意味着其他能力同样没有优势，有研究表明进入高职学习后，在基础课学习上存在劣势的学生，专业操作的技能课成绩并不一定会差，甚至会表现出优势。基于多元智能的学习方式之间没有好坏之分，它充分考虑了每个人的生理和心理潜能，每个人身上都具备这些倾向，你可能会喜欢或者习惯采用某种或某几种学习方式。高职大学生可以发现并归纳自己的学习方式，发挥所长，通过整合一些细节使自己达到最佳的学习效果。

二、没有轻松学习这回事：改变对待学习的思维方式

课/堂/练/习

测一测你的内隐心理模式

表4-6的测试考查的是你对智力的观点。请根据个人看法给下面2个题目评分，1分代表非常不同意，2分代表不同意，3分代表中立，4分代表同意，5分代表非常同意。

表4-6　内隐心理模式测试

	非常不同意	不同意	中立	同意	非常同意
1．智力一般无法产生太大的改变					
2．一个人可以学习新东西，但是无法改变自己的智力					

如果你的平均得分在3分以上，说明你对智力的看法偏向固定不变，如果你的平均得分低于3分，则说明你对智力的看法偏向可以成长改变。

1. 成长型思维 VS 固定型思维

教育心理学家德韦克发现人们在看待能力、智力、创造力等个人特质时，会表现出两种截然不同的思维模式，而且这种思维模式通常是内隐的，她把这种思维模式称为心理模式（Mindset）。其中一种是成长型，人们相信自己的能力和智力是可以改变，能够成长的；另一种是固定型，人们相信自己的能力和智力是固定不变的，二者在很多方面有完全不同的想法和表现（见表4-7）。

表4-7　成长型和固定型两种思维模式的比较

比较方面	成长型	固定型
相信	能力、智力是可以提高的	能力、智力是固定不变的
遇到挑战时	倾向于迎接挑战	倾向于避免挑战
遇到阻碍时	面对挫折，坚持不懈	自我保护或者轻易放弃
对努力的看法	认为熟能生巧	认为努力是不会有结果的，而且越努力说明能力越差
对批评的看法	态度较中性，愿意从中学习	尽力避免，忽视批评中有用的反馈
看到他人成功	从中获得新知和灵感	觉得他人的成功是一种威胁
结果	他们能取得很高的成就	很早就停滞不前，无法取得原本有潜力的成就

你的心理模式属于哪种类型呢？其实，很多大学生从小就被训练成固定型的思维模式，比如常被灌输"你不够聪明""智商是天生的""你只能学文科"等想法，长大后要么努力证明自己，要么为了避免失败而只做自己擅长的事情。具有成长型思维的人，则更愿意接受新的挑战，面对挫折更努力。

德韦克对一些初中生进行了一项两年的追踪研究发现：在起始数学成绩相同的情况下，持成长型思维模式的学生只需要一个学期的时间，数学成绩就显著领先于持固定型思维模式的学生，他们在面对困难任务时，更多地表现出韧性，且二者之间的差距呈持续扩大的趋势。

尽管两种思维模式的差异是显著的，但是这种差异本身也不是一成不变的，让自己的心理模式发生改变的前提，就是挑战自己固定型的思维模式，学习成长型思维模式。

扩/展/阅/读

固定能力观该如何改变？

德韦克通过调查和实验，甚至是自己的亲身经验，深刻体会到固定型思维模式对人的潜能的阻碍作用。当人们是固定型的思维模式时，该如何调整自己呢？德韦克设计了一个在初中生中展开固定能力观的改变实验。了解实验的过程，相信能对你的思维模式改变有所启发。想了解更详细的内容，请扫描旁边的二维码进行收听。

扫一扫

听音频

2. 学习重要的知识有难度

很多同学对学习这章的期待就是如何让枯燥乏味的专业学习变得轻松有趣。可是，几乎所有重要知识的学习，都有一定的难度，轻松的学习往往也是无效的学习。对于汽修专业的刘强来说开车操作很容易上手，但是背诵那么多零部件型号则非常痛苦。认知心理学研究发现，人们在学习一个新概念的时候，花费越多的心思，越愿意尝试去用自己的话语重新演绎它，或者尝试理解这个概念在不同语境下的不同意义，就越能牢固地掌握这个概念。这背后的依据是长时记忆的工作原理：所有存储在长时记忆中的信息都是放射性地相互联系地存储的，提起一点往往能想起一串。这就是我们容易记住故事而不是随机的单词的原因。

此外，学习也与神经传递可塑性原理有关，大脑的学习过程就像架桥，在两座山峰之间铺设第一根连线的时候最困难，但是只要两座山峰之间有了连线，铺设好了桥梁，后续的信息传递就变得越来越容易。当你在学习过程中遇到了挫折时，恰恰是你在努力的标志，并不代表着失败，面对挫折继续努力，你会积累更多的专业知识。只有让学到的知识与技能在头脑中随时待命，你才能在以后遇到问题时，思路清晰，并抓住解决问题的机会。心理学家发现，知识或技能越容易被提取到，就越不容易被记住，相反，你在检索知识时花费的努力越多，就越能深化记忆。你在专注、努力的过程中学到的东西会变得更有可塑性。

扩/展/阅/读

大脑神经可塑性

直到 20 世纪 60 年代，研究人员一直都认为大脑的变化只会发生在婴幼儿阶段，但是之后的很多研究打破了这种认知，后天环境中的学习和训练可以深刻地改变我们的认知、情感和运动等方面的能力，因为我们的大脑有很强的可塑性。大脑神经可塑性指的是神经元细胞之间连接、生成和修改的能力。大脑神经可塑性遵循的原则是"用进废退"，当我们学习新知识时，信息在大脑内部神经元细胞之间的传递速度是非常缓慢的，但是随着信息通过的次数越来越多，神经传递速度也越来越快。经常传递的神经通路之间会生成一种物质，叫作髓鞘，它能使兴奋神经的传递速度加快，并保证其定向传导，那些不用的神经通路则开始萎缩，停止增长。这种因学习带来的大脑变化不是短暂的、表面的变化，而是生理结构水平上持久的变化。

你一定有过乘坐出租车的经历，是否对出租车司机超强的空间导航能力赞叹不已？伦敦拥有 25 000 多条密密麻麻、错综复杂的街道，这些街道排布得毫无规律，一般人很难把握方向，然而你在伦敦市区任何一个地方乘坐出租车，出租车司机都会尽可能地选择最短路线将你送到目的地。这是因为伦敦出租车司机要想通过执照考试，需要记住全部复杂的街道路线，并进行灵活导航，执照考试通过率只有 50%。伦敦出租车司机的大脑结构和一般人真的存在区别吗？ 2000 年，伦敦大学认知神经学家埃莉诺·马圭尔教授用 fMRI 脑扫描仪扫描了 16 位伦敦出租车司机，发现他们脑中与空间导航能力相关的"海马回"背部区域比其他人的要大很多，而且驾龄越长，其海马回就越大。埃莉诺·马圭尔及其团队想搞清楚到底是这些司机本来就具有很强的空间导航能力，还是学习之后的影响。于是他们继续考察了出租车司机在学习"知识"过程中大脑的情况。他们组织这些出租车司机进行一些课程的学习，在课程开始的时候使用fMRI脑扫描仪扫描了一次准司机的大脑，在课程结束的时候又扫描了一次。结果发现：海马回变化最大的准司机最有可能通过课程考试。这有力地证明了，独一无二的学习经历确实能让大脑的生理结构发生切实而深刻的变化。

三、巧用规律巧办事：有效的学习策略

佳佳在刷了1小时微博之后终于下定决心关掉手机，开始专心背单词，可是背单词太枯燥了，而且背得快忘得也快，还没背完一篇，发现中间的几个单词已经忘了。有什么办法能帮助她吗？

学习策略指学习者为了提高学习的效果和效率，有目的、有意识地制订有关学习过程的复杂方案。说到底，学习是让我们的大脑学会知识和技能，怎么知道大脑学会了这些呢？就是再次见到能认识——再认，换个地方能应用——迁移。这都与大脑的重要功能——记忆相关。高职大学生了解了记忆和学习的特点，采用适当的学习策略就能事半功倍。随着产业结构转型升级的速度加快，社会对高素质技能型人才的需求越来越多，高职大学生需要具备更广阔、更扎实、更专业的学习能力，掌握学习策略就显得尤为重要。

1. 检索学习

所有信息进入大脑都需要先经过筛选登记，没有登记的信息很快被遗忘。很多人的首要学习方式就是反复阅读，反复的次数很多，甚至产生我已经对这个知识很熟悉的错觉，一到考试的时候却发现自己记得并不牢靠。有效的学习策略就是检索学习，也就是说努力从你的记忆中检索相关的知识和技能，确定哪些属于关键技术路径，进行自我测验，而不只是机械阅读记忆。检验可以帮助我们判断自己学到了什么，所以考试并不是洪水猛兽，而是帮助我们了解自己学习情况的有效手段。当你阅读教材或者笔记的时候，请时不时停下来，合上书本问自己以下几个问题，以提高检索学习的效果。尤其是深入理解概念性知识，确定"哪些是解决问题中的重要环节"，从而训练对业务痛点的敏锐度。

（1）这段的核心概念是什么？

（2）哪些术语或者概念是我没有接触过的？

（3）我可以如何定义它们？

（4）这些概念和我以前的知识有什么联系吗？

2. 间隔学习

到底是花3小时集中学习的效果好，还是每天1小时，连续进行3天的间隔学习的效果好？以下的实验结果为我们做出了解答。

研究者挑选了38名住院外科实习医生进行实验。这些医生要参加4节有关显微镜手术的课程，学习如何把细小的血管重新连接起来。研究者将这些医生平均分成两组，一组医生在一天内就上完了全部4节课；另外一组医生是每周上一次课，每节课之间有一周的间隔时间。所有课程结束后，研究人员对两组医生进行了测试，两组医生测试结果之间的差异非常显著，间隔学习的医生们表现得更好。

间隔学习比集中学习的效果更好，这是因为长期记忆存储信息需要一个巩固的过程，这个过程可能需要数小时，甚至数天。快速频繁的练习，只能产生短时记忆，间隔的学习，虽然会有一些遗忘，但是重新复习、检索所学的过程，会促进知识巩固，强化记忆。你可以利用间隔学习的原则给自己制订一份

自测计划，在每个学习阶段之间都留出一段时间间隔，之后再进行自测，寻找那些可能被你遗忘的知识和技能，重新进行检索学习，这会让你记得更牢。

3. 联系学习

在学习过程中尽可能提问，加深对所学内容意义的理解，主动与以前所学的知识相互联系，这些都是不错的学习策略。东尼·巴赞创立的思维导图体现了长时记忆存储信息相互联系的特点，从一个思考中心出发，向外散发各种主题节点，充分利用不同的颜色、图像、记号等手段调动左右脑来加深记忆（见图4-7）。

除此之外，长时记忆存储信息还有形象化的特点，对于某项技能或者梦想，视觉化是一个非常重要的学习策略，能够帮助人们克服困难和实现目标。具体来说，你可以在大脑中尽可能详细地想象某个技能，这个想象在大脑中激活的神经通路和实际做的时候一样，多次想象练习后可以达到学习的目的，比如飞行员、运动员进行的模拟训练。大脑其实不能分辨真假，在想象中获得成功并坚持不懈，它会让外部事实与想象一致。

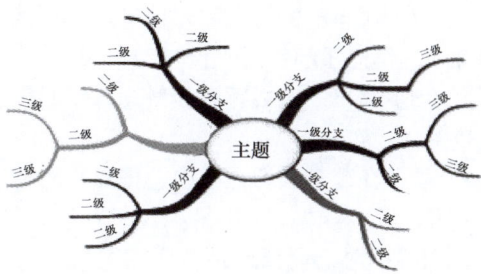

图4-7 思维导图举例

===== 课/堂/练/习 =====

视觉化——为梦想插上翅膀

闭上眼睛，深呼吸，在大脑中想象一个梦想中的场景，尽可能详细地"看到它"。你当时在哪？是什么场景？你有什么感受？保持这种感受……往回看，看到现在的你，正在为实现梦想而努力，你知道这个过程不是一帆风顺的，你会遇到什么困难？尽可能详细地"看到它"，给自己信心和鼓励，正是你不懈地努力才走到实现梦想的这一刻。你克服了这个困难……

做完以上的练习你有什么感受？ _____。

做完以上的练习你有哪些发现？ _____。

注意：在想象过程中尽量感受自己的情绪，同时尽可能详细地想象实现梦想的过程，特别是克服困难的过程。

4. 优秀学习习惯列表

优秀学习习惯的养成，需要我们刻意练习，不断反思，付出努力。很多高职大学生在中学阶段并未养成好的学习习惯，在实际自主学习中特别容易受到情绪和冲动的影响，其实高中的负面经验只是代表着过去，进入高职后是一个新的开始，学习考核的重点并不只是逻辑和知识的掌握，技能和应用本来就是很多高职大学生的优势，所以谁说我们不能养成好的学习习惯呢？以下是有效学习策略的总结，大家可以将自己原来的学习模式与下面的学习策略进行对照，找出自己的薄弱环节，进行调整。

（1）课前要阅读相关材料。

（2）在阅读材料的时候，给自己出模拟考试题，并尝试作答。

（3）在课上努力回答这些假设性问题，从而验证阅读内容的记忆效果。

（4）复习时找到那些记不清或者不知道的术语，重新学习。

（5）在阅读笔记中抄写重点术语和定义，确保自己能够理解。

（6）做模拟测试题，找出自己学习中漏掉的概念，重点学习。

（7）用自己的方式（可以是思维导图）把课上的信息重新组成一份学习指南。

（8）写出复杂或重要的概念，不时地进行自测。

（9）在整个学习过程中，把复习和练习间隔开。

（10）对于需要创造性学习的内容，不要设限。

高职大学生的目标是成为技能型人才，今后面对的往往是链条式、程序性很强的工作，在处理任务时常常会遇到桎梏点，处理不当极有可能产生消极情绪，甚至放弃。其实正视困难正是解决问题的开始，高职大学生应在学习过程中不断进行实践性反思，每当自我学习的知识与实践不符时，都应注意到知识概念是否错误，或是实践中是否还有知识体系没有考虑到的部分。这样正视学习错误的过程，是学习过程的再升华，会减少负向循环的刺激，完善知识体系，帮助自己重拾学习信心，有助于推动学习正向循环。最后要努力在"做中学"，在工作中提升技能，在任务中学习新知识，在实践中掌握新技能。

本章小结

（1）广义的学习指基于经验而导致行为或行为潜能发生相对一致的变化的过程。

（2）寻求意义是人类的重要动机之一，高职大学生需要寻找自己内心的热情，理解学习对自己来说的独特意义。

（3）高职学习的特点包括职业性、自主性、实践性、评价的多样性。

（4）后天学习的知识和能力可以分为3部分：专业知识、自我管理技能、可迁移能力。高职大学生要找到自己的优势组合，并制订适合自己的能力培养计划，有意识地让它们形成合力。

（5）学习动机是一种激发、引导、维持并使行为指向学习的力量。

（6）人类的动机强度与活动效率之间呈倒"U"形曲线关系，遵循耶克斯 – 多德逊定律。

（7）关注学习带来的外部结果是外在动机，关注活动本身的意义和价值是内在动机，外在动机过强会削弱内在动机。

（8）成就动机高的人会挑选一些难度适中、比较实际的工作，从而提高成功的概率。

（9）发现兴趣需要实践、专注和重新发现，如果你的关注点总在别人的评价上，往往会阻碍你进行更多的探索。

（10）德韦克的研究发现人的心理模型分固定型和成长型两种。

（11）多元智能理论告诉我们：没有人能够学会一切东西，更有效的成功之道是选择适合自己的学习方式，在自己擅长和喜欢的智能领域学习研究。

（12）改变拖延的关键是处理因拖延带来的负面情绪。

（13）思维导图是从一个思考中心出发，向外散发各种主题节点，充分利用不同的颜色、图像、记号等手段调动左右脑来加深记忆。

（14）对于某项技能或者梦想，在头脑中通过视觉尽可能详细地想象，多次练习后可以达到学习的目的。

（15）检索学习、间隔复习、联系学习是促进学习的有效学习策略。

思考题

　　对一上化学课就头疼的佳通来说，高中化学课成绩一塌糊涂的经验让他不堪回忆，但是进入高职后又恰好被分配到分析化学专业，每天背诵化学公式让他苦不堪言，理论课他是能不去上就不去上，认为自己没有化学头脑，作业也是能拖就拖。但是他的心很细，对做化学实验的部分非常感兴趣，每次化学实验课上都是把实验步骤记得清清楚楚，受到老师的肯定。

　　请谈谈佳通采用了哪些自我妨碍的策略，他通过自我妨碍来保护什么？如何才能促进他有所改变呢？谈谈你的理解。

推荐资源

　　（1）书籍：《认知天性》，彼得·布朗等著。

　　这本书是 11 位认知心理学家 10 年的科研心血。以罗迪格教授为主要负责人的团队在项目上投入了 10 年时间，首次提出人类认知规律和学习之间的紧密联系，透彻解读人类普遍的学习过程规律。根据脑神经科学研究成果，本书推导出了有利于大脑的简单学习法则。

　　（2）电影：《三傻大闹宝莱坞》。

　　法兰、拉杜与兰彻是皇家工程学院的学生，3 人结为好友。在以每学期 42 场考试、成绩排名张榜公布、竞争激烈的学院里，大家都追求高分数，只有兰彻是个与众不同的学生，他不死记硬背知识，因为真正热爱工程而学习，为人们展示了主动学习的魅力。他不仅鼓动法兰与拉杜勇敢追寻理想，而且劝说校长的二女儿碧雅离开过分爱财的未婚夫。这个特立独行的兰彻有句口头禅——"一切都好（Aal izz well）"，这句口头禅充分诠释了这种乐天派心态的关键——就算不能解决问题，至少可以平复心绪，打败恐惧，增加直面问题的勇气。

第五章

人生导航设计
——高职大学生生涯规划

生涯规划不仅是求职找工作,而且是思考我想干什么,我能做什么的过程,所以越早开始越好。如何把生涯规划与我们的生活联系起来?本章将和你分享有关生涯规划与高职生活设计方面的内容。本章学习目标如下:

- 了解生涯和生涯规划的概念;
- 掌握自我探索的方法,对自我进行反思;
- 理解生涯适应力,提高自己应对多变生涯的能力;
- 制订自己的校园学习和生涯发展计划;
- 培养职业素养;
- 培养创新意识。

引/导/案/例

学姐的简历

佳琪这个学期在学校就业中心实习。她要帮助中心的老师整理毕业生简历和布置面试会场,因此有机会见识很多简历。她看到每次面试结束后,被淘汰的厚厚一摞简历,很是感慨,虽然简历上标准的求职照还在微笑,但是照片主人的内心可能是很郁闷的。虽然竞争激烈,但是一名叫张红的学姐获得了多家单位的青睐。佳琪看了她的简历,写得诚实朴素,实习经验也并不是亮眼的名企,那到底是什么帮助她获得成功的呢?我在高职学习中应该培养何种能力呢?

本节视频

第一节

描绘人生——生涯规划概述

佳琪开始渴望了解张红学姐的成功轨迹，就是进行生涯规划的开始。别人的经历很难直接复制，高职院校开设的专业往往具有很强的实用性，就业的针对性也强，这让一些高职大学生觉得生涯规划可有可无，生涯规划意识不足，但就算是用人单位招聘的是同专业的学生，有规划和无规划差别却很明显，张红学姐的简历正是高职学习期间主动规划的证明。高职大学生该如何结合自己的实际情况，制订切实可行的规划，并把规划转化为行动呢？首先要理解生涯、生涯规划等的概念，澄清对成功的理解，做好进行职业规划的心理准备。

一、职业与事业：生涯概念

1. 生涯概念

美国生涯理论专家萨伯把职业与其他生活如休闲、退休等发展相统一，将生涯定义为"生活中各种事件的演变方向和历程，包括人一生中的各种职业和生活角色，以及由此表现出个人独特的自我发展类型"。从生涯的角度看自己的职业发展，职业生涯是有意义的相关工作经验的系列组合，指职业、职位的变动及工作理想实现的整个过程。由此可见，生涯更像是人一生的发展过程，正是因为工作占了我们大部分的时间，所以职业生涯是生涯的重要组成部分。

萨伯的生涯发展理论把人们的生涯分为成长（4～14岁）、探索（15～24岁）、建立（25～44岁）、维持（45～64岁）和衰退（65岁以上）5个阶段，每个阶段具有不同的发展任务。高职大学生正处于生涯的探索期，需要在学习、休闲活动甚至一些

工作经验中，进行自我探索和职业探索，并做出最初的职业选择。对很多学生来说在高中阶段只是粗浅地接触生涯教育，高职学习时期是生涯探索和生涯建立的关键期，高职大学生不用被繁重的工作、复杂的关系和家庭的责任所累，是进行思考、探索的黄金期。

2. 生涯规划

佳琪和舍友晶晶大一就选修了生涯规划课，很多同学认为大一就考虑这个问题有点早，现在的计划能执行到大三吗？如果不能从一而终，那么该做什么样的生涯规划呢？

黄天中教授认为，生涯规划是有目的、有计划地设计不同的人生阶段，在考虑个人的智力、性格、价值，以及阻力和助力的前提下，做出合理安排，并且借此调整和摆正自己人生中的位置，以期自己能适得其所，获得最佳的发展和自我实现。由此可见，生涯规划不是简单地制订计划，按日程表行事的机械过程，而是包含对自己、对职业的理解和探索，有能力做出决策，执行决策的灵活行动过程。

随着社会发展的变迁，生涯形态和生涯规划路径也发生了很大的变化。

（1）专业型职业生涯

专业型职业生涯指专业性较强的职业发展路径，例如机械制造、汽车修理等专业，对技能的要求较高，而法律、医生等专业，准入门槛较高，拥有专业技能和专业资格的人们可能在不同的组织间流动，但是往往一直保持在同一行业或职业中。如果你期望自己未来走专业发展道路，那么学好基础知识，提高成绩，关注学科专业方向上的探索就是

专业型职业生涯规划之道。专业型职业生涯规划就是帮助个人澄清自己的兴趣和能力，与社会所能提供的职业所匹配，做出选择和合理安排的过程。人们对进步的感觉往往来源于某种工作的完成，目标的实现，而不是职位的晋升。

（2）组织型职业生涯

组织型职业生涯指那些在同一组织内部进行的生涯发展路径，个人可能随着晋升或调动从事不同工作，成为管理型人才。大部分企业会采用金字塔的组织结构，组织高层只有少数职位，在当前竞争激烈的商业环境中，组织重组越来越普遍，员工个人可能始终要面临被取代的威胁。高职大学生要想在组织中生存，就需要不断培养自己不可替代的能力，保持自己的价值。

（3）创业型职业生涯

进入21世纪，随着全球化、数字化的发展，职业发展路径也变得易变和难以预料。在这个多变的社会中，有些高职大学生可能选择创业之路，他们不是按照外界的要求安排自己的生活，而是通过新价值的发现与新组织的空缺，创造出一条新的职业发展路径。创业的高职大学生不再受雇于某一组织，而是自我雇佣，为自己工作。选择这条路径的高职大学生往往追求更大的自主性，拥有较高的成就动机，更愿意冒险，也更能忍受不确定性。

（4）跨边界无边界职业生涯

如今，跨边界和无边界的生涯发展路径变得更为普遍。越来越多的人偏离传统职业，寻求更加灵活、流动的生活轨迹。例如佳琪的老乡志修在广州一个高职院校毕业后，在一家公司做销售，后来因为性格热情热爱长跑，在网上建了一个长跑爱好者社群，经常组织群友聚会和参加马拉松比赛，因为自己的专业知识丰富，在群友中小有名气，他把自己的经验写成文章发表在互联网上，所分享的周边产品也跟着热销，获得了许多人关注，甚至很多旅游公司、体育运动公司通过他的文章做广告，还有的公司想聘请他做专职的销售。但是他认为长跑人加自媒体人的身份非常适合自己，并不准备在某个公司工作，他计划完成全球所有马拉松赛事。志修的工作地点、身份、边界变得非常模糊，不同身份之间的跨越变得更加频繁。

随着社会形态的变迁，生涯规划不是确立一个目标，然后一门心思地不懈努力就够了；也不是要按照某种测试或者考试结果精准匹配，绝不浪费"一分"差距，做出最佳的选择才可以；更不能以简单地按照职业声望高低选出一个工作为终点。高职大学生所要制订的生涯规划不仅是确定毕业工作去向，而且是要不断思考自我与外界职场互动的过程，在这个过程中还需要不断回到自己的内心，澄清自己的能力和偏好；同时又不断从自己的小天地里走出来，了解外面的世界，明确自己心中真正想要实现的梦想，思考我的专业能力能为整个社会做些什么，并且在真实的生活中活出自己内心渴望的样子。

3. 生涯愿景

要制订一个科学的生涯规划，首先要树立自己的生涯愿景，思考自己的生涯目标，确定属于自己的关于成功的想象。当然，真正的成功往往是多元化的。成功可能是你创造了新的事物或方法，可能是你为他人带来了快乐，可能是你在工作岗位上得到了别人的信任，也可能是你找到了回归自然的生活方式。每个人的成功都是独一无二的。罗曼·罗兰认为："成功就是发挥了自己所长，尽了自己的努力之后，所感受到的一种无愧于心的收获，而不是为了虚荣心和金钱"。

对于你来说什么才是成功呢？让我们一起来进行一个游戏，穿越到未来去看看你心中自己的模样。

课/堂/练/习

生涯幻游

请跟着我开始一段时光穿梭的冥想，看看未来的你。

请你尽量想象 10 年后的情境，越仔细越好。

请扫描旁边的二维码，详细收听引导语，或者在老师的带领下完成本次生涯幻游体验，然后与小组的同学分享自己的感觉。

（1）分享 10 年后的自己，在幻游中看到或者听到了什么？有什么感受？

（2）你最喜欢 10 年后生活的哪个部分？为什么？

（3）在幻游中，你想到的可能是什么职业？跟你现在的学习有什么关系？你可以通过什么途径获得那样的生活？

扫一扫
听音频

二、阶段发展：高职大学生的发展任务

在上面练习中你看到的愿景图像可能与你当下的生活非常匹配，也可能契合度并不高，不管具体情况如何，落实愿景的关键就是回到高职生活本身，清楚自己的发展任务，创造愿景可以实现的机会。从生涯发展的角度可以把大学分为生涯适应期、生涯探索期和生涯决定期 3 个阶段，每个阶段各自有生涯规划和个人成长两部分的任务。

1. 生涯适应期

高职一年级是生涯适应期。高职大学生在这个阶段的主要任务是"适应"，注重培养对高职的认识和对未来职业的设想。具体任务包括以下两方面。

（1）学习方面的任务

① 了解专业发展（包括如何利用资源去查找有关自己专业的信息）。

② 改变学习策略（制订学习计划和时间管理）。

③ 学习使用学校资源。

④ 社团工作（发展与人交往和团队合作的能力）。

（2）个人成长方面的任务

① 探索个人兴趣和价值观（发现自己的兴趣，同时避免在众多兴趣中迷茫）。

② 自我适应（包括适应现在的生活，克服自卑情绪，正确定位、培养自理能力）。

2. 生涯探索期

高职二年级是生涯探索期。高职大学生对自己的专业和兴趣的了解有所增加，开始实习，对未来的职业进行更实际的探索，经历从学业到工作的尝试过程。高职大学生在这个阶段的主要任务是"尝试"，注重职业生涯的实践。具体任务包括以下两方面。

（1）专业发展方面的任务

① 专业学习（着重基本技能的训练）。

② 了解职业（了解职业发展需要什么样的能力）。

③ 辅修、选修、转专业（衡量自己的兴趣和能力做出选择）。

④ 职业目标确定与规划（探索工作或进修的实际要求，并与自己的兴趣特点相匹配）。

⑤ 缩小与职业目标的差距（展开与职业发展相关的实践）。

⑥ 兼职和实习（注重选择的质量与金钱

管理）。

（2）个人成长方面的任务

① 进一步了解自我兴趣和价值观。

② 发展与职业生涯相关的能力（注重在活动或兼职中自己能力的发展，特别是发展责任心、团队合作、时间规划等能力）。

③ 培养创新意识和同理心（在工作中发现自己的独特价值，自我关照并能从他人的角度考虑问题，发展对他人的信任以及亲密关系）。

3. 生涯决定期

很多高职学制都是3年制，所以三年级就是生涯决定期。高职大学生不管是工作、继续升学还是出国深造都要在这一阶段做出决策。高职大学生经过前面的生涯探索期，在这个阶段要走过从尝试到实战的历程，因此这个阶段的主要任务就是"理性决策"。高职大学生要能够根据自己的特长以及社会的形势做出适合自己的生涯决定，同时理解这次生涯决定是人生中众多决定中的一次，重要但不唯一。具体任务包括以下两方面。

（1）生涯决定方面的任务

① 求职技巧（收集、使用信息，写简历，学习着装礼仪，面试准备，面试后的行动）。

② 了解就业相关信息（相关的求职、考研和出国等信息）。

③ 不同地方、行业、学校、专业可能的发展前景和利弊。

④ 职业选择（理性选择并对选择负责）。

⑤ 升学、申请出国的准备（包括知识、心理和考试的准备）。

（2）个人成长方面的任务

① 理解工作或者深造对恋爱关系和生活的影响（学习处理事业与爱情的关系，考虑到自己多种生涯角色的平衡）。

② 适应工作（提高工作能力，适应工作时间）。

③ 规划以后发展（分析此次生涯决定对下次规划的影响，再次进行自我探索、工作探索，为下一次生涯选择做准备）。

这些具体的生涯发展任务，以职业为核心，涵盖了高职大学生生活的各个方面，你可以在具体的发展任务中找到与自己生涯愿景的结合点，并以此为参照规划自己的生涯。

三、鹰派与纸船派：掌控自己的生涯

咨询职业问题的高职大学生通常可以分成两类：一类是有清晰的目标，但是却缺乏行动力；另一类则完全相反，他们不知道未来要做什么，甚至不了解自己的兴趣和喜好，也从未想过要去实习。韩国学者金兰都教授把这两类人分别称为"鹰派"和"纸船派"：鹰派要求的不仅是瞄准目标，而且是一击即中，以最短的时间实现最大的收益；纸船派对待人生的态度就像漂泊的纸船，他们对未来的担心不少，但是可能想法太多或过于善变，反而找不到方向。如果这两类人做前面"生涯幻游"的活动，鹰派能够清晰地看到自己的未来，包括在哪个公司上班，讨论什么项目；纸船派则会构建出一派梦幻祥和的场景，不是面朝大海的休假，就是听着音乐看书的放松。

鹰派看似比纸船派更有目标和方向，那是否意味着鹰派的选择更好呢？诚然，人生的终极目标或中间目标如果明确固然非常好，但是一个人如果习惯性地将未来能遇到的所有可能，全部加以控制，力保一定要选择唯一正确的道路，则很容易受挫。但是转投纸船派，就意味着个人等着某个专家或高人给自己指明方向，挖掘潜能，这本身可遇不可求，就算别人指出了道路，如果自己不去行走，也完全没有成功的可能。

更多的人要在鹰派和纸船派之间寻找自己的位置，在这之间掌控自己的生活。这就像在自由的天空下寻找自己的界限，在自己的界限中营造最大的自由。你在多大程度上能掌控自己的生活呢？

为自己制订职业生涯规划的过程就是掌控自己的过程，这包括以下内容。

● 放弃只能做唯一正确选择的想法。不用"我还没拿定主意"来进行自我保护，"错误"的决定也有珍贵的价值。

● 为自己的选择承担责任。尽量少抱怨他人或命运。自由和责任是一个硬币的两面，在面对问题时承担自己的责任，也不能过分苛责自己。

● 敢于冒险。几乎所有的规划和决定都是在不确定的条件下做出的。掌控自己意味着进入陌生和冒险的领域，放下完美主义和安全感，则更能忍受失败。

四、规划宝典：生涯规划的基本步骤

生涯规划的具体过程与不同生涯理论的发展密切相关，不同的理论都试图从某个视角来解读生涯规划的过程。比如特质因素理论强调生涯规划和生涯指导就是帮助人们进行个人与职业的匹配。生涯发展理论认为生涯规划就是帮助人们发展稳定和成熟的生涯自我概念。信息加工理论强调了生涯决策流程的科学性；而生涯建构理论强调生涯规划就是不断在叙述中发现个人的生命主题，发展生涯适应力的过程。其中彼得森、桑普森和里尔登等人提出的信息加工金字塔模型对于生涯规划的步骤进行了明确的阐述（见图5-1），这个模型涵盖了做出一个科学的职业生涯选择所涉及的各种成分，相信能帮助我们理解如何进行生涯规划。

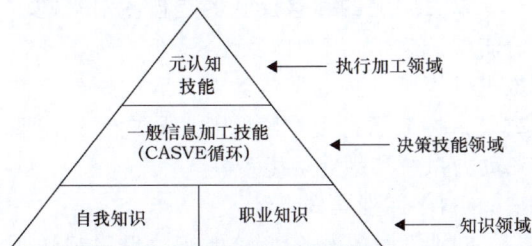

图5-1 信息加工金字塔模型

信息加工金字塔模型底部被称为知识领域，包括自我知识和职业知识两部分：自我知识包括了解兴趣、能力和价值观等；职业知识包括了解特定的职业、社会环境等。中间是决策技能领域，指能够整合自我知识和职业知识，做出适合自己的决定。最上层是执行加工领域，这个领域中的重要技能是元认知技能，也就是对自己在做什么进行反思，检验并调整自己的决策。参照这个模型，可以给生涯规划制作一个基本流程（见图5-2）：（1）明确个人生涯愿景；（2）自我探索与评估（分析个人自身情况）；（3）职业探索与评估（考虑眼前机遇和制约因素）；（4）为自己确立发展目标；（5）设定生涯发展路径；（6）制订行动方案；（7）实施、评估、反馈和调整。

生涯规划的第一步就是要明确自己的愿景和理想，清楚自己真正的内在需求，只忙于提高效率、制订目标或完成任务，就会走入自我管理的误区。

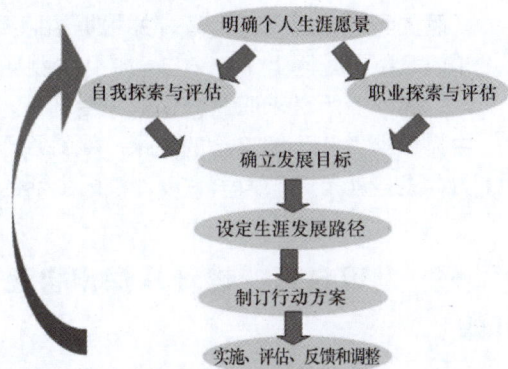

图5-2 生涯规划流程

接下来的步骤就是进行自我探索与职业探索，在综合二者的基础上确立符合自己实际情况、符合职业世界现实的发展目标，并设立生涯发展路径，制订行动方案，主动实施，最后还要根据现实的反馈，重新评估和调整方案。

生涯规划流程最大的特点就是"循环"，当情况发生变化或者方案经过评估并不适合自己的需求时，就要重新考虑自己的愿景，再次启动整个规划过程。需要注意的是，在当前多变的社会环境中，人们明确生涯发展路径变得越来越困难，在整个生涯规划过程中，越来越容易受到机遇和社会大系统的影响，所以高职大学生在做生涯规划的时候，不是制订一个明确的发展路径，而是充分地探索，发展自己的核心生涯能力，特别是生涯适应力。

第二节

做自己的"教育部长"——校园生活设计

本节视频

案/例

因为佳琪在就业中心实习，张帅宿舍得到了一个消息，一个知名的互联网企业要招暑期实习生。这下子整个宿舍都沸腾了，宿舍所有的人都投了简历，但是除了李斯和张帅，大家都铩羽而归，舍友不由感叹："人家李斯学习好被录用没得说，你说张帅，凭什么能被录用？唉！"大家有所不知，张帅在应聘这家企业实习生之前，先对企业招聘的具体情况做了了解，并根据招聘要求在简历上下了功夫，除了认真填写对方要求的表格，还附上了一个自己制作的视频简历，从而脱颖而出。

制作简历是求职过程中的关键环节，简历中所写的丰富内容是高职大学生在生活中充分探索和了解自己的成果。制订属于自己的发展计划，不断磨炼和提高自己的能力，这些就是高职大学生设计校园生活的主要内容。

一、发现自己：设计从探索自己开始

高职大学生不能凭空给自己的简历编出亮眼的成绩单和实习经历，也不能千篇一律地用"积极乐观、善于团队合作"来描述自己的性格优势。高职大学生在写简历，选择应聘企业前都需要先探索自己，发现自我的特点和优势，这正是生涯规划的第一步。

1. 自我探索的内容

关于自我探索的内容，高职大学生要面对一个实际的问题，就是自我所涵盖的内容太多了，到底该探索哪些方面呢？一般来说，人们在具体思考与职业相关的问题时，往往会聚焦于以下问题。

我喜欢做什么职业？

我想过怎样的生活？

我能做什么样的工作？

我愿意在什么环境下工作？

以上问题的回答反映的是自我对兴趣、价值观、能力和潜力以及性格、偏好的看法，张进辅老师认为这些内容对自我的探索非常重要，构成了自我探索的职业导向系统、职业动力系统和职业功能系统。

（1）职业导向系统

职业导向系统包括价值观、世界观和职业伦理。这些成分引导人们去选择特定的职业、追求职业目标、接受和内化职业价值、

建立正确的职业角色，以及努力获得职业成功，其中价值观是关键。

（2）职业动力系统

职业动力系统包括需要、动机、兴趣、信念和理想。这些成分推动和维持人们努力克服各种困难，实现职业目标，实现职业成功，其中兴趣是核心。

（3）职业功能系统

职业功能系统包括气质、性格和能力。这些成分保证人们能胜任特定的职业，同时适应职业要求，并实现职业与生活的平衡，其中性格是基础，能力是保证。

综上所述，大学生在进行职业自我探索分析时，可以参照图5-3所示内容。

个人的兴趣是最好的动力源泉，帮助自己进行职业聚焦，因为这些职业最可能做长久；个人的价值观可能帮助自己明确到底看

重职业的何种价值，是自己对终身追求以及工作与生活平衡的思考；个人的能力决定了自己适合的职业范围，是否符合职业的要求；个人的性格（就是人格特质）是喜欢与人打交道还是做事，还是其他方面，决定了自己能否适应工作环境，是否感到舒适。

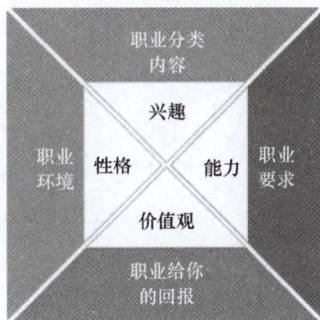

图5-3　职业自我探索分析

课/堂/活/动

撰写让我有成就感的事情

请回顾你过去的生活，列出10件你做过的印象深刻的事情。这些事情不必是惊天动地的大事，只要你真正喜欢做这件事，并且为完成的结果（可以是外在的也可以是内在的）感到自豪就可以。至于是否受到别人的认可和表扬并不太重要。比如成功策划一次同学生日会，暑假在妈妈朋友的手机店里帮忙，成功卖出了一部手机等。

在撰写这些事情时，每件事情都要包含以下要素。

你想达到的目标，即需要完成的任务。

你面临的障碍、限制、困难。

你的具体行动步骤，你是怎么一步步克服障碍、达成目标的。

对结果进行描述，取得了什么成就。

请与同伴分享并分析你在这些事情中，用到了哪些技能？

_____。

这些事情主要发生在什么领域？（学习、工作、人际交往等）

_____。

请按照使用的频率对你使用到的技能进行排序，你最擅长的是什么？你最喜欢的是什么？你觉得还需要继续提升的是什么？

_____。

你从这些事情中可以了解自己的能力，树立自信。

2. 自我探索的途径

自我探索不是简单的反思，高职大学生应该从各种渠道全面地了解自己，具体可以通过自我觉察、他人评价、专业测评与咨询、自身成就、实践活动等多种途径来实现（见图5-4）。

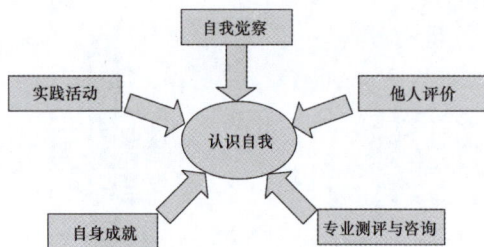

图5-4 自我探索的途径

（1）自我觉察

自我觉察的前提是"非评判"。很多高职大学生因为过去的学业受挫导致自信心不足，对自己的反思和觉察也更容易发现自己的不足，对自我的理解存在偏差，并带来大量的情绪困扰。所以在反思自己的过程中大家要特别注重全面地了解自己的优缺点，而不是直接给自己贴一个"我不好"的标签。

（2）他人评价

旁观者清，他人的评价对了解自己非常重要。可能你会担心朋友、家人因为和你的关系而不表达对你的真实看法，但如果强调他的观点对自己很重要，大部分人会给你一些建设性的意见。在这个过程中，我们需要说清楚自己的要求并表现出诚意，可以通过当面提问、发送邮件和信件、电话或在线聊天等多种形式来获得他人的意见。

（3）专业测评与咨询

许多书籍、网络、期刊中，包括本书都会提供一些问卷和量表，从这些测试中获得信息，通常能为你的喜好、价值观和个性特点提供一些线索。但是对待这些测试的结果需要特别小心，它只能是参考。除此之外，你还可以通过职业咨询和心理咨询专业机构来获得专业的测评和咨询，以便更好地了解自己。

（4）自身成就

那些你做过的成功的事情，哪怕再小也蕴藏着你的能力，而且很可能是你的兴趣所在，符合你的价值观和偏好。

（5）实践活动

你只有拓宽自己的活动领域，在更广阔的空间中做事情才能获得更全面的信息，比如社团活动、实习、参观、志愿活动等。在这些新的领域中，你可能获得不同寻常的对自我的洞见。

二、发展自己：发展生涯适应力

当前，我国高等职业教育已经进入大众化教育阶段，高职院校的学生规模越来越大，就业压力也日益突出。面对当前多变的社会环境，生涯规划的重要意义就是真正提高了一个人的生涯适应力。萨维卡斯认为生涯适应力就是个人应对社会变化，保持与环境和谐的心理资源。它让我们面对可以预测的任务，尽力去准备，并为不可预测的改变留出空间。他认为生涯适应力应该包含生涯关注、生涯好奇、生涯控制和生涯自信4个方面的内容。

1. 生涯关注

生涯关注指一个人对自己职业生涯开始关注，能尽量关注未来可能的变化，透过合理的计划来思考未来，为未来做准备。

2. 生涯好奇

生涯好奇指一个人对自己和职业保持好奇，愿意尝试和冒险，收集尽可能多的信息，开始更多的探索行为，并对变化保持好奇心。

3. 生涯控制

生涯控制，包括决策和自我监控，指一个人能够拥有选择未来的权力，设定目标、做出选择和行动。

4. 生涯自信

生涯自信指一个人直面生涯过程中的困难并努力克服，实现职业理想。提高解决问题的能力又对改变保持开放，正是生涯适应力的核心所在。

测一测你的生涯适应力

每个人在发展自己的生涯时，都有不同的优势，没有人擅长所有的事，我们每个人都比其他人更具备某些优势。请根据自己的实际情况认真作答表 5-1，根据表后的计分方法，计算自己的得分，然后对自己的生涯适应力做详细分析。

表 5-1　生涯适应力测试

能力项	不强	有点强	强	很强	非常强
（1）思考我的未来会是什么样子	1分	2分	3分	4分	5分
（2）知道现在的选择会塑造我的未来	1分	2分	3分	4分	5分
（3）为未来做准备	1分	2分	3分	4分	5分
（4）知道我必须要做出的教育和职业选择	1分	2分	3分	4分	5分
（5）思考如何实现我的目标	1分	2分	3分	4分	5分
（6）为实现我的目标制订计划	1分	2分	3分	4分	5分
（7）保持乐观	1分	2分	3分	4分	5分
（8）靠自己做决定	1分	2分	3分	4分	5分
（9）为我的行为负责	1分	2分	3分	4分	5分
（10）执着于自己的信念	1分	2分	3分	4分	5分
（11）依靠我自己	1分	2分	3分	4分	5分
（12）做适合我的事	1分	2分	3分	4分	5分
（13）探索我的周围环境	1分	2分	3分	4分	5分
（14）寻找成长的机会	1分	2分	3分	4分	5分
（15）在做决定前考量各种可能的选择	1分	2分	3分	4分	5分
（16）观察别人做事的不同方式	1分	2分	3分	4分	5分
（17）深入探究我所关心的问题	1分	2分	3分	4分	5分
（18）对新的机遇感到好奇	1分	2分	3分	4分	5分
（19）高效执行任务	1分	2分	3分	4分	5分
（20）认真做好事情	1分	2分	3分	4分	5分
（21）学习新技能	1分	2分	3分	4分	5分
（22）逐步发展我的能力	1分	2分	3分	4分	5分
（23）克服阻碍	1分	2分	3分	4分	5分
（24）解决问题	1分	2分	3分	4分	5分

计分方法：1 ~ 6 题的总分代表生涯关注的评价；7 ~ 12 题的总分代表生涯好奇的评价；13 ~ 18 题的总分代表生涯控制的评价；19 ~ 24 题的总分代表生涯自信的评价。你在某一方面的得分越高，说明你在这个方面的表现越好。生涯适应力的 4 个维度可以构成自己发展的地图。

三、提升自己：自我生活设计

很多高职大学生希望在了解自己的基础上能有所改变，不断发展自己的能力，但是在实际行动中，却会出现自己设定的目标难以实现、缺乏行动力等困扰。接下来，我们就和大家讨论如何设定合理的目标，避免目标设定中的缺陷，有效管理自己的时间，提高生涯自信。

1. 目标管理

目标是保证任务完成并达到结果的一种手段。大多数人都有能力设立目标，但是很多人嫌设立目标要花费时间和精力，或者害怕面对不确定的状态而不愿意设立目标。一个人如果没有生活目标，那么他只能享受短暂的快乐，不可能持续感受到生活的美好。

按照目标完成时间的长短，可以将目标分成不同的类型，高职大学生可以根据不同的目标类型采取不同的目标管理方式。表5-2列出了一些管理建议，供大家参考。

表 5-2　不同目标类型的管理建议

目标类型	管理建议
长期目标	涉及你想要的生活类型，和事业、婚姻、生活方式有关。在大学期间应保持这些目标的宽泛和灵活，进行更多的探索
中期目标	涵盖今后 5 年左右的时间，包括寻求的教育类型，或者对事业的规划。你对这些目标有较大的控制能力
短期目标	可以从下个月开始到一年以后。你可以设立非常实际的目标，并努力实现它们
小型目标	涵盖一天到一个月的所有事情。你对这些目标具有很大的控制能力，应该使它们详尽、明确
微目标	涵盖从现在开始 15 分钟到几个小时的时段。实际上，只有这些目标是你可以直接控制的

对于中长期目标来说，目标是让自己做重要的、符合自己的价值观和兴趣的事情，这样目标才更能够实现。

对于短期、小型和微目标进行管理需要遵循 SMART 原则。

（1）目标必须是具体的（Specific），比如把目标定为"看完这本书的第八章"比"对这本书进行学习"要具体得多，可操作性更强。

（2）目标必须是可以衡量的（Measurable），可以通过核查来确定是否完成。

（3）目标必须是可以达到的（Attainable），应适合自己的实力。你可以设定中等难度的目标，有一定的挑战性，但是并非高不可攀。

（4）必须与其他目标具有相关性（Relevant），不同的目标之间组成一个目标群。

（5）必须具有明确的截止日期（Time-Based），有一定的时间压力。

一般来说，中长期的目标要与具体的短期目标相结合才能实现，因为目标最终需要转化为可操作的行为才能落实，所以短期目标或者小目标对高职大学生更有指导意义，但是在实际生活中，很多同学的目标管理失败就在于没有关注短期目标或者小目标。

有很多人倾向给自己设立宏伟的长期目标，而不愿意在短期目标上多花力气，这其实是使自己陷入了一种"虚假希望综合征"。当一个人做出发誓改变的决定时就立刻感到了满足，内心的声音一直在说："如果宏伟的计划就能让我们心情大好，为什么还要设立一个适中的目标呢？既然有了远大的梦想，为什么还要从小处着手呢？"做出改变的"决定"让人们获得了典型的即时满足感——在什么都还没做之前就感觉良好了，而在实践目标的过程中就没那么有意思了。当行动面临挫折时，失望会取代最初决定改变时的良好感觉，人们开始产生深深的罪恶感，责怪自己没有自控力，无法改变。不过这种自我否定并不会让人们好起来，有关自控力的最新研究表明: 当遭遇挫折时(挫折难以避免)，需要原谅曾经的失败，开始行动，而不是自我责怪，把它们当作屈服或放弃的借口。

一个人太关注于特定目标的完成可能会导致行动僵化，使自己的视野变窄，比如努力获得高学分，却忽略了课程中真正有价值的东西。所以高职大学生设立目标应该保持灵活，不要为"目标"特别是绩效目标所累。

扩/展/阅/读

那又如何效应

扫一扫

听音频

"那又如何效应"描述了很多人从放纵、后悔然后到更严重的放纵的恶性循环。你是否说过类似这样的话："那又如何，既然我已经破坏了节食计划，不如把它吃光吧。"回想自己建立的目标，是否有很多因为类似这样的话而最终放弃。到底是否存在"那又如何效应"？当我们面对诱惑时，该如何打破自我放纵的循环呢？如果想了解具体的关于"那又如何效应"的实验过程和实验结果，请扫描旁边的二维码，收听更详细的讲解。

2. 时间管理

时间是人们最宝贵的资产，它的魔力就是你用它来做什么，它就是什么，所以时间可以是金钱、爱情、工作、休闲和家庭生活等。我们的目标和行动赋予了时间意义，没有行动就没有意义，管理时间是个人自我实现中必不可少的组成部分。你是否了解自己的时间管理情况呢？

（1）认识时间

先让我们一起完成下面这个练习。

课/堂/练/习

非计划日程表

请在表5-3中写下未来一周你的日程安排，只需要列出你必须要做的事情，列完后，回答表下面的问题。注意：不是记录你应该要做或者希望开始做的事情，而是要求你确认已经安排好的日程。

表5-3　每周计划日程表

天 小时	周一	周二	周三	周四	周五	周六	周日
6：00							
7：00							
9：00							
……							
23：00							

- 你有多少时间用于完成你的目标？

——。

- 填完表后你有什么感受？是否被所有这些要做的事情搞得心烦？是否对应该做却没有时间安排的事情感到忧心忡忡？

——。

- 观察自己的感受，并思考这份日程表是如何让你产生这样的感受的。

——。

这个非计划日程表，让我们可以清楚地看到自己到底把什么事情排进了自己的日程。你如果发现自己的空余时间过多，那么需要寻找真正让自己感兴趣的事情去做，而不是精确控制自己的时间。你如果发现自己根本没有多少空余时间，那么需要思考自己的时间到底花在什么事情上面，学习一些技巧来管理时间。

（2）时间管理四象限法

时间管理本质上是事件管理。时间管理四象限法，就是对任务的性质进行分类管理的有效时间管理方法。它强调在面对多任务的时间管理时，我们需要首先对要做的任务按照自己认为的重要性和紧急性进行分类。这样具体的任务就可以分成既重要又紧急（第Ⅰ象限）、很重要不紧急（第Ⅱ象限）、不重要很紧急（第Ⅲ象限）、不重要不紧急（第Ⅳ象限）4类，组成4个象限（见图5-5）。因此在安排时间完成任务时确保"要事第一"，即把重要又紧急和很重要不紧急的任务赋予最高的等级要先完成，而第Ⅲ象限的任务可以通过授权让别人去做，第Ⅳ象限的任务则尽量减少。著名时间管理专家德鲁克说："重要的事情先做，其他事情，根本不用考虑。"他特别强调了重要性维度在时间管理中的地位。虽然对每个人来说，重要事情的定义并不一样，但是一直花时间做重要而不紧急的事情，可以避免让自己像个救火队员一样忙碌，花了大量的时间在紧急的事情上，却没有获得多少成就感。

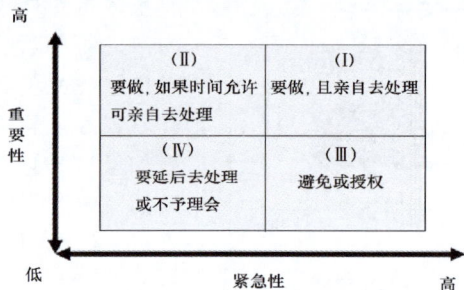

图5-5　时间规划象限图

（3）使用策略

① 精简任务，每次只专注一件事。多任务操作会让我们注意力分散，极大影响工作效果。时间管理的精髓不是多做事，而是专注地少做事，做真正想做的事。

② 5分钟起步法。有时候我们会感到自己不在做事情的状态，此时只要再坚持5分钟就会产生一个新的良性循环。

③ 向其他人做出承诺。告诉大家你的目标，你可以像佳佳一样组织一个宿舍卧谈会，利用大家的力量帮助自己克服拖延习惯。

④ 化整为零。如果一个重要的项目需要花费很长时间，那么最好的办法就是把项目分解，每次花15~30分钟或者更短的时间从事该项目，保证每天都在这个重要的项目上工作，积少成多，而不是一味地等自己有灵感时一下子完成。

⑤ 精力管理。训练自己做"短跑运动员"，集中注意力学习，然后给自己时间休息和恢复。个人可以根据自己的注意力情况找到适

合自己的精力管理方案，例如，每集中注意力学习 1.5 小时，休息 15 分钟，做冥想、呼吸训练，或者做其他的任务。另外，设立有意义的休整计划保证恢复。

一个人时间管理的重点不是为了让自己成为一辆加满油的汽车，高效奔驰，而是让自己活得快乐，所以你需要知道挤出来的时间做什么，丰富自己的生活。

课/堂/练/习

我的专属学习方案

生涯规划的关键一环，就是把生涯愿景变成具体可行的目标，并在高职学习期间认真执行，及时调整。这就好比你作为自己的教育部长，制订一个符合自己的学期计划、年度计划，甚至是 3 年计划。例如英语系的佳乐热爱主持和戏剧表演，已经在高中有过几次主持大型活动和表演话剧的经历，她希望自己将来能做一名教师，教授英语或者中文。她将自己的兴趣和愿望考虑到自己的学习计划中，制订了表 5-4 所示的专属学习方案。看了佳乐的专属学习方案，你是否得到了一些启示？请制订一个自己的专属学习方案，并认真回答后面的问题。

表 5-4　专属学习方案

目标	培养教学经验；准备通过英语考试；担任戏剧社社长		
时间	内容	校内资源	校外资源
大一上	专业课程的学习 争取多参加课堂展示活动 加入学校的演讲社和戏剧社 主持班级和年级新年晚会 参加新生戏剧大赛 了解英语等级考试的信息	校内的专业课老师 辅导员 社团的老乡和同学 校园网 图书馆	百度 知乎 豆瓣小组 自己在教育系的高中同学 国家大剧院等戏剧表演网站
大一下	专业课程的学习 自学教育学、心理学 组织英语戏剧活动 准备英语四级考试	校园网 戏剧社成员 志同道合的同学 历年英语考试资料	百度 网络上的教学小视频 国家大剧院等戏剧表演网站

（1）在你的专属学习方案里，请思考目标改变的可能性，如果需要改变，有什么替代方案？

_____

_____。

（2）当专业学习和自己的目标相冲突时怎么办？如何调和？

_____

_____。

第三节

做自己的生涯规划师——职业生涯设计

本节视频

案/例

　　李俊是佳琪的一个老乡，他是工程造价专业大二的学生，他不喜欢做房地产建筑行业，觉得做这个工作需要经常出差，跟着项目走，太辛苦了，但是又觉得换行业太难了，所以一直在纠结：一个在高职院校学工程造价的学生除了做造价师还能做点什么呢？

一、职场告诉你：职业探索行动指南

　　探索自己是职业生涯规划的起点，了解职业是职业生涯规划的基础，高职大学生在进行职业生涯规划时必须对两方面的内容综合考虑。李俊的困惑来源于他对外在世界的了解比较主观。在一项高职院校的调查中，只有19.2%的同学表示了解未来的所从事工作的具体内容。高职大学生是时候转换视角，亲自去了解真实的职业世界了。

　　高职大学生实际的职业探索情况如何呢？有研究发现，高职大学生在自我探索和目标设定上的探索较多，而在系统、环境及信息收集上的探索却很少。高职大学生在进行职业生涯规划时更关注我喜欢什么、我要做什么，而对职业是什么、怎么才能得到机会并不清楚。正是这种对职场信息的极度不清楚，让李俊举棋不定，而第二节案例中得到实习机会的张帅，则是提前了解了企业信息，并做好充分准备，从而获得了实习机会。

　　综上所述，高职大学生进行职业生涯规划的首要步骤是积极主动地完成信息的收集和处理，多渠道进行职业探索。到底该如何收集资料呢？这里给大家提供一份行动指南。

1. 广泛收集"情报"

　　表5-5是对各种情报获取渠道的分析。

表5-5　情报渠道分析

情报来源	优势	劣势	得到的方法	举例	贴士
小道消息	提前得之	不准确	广泛结交朋友	内部人士的邮件	可能加入传播者的想象
求职网站	海量资源	含金量不高	浏览招聘网站	前程无忧	不能只在网络上投递简历，需要电话联系确认
就业求职论坛、微博、微信公众号	含金量稍高	信息不一定准确	浏览一些专业的网站、企业的官方网站或者微信公众号	大学生求职就业网	有很多人在论坛上热心解答

续表

情报来源	优势	劣势	得到的方法	举例	贴士
电视、报纸、杂志等	大量全面的信息	时效性差	注意收看与就业相关的电视节目，关注与就业相关的报纸、杂志等	《中国大学生就业》《劳动·就业》等杂志、栏目	职业分类、求职技巧参考价值高
本校的就业中心	服务全面	一般只针对本校学生	电话咨询、浏览本校就业中心网站	高校就业中心网站	千万不要等到必须找工作时才浏览就业中心的网站

　　有的高职大学生会认为现在获取信息这么方便，到找工作的时候再看吧。但是有效信息不会自动地进入人的大脑并为之所用，持上面想法的高职大学生到了要做出重要的人生抉择时，可能会因为没有收集足够的信息而付出高昂的代价。所以高职大学生需要做到用心和留心，一次谈话、一份身边的广告都可以帮助自己逐渐建立对职业世界的了解。

2. 广泛发动资源

　　苏格拉底说过："最有希望获得成功者，并不是才干出众的人，而是那些善于利用时机努力开创的人"。在职业探索上，家人、老师、同学、朋友都可能蕴藏着自己需要的资源。他们或者可以帮自己提供所需的职业信息，或者可以直接给自己提供实习和就业机会，再或者提供经济或情感支持，成为自己坚强的后盾。高职大学生不仅要学会识别有效资源，发出请求，而且要懂得如何获得支持。

课/堂/练/习

探索我的资源

　　表5-6列出了高职大学生在探索职业信息的过程中可以发动的资源，请试着系统分析自己的资源，完成表格。

表5-6　我的资源

分类	谁可以提供	可以提供什么	如何获得
社会	就业政策 经济发展形势 招生政策	热门行业、特殊的就业优惠政策、国内外大学进修招生条件	广泛关注网站、就业中心、新闻媒体等
学校	就业中心 实习中心 学业中心 院系		
人脉	同学 校友 导师 实习同事		
家庭	父母 亲戚		

3. 职业聚焦

通过调动各种资源对职业有所了解后，高职大学生要按照可得到性和与自我探索匹配的原则，对心仪的职业进行聚焦，通过职业访谈、参观或实习兼职等方式，对目标职业进行深入了解，详细而全面地了解相关信息。

（1）了解职业的维度

一般来说，高职大学生可以从"个人想要、个人能要和工作环境"3个维度来锁定目标职业，然后进一步了解这个职业的信息。中国台湾的刘淑慧教授认为可以从以下6个关键要素了解职业。

① 工作任务：核心工作任务有哪些。

② 要求和职能：主要包括工作本身对人才能力和技术的要求，企业的任职要求。一般来说，对于某一具体职位的任职要求，可以通过企业的招聘广告获得。

③ 工作酬劳：包括一项工作的工作环境、工作强度、晋升机会、酬劳等。

④ 职业者兴趣：从事这个工作的人都喜欢什么人或者什么事物。

⑤ 工作者生活：从事工作的人过着什么样的生活，前人的职场经验是什么？

⑥ 社会评价：职业的社会声望，比如同样是英语专业的毕业生，做外交官的社会声望很高，但是做英语秘书的社会声望则相对较低。

（2）分析环境的阻力和助力

环境对高职大学生的职业选择的影响非常大。环境带给高职大学生的既有阻力，又有助力，比如一线城市可能比三线城市有更多的就业机会，但是三线城市的竞争压力要比一线城市要小，所以阻力和助力都是相对的。从资源的角度来看环境的影响可能更加有意义，你可以分析自己拥有的人脉资源和社会环境资源，评估这些资源对职业发展的阻力和助力情况，帮助自己更好地了解社会和职场。

二、培养职业素养：发展就业力

案/例

佳琪最近和今年毕业的师姐莉莉一起聊天时，谈到自己的生涯规划书，师姐对此感慨不已，告诉佳琪当时自己也制作了一份详细的生涯规划书，但是在求职季发现，当时的想法实在是太理想化了，当开始投简历求职的时候，根本没什么机会权衡思考，而只能看就业市场有什么机会，努力抓住就好。佳琪回来很郁闷，如果生涯规划书没用，那有没有必要做生涯规划书呢？

1. 就业力和生涯规划能力

"就业力"与"生涯规划能力"并不一致。福格特等人认为，就业力包含适应性、职业认同、人力资本和社会资本4个部分，其中社会资本、人力资本是非心理性因素，生涯规划能力是从心理学和个人角度出发的职业认同和适应能力。面对真正的就业市场，就业力是主客观、实力与运气综合作用的结果，如果莉莉学姐大一时的生涯规划书脱离了实际，则到了毕业时只能束之高阁。如果你所拥有的社会资本不足，也并不一定在就业市场中一定处于劣势。乔志宏等的研究发现，大学生能够不断提高的人力资本，包含学业成绩、获奖、实践活动和实习经历，是决定就业成败的核心因素。对当前刚刚开始高职生活的同学来说，制订生涯规划书的时候，要充分进行职业探索，展开实践，并且在高职学习期间要不断更新和调整自己的生涯规划书。

扩/展/阅/读

福格特等人认为就业力由适应性、职业认同、人力资本和社会资本组成，具体分析如下。

适应性：指个人愿意且有能力将一些个人特质变得符合情境的要求。从适应性的角度而言，个人既要适应、接纳外界的变化，又要能够预见外界变化的趋势从而主动加以调整和适应。福格特等人认为适应性包含5个变量：乐观、乐于学习、开放性、内控和一般自我效能感。

职业认同：是就业力结构的核心内容。它指个人对自己的职业兴趣、天赋和目标逐渐清晰而稳定的认识。

人力资本：指一系列影响个人事业提升的变量。包括年龄和受教育程度、工作经验和接受的相关培训、工作表现和工龄、情绪智商、认知能力等。其中，受教育程度和工作经验是预测事业提升最有效的变量。

社会资本：是就业力中的社会性和人脉成分，能起到掌握和传递信息的作用。

大家可以针对这4个部分对自己的就业力进行仔细的评估，了解自己到底正处于一个什么状态，优势有哪些，有哪些部分可以进一步发展和提高。

2. 实习

一般来说，兼职或实习是高职大学生进行职业探索，获得大量有关职业的一手资料的有效方式。高职大学生寻找与自己职业规划相关的职位实习或兼职，不仅能提前了解职业具体情况，而且能获得"这个职业是否与我匹配"的重要经验，帮助自己做出选择。除此之外，实习还有一个重要的功能，就是获得了解职场环境的机会，锻炼能力，获得报酬，增长自信。

高职大学生如何选择一份实习呢？首先将实习需要建立在了解自己的基础上，澄清自己的实习目的、专业、能力、时间安排、经济需求等要求；其次了解实习市场，通过网络资源、人脉资源、就业中心等获取信息；最后在多方匹配的基础上做出选择，而且在寻找实习机会的过程中，还需要思考替代选项。表5-7是两位不同专业、不同需求的大学生选择实习时的思考过程，大家可以根据自己的情况，参考做出最符合自己的选择。

表5-7　实习的选择

了解自己	实习机会	选择行动	替代选项
物联网专业，希望在本专业就业，假期实习	院系、学长工作或实习的机构，网络相关行业的实习招聘信息，学校就业信息中心发布的兼职信息	提前锁定几个心仪的企业，准备简历，模拟面试，多做准备	通过已实习学长了解相关信息，参加专业相关的社团或志愿活动
国际贸易实务专业，英语有优势，没有明确实习目标，希望平时兼职，积累经验，获得一定收入	网络、校园各种渠道发布的兼职信息，寻找时间匹配的家教、翻译、勤工助学等机会	选择离学校相对较近的兼职企业，最好选择有同学去过的正规机构或单位，注意兼职与自己学业的时间平衡	校园内的勤工助学机会

实习虽然在求职和整个职业生涯中都很有意义，但针对每个人的具体情况，需要具体考

量。高职大学生需要认真思考"自己兼职的目的是什么，能从兼职中获得什么"，这样做能

够帮助自己不忘初心，不被兼职或实习的一点报酬所控制，忽略学业；不必被暂未找到实习机会所影响。高职大学生应该从容面对实习，从心态、自身经验、自我保护上做好各种准备。

三、跳出就业之外：培养创新意识

就业既包括找到固定的工作，也包括自主创业。正在接受高等职业教育的你，是否有过创业的念头？2018年初中国人民大学联合30多所高校和机构，联合发布了《2017中国大学生创业报告》，报告显示，近九成大学生考虑过创业，有26%的在校大学生有较强的创业意愿，这一数字比2016年上升了8个百分点。创业是创立基业、开创事业的意思。在国家"大众创业，万众创新"的双创政策引导下，社会各界对大学生创业实践的支持力度不断加强，众多大学生投身到创业的活动中去，在创业活动中实现自己的人生价值。在新常态下，高职院校对学生的教育目标也渐次体现出从"应用型实践人才"到"具有创新创业素质的高技能人才"的转向，越来越多的高职大学生产生创业的想法，并付诸实践。或许你并没有十分强烈的自主创业意愿，但是培养创新意识对每个高职大学生都非常重要，拥有创造力和创新意识的人不管走上何种工作岗位，都将发挥"发动机"的作用，推动自己、企业甚至是国家进步。

1. 理解创造力

一般人们在谈创造力时存在一些误区，比如只有天才才拥有创造力等。其实创造力有不同的层次，心理学家考夫曼和贝格托对创造力的构成进行了深入的研究，提出了创造力的4C模型，帮助人们理解不同层次水平的创造力表现，也为人们培养创造力提供了依据。4C分别代表的是杰出创造力（Big-Creativity）、专业创造力（Pro-Creativity）、微创造力（Mini-Creativity）和小创造力（Little-Creativity）。

（1）杰出创造力

杰出创造力指创造力领域中明确的具有重大贡献的创造力表现。例如，推动历史进步的关键发明，或者是有重大影响的创造。人们谈到创造力是少数人拥有的能力，往往是在这个语境上谈创造力。

（2）专业创造力

专业创造力指在特定领域中，由接受过专业训练的个人所表现出来的创造力，一般可以通过学习和练习不断提高。专业创造力就是一个人在专业上通过持续的努力和积累，就会拥有专业创造力。比如，日本动画大师宫崎骏在获得威尼斯影展终生成就奖时，记者问他电影中所有奇幻人物的灵感来自哪里，他回答说，他们早就是他日常生活中的人物了。国产动画片《哪吒》更是由1600多名专业人员通力合作才产生了火爆的结果，这些电影制作的专业人员正是表现出了专业创造力。

（3）微创造力

微创造力指蕴藏在学习过程中的创造力，是个人对经验、行为和事件的新颖和个性化的创造性解释，之后可能发展成专业创造力。微创造力的个人与专业创造力的个人相比，所受的训练较少，是发展到专业创造力的一个阶段。

（4）小创造力

小创造力指大部分人在日常生活中所表现出来的创造力，也就是我们常说的"灵感"或者创意。它的出现更为随意，并不一定会产生创造力的成果。比如在宿舍聊天时，你想到一个有趣的接话方式，逗得大家哄堂大笑，舍友夸赞你幽默，有创造力。

这4种创造力，是一种逐渐递进的关系。我们要想发展自己的创造力，可以从小微创造力开始，不断积淀，加以学习和持续地练习，从而，达到专业创造力，虽然并不是所有的专业创造力都能发展成杰出创造力，但毋庸置疑专业创造力是通向杰出创造力的阶梯。

2. 培养创造力

如何培养自己的创造力呢？著名的创造力研究者特瑞莎·阿玛拜尔总结了拥有创造力的3个条件，分别是专业知识、创造性思维和内在动机。

（1）专业知识

专业知识指一个领域的知识和所需的特定的知识及专门的技能。专业知识可以通过先天的认知能力、操作技能、后天正规或非正规的教育获得。

扩/展/阅/读

发挥专业知识的作用

扫一扫
听音频

我们如何积累更多的专业知识，以便培养自己的创造力呢？唤醒惰性知识、注重积累和不断进行可迁移思考都是积累专业知识的好方法。到底该如何操作呢？请扫描旁边的二维码，收听详细介绍。

（2）创造性思维

创造性思维是人类的高级思维，是以新的方式解决问题的一种思维。思维的创新性表现为思维的灵活性、联系性和想象力。一般具有创造性思维的人更愿意主动追求新想法，发现相关信息之间的联系，具有洞察力，能够灵活地运用各种知识经验，展开想象。创造性思维是在一般思维的基础上发展起来的，可以通过后天培养与训练不断提高。比如头脑风暴、发散思维训练都是练习创造性思维的好方法。

扩/展/阅/读

头脑风暴法

扫一扫
听音频

头脑风暴法是在锻炼创造性思维、寻找创新思想时常用的方法。开展头脑风暴会议可调动成员的创造性解决实际问题，但是头脑风暴法要想发挥积极的功能，需要在操作上严格遵守讨论的守则，为创造性的观点创造适宜表达的氛围。如果想了解更详细的解释说明，请扫描旁边的二维码收听音频讲解。

（3）内在动机

一个人的内在动机影响着自己的创造力。一个内在动机强的人做事情一般是兴趣驱动。内在动机可以让一个人注意力集中，获得更多的心流体验，只有人们被工作本身所吸引和激发，才有可能表现出创造力。那么如何才能提高自己的内在动机呢？首先，要保持好奇心和开放性；其次，要去标签化，给创造力留出空间；最后，在生活中尝试用新的视角思考问题，同时不断提高专注力。

3. 参加与创业有关的活动

创业是一个具体的行动，充满了冒险和挑战。高职大学生可以通过选修创业课程、参加创新创业大赛等形式了解创业过程，积累自己的创业知识，培养自己的创新创业能力。

一般来说，高职大学生参加国家或者高校举办的创业活动需要做以下准备。

（1）选择创业项目

选择创业项目，确定创业方向是创业的开始。你可以从生活中发现创业项目，比如针对一个棘手的问题，提供有效的解决方案。

（2）调研与评估

对创业项目展开调研，对创业风险、竞争对手进一步了解和评估。

（3）组建团队

选择合作伙伴，找到并肩作战的搭档，整合资源。

（4）撰写计划书

制订《创业计划书》，对项目过程进行梳理。在计划书中展示你对项目的亮点、行业分析、竞争优势、发展战略、财务预算和融资计划等内容的思考和设计。

对于创业活动来说，完成《创业计划书》就基本结束了。如果大学生想真正开始创业，那么还有很多工作要做，比如注册公司，办理工商、税务手续，选择办公地点（店面），考虑融资方案等。

本章小结

（1）生涯指生活中各种事件的演变方向和历程，包括人一生中的各种职业和生活角色，以及由此表现出个人独特的自我发展类型。

（2）生涯可以分为成长（4 ～ 14 岁）、探索（15 ～ 24 岁）、建立（25 ～ 44 岁）、维持（45 ～ 64 岁）和衰退（65 岁以上）5 个阶段，每个阶段具有不同的发展任务。高职大学生正处于生涯的探索期。

（3）生涯规划是有目的、有计划的设计不同的人生阶段，在考虑个人的智力、性格、价值，以及阻力和助力的前提下，做出合理安排，并且借此调整和摆正自己人生中的位置，以期自己能适得其所，获得最佳的发展和自我实现。

（4）为自己制订职业生涯规划的过程就是掌控自己的过程。

（5）职业自我探索包括 3 个系统——职业导向系统、职业动力系统、职业功能系统和 4 个方面——兴趣、价值观、能力和性格。

（6）自我探索具体可以通过自我觉察、寻求别人意见、进行专业的测评和咨询、参与社会活动以及回顾自己的成功等多种途径来实现。

（7）生涯适应力包含生涯关注、生涯好奇、生涯控制和生涯自信 4 个方面的内容。

（8）对于短期、小型和微目标进行管理需要遵循 SMART 原则。

（9）时间管理的原则是按照重要性和紧急性划分等级，确保要事第一。

（10）职业的更新速度很快，进行职业探索需要关注新兴职业和创新项目，然后进行职业聚焦。

（11）从 6 个关键要素了解职业：工作任务、要求和职能、工作酬劳、职业者兴趣、工作者生活、社会评价。

（12）就业力包含社会资本、人力资本、适应性和职业认同 4 个部分。

（13）创造力的 4C 模型中"4C"分别代表的是杰出创造力（Big-Creativity）、专业创造力（Pro-Creativity）、微创造力（Mini-Creativity）和小创造力（Little-Creativity）。

（14）拥有创造力的 3 个条件：专业知识、创造性思维和内在动机。

思考题

26 岁的王雷学的是机电工程专业，3 年的职业生涯中换了 6 份工作，并且每份工作的时间都呈递减趋势。第一份工作做得最长，在一家日资企业做工程师，干了 1 年 2 个月；第二份工作是一家民营企业的技术员，做了 7 个月；离开这家民营企业后，他走马灯似地换了 4 份工作，期间他做过市场推广员、程序员、工厂电工；最后一份工作仅做了一个星期就被辞退了。现在他又回到熟悉的人才市场，重复习以为常的动作：投简历、面试、再投简历、再面试……他感到非常苦恼和迷茫，不知道自己究竟适合什么职业。

如果王雷来求助于你，你会给他怎样的建议？如何才能知道他适合什么职业呢？

推荐资源

（1）书籍：《你的降落伞是什么颜色》，鲍利斯著。

本书以霍兰德职业兴趣理论为基础，结合当下求职市场的最新形势，解答了求职男女面临的诸多新问题，提供了实用有效的职业规划方法和求职技巧。特别是推出了"降落伞行动手册"——花朵图，传授将职业规划融入人生规划的做法——发现个人最擅长的可迁移技能，找到职业目标和理想工作，用激情和努力点亮人生梦想，追逐幸福和美好的生活。

（2）电影：《当幸福来敲门》。

本片描述了主人公克里斯·加纳如何寻找梦想、实现梦想的过程，就算住在救济所，就算成功概率只有 5%，他仍努力奋斗……他坚信，幸福明天定会来临。

第六章

我不是孤岛
——高职大学生的人际关系

　　人总是在与他人互动的过程中不断发展自己的社会性，确立自己与他人和世界的关系。人际交往是个人与他人、个人与世界相联系的方式，在某种意义上也是自我的延伸。大学阶段正是一个人自我同一性发展的关键时期，人际交往对于个人的发展发挥着举足轻重的作用。本章学习目标如下：

- 了解人际关系的含义、理论和功能，以正确认识人际关系的价值；
- 了解人际关系的影响因素，解读人际密码；
- 了解高职大学生人际关系问题，掌握人际交往的技巧与人际问题的调适方法。

引/导/案/例

宿舍那点事

　　521宿舍有4名成员：佳琪、晶晶、木兰和小奇。佳琪的这3位室友各有特点：晶晶才貌双全，骨子里的优越感无形中与人拉开了距离；木兰沉静大气，爱好文学艺术；小奇性格直率，为人热情。

　　开学初话剧社要招新，佳琪、晶晶、木兰、小奇都报名了。面试的内容是即兴表演一部电影的桥段。佳琪因为精彩的表演，当场被录取；木兰因为出色的文笔被选到编剧部。

　　话剧社因录取名额有限，只能在晶晶和小奇中选一位留下，所以又给她们出了一道面试题目：陈述我入话剧社的优势。自以为成功在握的晶晶竟然落选了。每次佳琪、木兰和小奇在宿舍谈论话剧社的事情时，晶晶的脸色都不太好看，因此她们3人形成了一种默契，只要有晶晶在场，她们不谈论话剧社的话题。有一天晶晶从外面回来，快走到门口时听见佳琪、木兰和小奇聊得很热闹，可是自己推门进去后，她们的谈话却戛然而止，好像有意回避自己似的，晶晶顿时感到自己和她们有了很深的隔阂。从此，晶晶早出晚归，尽量少在宿舍待。慢慢地，晶晶成了大家最熟悉的"陌生人"。这一天晶晶在图书馆上网，无意中闯到"人际交往"主题的百度贴吧，看到了这样一篇求助帖——"换还是不换？"引发了她对于自己的思考。

换还是不换？

我想也许我是那种天生就不合群的人，不知道该如何与他人相处，因此朋友很少。进入大学我决定要改变这种状况，我曾经很努力地融入大家。开始我觉得朋友就是要互相信任，因此我什么话都和室友分享，什么事情都和大家一起去做。可是渐渐地我发现大家和我疏远了，她们有事也不叫上我，既然这样我也尽量躲着大家吧。宿舍其他人总是成群结队地一起上课、逛街，而我总是形只影单。想到这些我心里有些沮丧，虽然我不喜欢热闹，但我也害怕孤单。我很想换宿舍。我担心的问题是：（1）如果新宿舍的人不欢迎我，我可能还是会被孤立；（2）如果我搬过去了，那将会和现在宿舍的人彻底不和；（3）如果发生前面两种情况，那我会非常尴尬难堪，被现在宿舍的人笑话。我好怕，现在才大一，后面还有 3 年的大学生活。

请各位网友帮帮我，我该怎么办呢？

跟帖 1：找老师谈谈。

跟帖 2：建议和室友谈谈，也许她们不知道你的真实想法，有些东西真的是自己感受得到而别人并不知道的，比如孤独感，你孤独不孤独只有你自己感受得到。

跟帖 3：楼主在现在的宿舍里被孤立，担心去另一个宿舍不被欢迎……建议楼主在自己身上找找原因。解决这种问题的办法，是不是应该从根抓起？如果斩草不除根，以后会不会到任何一个宿舍都会被孤立，都不会受欢迎？

第一节

走近你温暖我——人际关系概述

本节视频

17 世纪的英国诗人约翰·堂恩在《钟为谁鸣》中写道："谁也不能像一座孤岛 / 在大海中独踞 / 每个人都是一块小小的泥土 / 终需连接成整个陆地 / 若有一块泥土被大海冲走 / 欧洲就会缺掉一隅 / 这宛如一座山峡 / 亦同你的朋友和自己！"人际关系对每个人都很重要。

不管是晶晶还是帖子中的"楼主"，她们都陷入了人际交往的尴尬境地，这个结果未必是他（她）自己内心真正所愿。对亲密的渴望、心理归属感和情感的满足是人们的本性需要。人际关系是我们与世界建立联系的途径。

一、我与你的距离：什么是人际关系

人际关系指人们在社会生活中，通过相互认知、情感互动和交往所形成行为而发展起来的人与人之间的相互关系，反映出人与人之间的心理距离。

随着信息化时代的到来，新时代高职大学生以"90后""00后"为主，网络交往已经成为他们青睐的重要社交方式。2018年中国互联网络信息中心（China Internet Network Information Center，CNNIC）发布第42次《中国互联网络发展状况统计报告》，该报告显示，我国网民规模达8.02亿，普及率为57.7%，网民中以青少年、青年和中年群体为主，大专和本科及以上网民占比20.6%。网络人际交往大大突破了现实的限制，大学生可以在一个很宽广的环境中根据自身的爱好、志向选择交往的对象、内容。网络世界提供了丰富的资讯，对大学生进行知识更新和调整自身的知识结构大有益处；更便捷的人际互动，还使他们的社会接触范围大大拓宽；更安全的交往空间则提供了一个更舒适的表达自我的平台。网络人际关系具有以下特点。

① 匿名性。由于网络人际交往中通常并不使用真名，匿名性可以给人带来人际交往的安全感。相对于现实中人与人面对面的交流，人们更乐于向网络上遇到的陌生人进行自我暴露，通过网络放心地向陌生人倾诉心中的话，可以更自由地展现真实的自我。

② 平等性。现实中的人际交往由于身份、职业、背景、阶层等不同呈现出一定的等级交往关系，而虚拟的网络人际交往中，个人可以突破现实中身份、地位的不平等，处于平等的心态，实现了精神上的平等性。

③ 多元性。大学生网络人际交往的内容和形式都呈现多样性。交往内容上有获取新鲜资讯、交换观点的，也有寻求情感宣泄和支持的；交往形式通过聊天软件、邮件、论坛、游戏、直播等平台展开。网络交往环境与现实交往环境不一样，人们可以在丰富的网络空间中加深自我表露，探索感兴趣的领域，逐步塑造更为丰富、多样性的自我。微博、微信和网络直播为每个人提供了个人自媒体的机会，每个人都有机会在网络世界塑造更立体、更理想的自我。

④ 依赖性。"90后""00后"大学生大都是独生子女，有些大学生在很长时间内都是以自我为中心的，他们也渴望与人交流和拥有自己的交际圈。上大学后，他们在交友的过程中难免会遇到各种各样的烦恼，感觉通过网络进行人际交往轻松很多，于是很容易对网络人际交往产生依赖性，这种依赖性可能会对现实的人际关系产生一定的负面影响。

网络人际交往给现实的人际关系带来了一定的影响。有这样一则公益广告：一个人低头点击手机屏幕，沉浸于虚拟世界的精彩之中，慢慢发现身边的人都远离、消失了，只剩下一个人，孤独直到惊醒；重新投入现实世界，身边的人才又回来，笑容也回到自己的生活。这则广告形象地向我们展示了虚拟世界固然有其精彩，但代替不了现实世界的人际关系。理想的人际交往状态是现实人际交往和虚拟人际交往模式互补。

二、从陌生到熟悉：人际关系的发展阶段

社会心理学家欧文·阿特曼和达尔马斯·泰勒等人提出了社会渗透理论来解释人际关系的发展过程。他们认为人际交往主要有两个维度：一是交往的广度，即交往或交换的范围；二是交往的深度，即交往的亲密水平。欧文·阿特曼等人认为，良好的人际关系的发展，一般经过4个阶段：定向、情感探索、情感交流、稳定交往，如图6-1所示。

图6-1 人际关系的4个发展阶段

1. 定向阶段

在人际交往中，人们对交往的对象具有很高的选择性。进入一个交往场合时，人们往往会选择性地注意某些人，而对另外一些人视而不见，或者只是礼貌性地打个招呼。对于注意到的对象，人们会进行初步的沟通，谈谈无关紧要的话题，这就是定向阶段。在

定向阶段，人们只有很表层的自我表露，例如谈谈自己的兴趣、专业以及对最近发生的新闻事件的看法等。

2. 情感探索阶段

如果在定向阶段双方有好感，产生了继续交往的兴趣，那么就可能有进一步的自我表露，例如兴趣中的体验、感受等，并开始探索在哪些方面双方可以进行更深的交往。在情感探索阶段，双方有一定程度的情感介入，但是还不会涉及私密性的领域，双方的交往还会受到角色规范、社会礼仪等方面的制约，比较正式。

3. 情感交流阶段

如果在情感探索阶段双方能够谈得来，建立了基本的信任感，就可能发展到情感交流阶段，彼此有比较深的情感介入，会谈论一些相对私人性的问题，例如相互诉说学习、生活中的烦恼，讨论个人感情中的情况等。在情感交流阶段，双方的关系已经超越了正式规范的限制，比较放松，比较自由，如果有不同意见也能够坦率相告，没有多少拘束。

4. 稳定交往阶段

情感交流如果能够在一段时间内顺利进行，双方就有可能进入更加密切的阶段——稳定交往阶段，成为亲密朋友，可以分享各自的生活空间、情感、财物等，自我表露更深更广，相互关心也更多。一般来说，能够达到这种境界的关系相当少，这种关系也就是人们常说的"人生得一知己，千古知音最难觅"。

案/例

佳琪的人际舒适圈

在心理学课上，老师给大家介绍了舒适圈的理论，并让大家思考自己的人际舒适圈有多大，并给大家留了课外作业——画出你的人际舒适圈，并和身边的同学分享与交流。521 宿舍的 4 位同学都陷入了自己的思考。佳琪画完了自己的人际舒适圈，圈里是她很熟悉的人，有自己的爸爸、妈妈，有自己的好朋友，还有现在宿舍的同学。看到这些名字，她感到很亲切、很温暖，但感到自己的人际舒适圈还是很单一。佳琪心想：自己的人际舒适圈可不可以更大一些呢？晶晶的名字跳到佳琪的脑海中。其实刚进这个宿舍的时候佳琪是最先认识晶晶的，她对晶晶身上的那种自信和上进很欣赏。佳琪感觉晶晶这一段时间似乎都在躲着大家，她心想：大家毕竟要在一个宿舍过好几年呢，这种状况能改善吗？还是和木兰、小奇她们聊聊吧。

与此同时，晶晶在图书馆也陷入了思考：一个人固然有一个人的精彩，可是自己何尝不知道"一份痛苦，两人承担，是半份痛苦；一份快乐，两人分享，是两份快乐"的道理呢？

人际关系的建立和维护是一个人的个人能力的体现，需要经历一个过程，这个过程是一个不断打破自己的人际舒适圈的过程。所谓的"舒适圈"，意思是所有人都活在一个无形的界线里，在这个界线里有自己熟悉的环境，与认识的人相处，做自己会做的事。总而言之，在界线内我们感到很舒服，反之，当走出界线时我们就会感到不舒服，很自然地想要退回到界线内。这个界线内的部分就是一个"舒适圈"。一个没有自信的人，舒适圈很小，总是怕被拒绝，因此不愿主动走出去与人交往。敢于冒险、敢于对没有十足把握的事情说"Yes"，就是踏出自己的舒适圈的行为。

三、安全与亲密：人际关系的主要功能

1. 满足本能的安全感

强调本能作用的心理学家认为，人的交往是一种本能，是在个人发展进化过程中逐渐形成的适应社会生活的能力，它通过遗传直接传递给后代。例如，人类的祖先古猿的自我保护能力很低，与许多野兽相比，它们的体力较弱，奔跑的速度较慢，没有尖利的爪子和牙齿抵御外敌，古猿必须采取集体行动，依靠大家的力量抵御外敌的侵害，依靠集体的智慧维持种族的繁衍和发展。无论是灵长类动物，还是人类，都存在与其他个体进行交往的本能需要，而且这种本能需要的满足与否，还进一步影响个体的健康成长和发展。只有在与他人的正常交往中，保持一定的情感联系，形成亲密的人际关系，人们才会有安全感。

2. 克服孤独建立亲密感

埃里克森提出的人生发展 8 阶段理论中提到成年早期（18 ~ 25 岁）最突出的发展主题是亲密对孤独的冲突。处于这个阶段的年轻人开始寻求一种特殊的关系，通过这种关系来发展他与其他人的亲密感，并在情感方面得到成长，亲密感发展的结果一般是结婚，或是对另一个人的爱的承诺，但也可能有别的结局。在这一阶段不能与其他人形成良好的亲密感的人，就会面临孤独感，他们可能经历了很多次肤浅的交往，从来没有在真正的密切关系中获得情感满足，有些人甚至回避情感承诺。独身生活方式可能有其方便之处，在一段时间里可能令人愉快，但假若一个人不能超越这种生活方式，就会导致情绪和个人满足感发展的严重滞后。

埃里克森认为只有具有牢固的自我同一性的青年人，才敢于冒与他人发生亲密关系的风险。一个人与他人发生爱的关系，就是把自己的同一性与他人的同一性融合为一体，这里有自我牺牲或损失，只有这样才能与其他人建立真正亲密无间的关系，从而获得亲密感，否则将产生孤独感。

四、不一样的我：人际沟通分析理论

加拿大心理学家艾瑞克·伯恩于 1964 年在《人间游戏》一书中，提出了人际沟通分析理论。该理论认为个人的个性是由 3 种比重不同的心理状态构成的，这 3 种心理状态是父母（Parent）、成人（Adult）、儿童（Child）。这个理论又称为"人格结构的 PAC 分析"，如图 6-2 所示。不同的情境下，我们在人际交往中表现出父母、成人或儿童的人格特点。

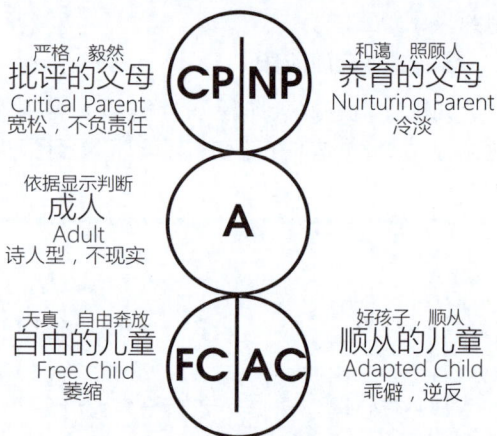

图 6-2　人格结构的 PAC 分析

"父母"状态：指我们从父母或其他人那里复制的思想、情感和行为，以权威和优越感为标志，通常表现为统治、训斥、责骂等家长作风。父母自我状态又分为：批评的父母（Critial Parent，CP）和养育的父母（Nurturing Parent，NP）（见图 6-2）。一个人处于批评的父母状态时，常常会表现出教育、批评、教训、控制的一面；而处于养育的父母状态时，则常常会表现出温暖、关怀、安慰、鼓励的一面。当一个人的人格结构中父母状态成分占优势时，典型的表达是"你应该……""你不能……""你必须……"。

"成人"状态：表现为注重事实根据和善于进行客观理智的分析。这种人能根据过去的经验估计各种可能性，然后做出决策。当一个人的人格结构中成人状态成分占优势时，典型的表达总是"我个人的想法是……"。

"儿童"状态：当一个人以儿童自我状态与人交往时，他的情感、思考和行为等就会表现得像孩子一样冲动。儿童自我状态又分为：顺从的儿童状态和自由的儿童状态。处于顺从的儿童状态的人听话、服从、讨好、友爱，内心常常充满自责、担心、焦虑和自罪；处于自由的儿童状态的人则往往表现为活泼、冲动、天真、自发行动、贪玩、富于表情、爱憎分明等，像以自我为中心的儿童一样追求快感并能充分表达自我的感情。当一个人的人格结构中儿童状态成分占优势时，典型的表达总是"我猜想……""我不知道……"。

从人际沟通分析理论的角度看，人与人之间的交往就是人们各自的"3个我"之间的交往。最理想的相互作用是成人刺激 —— 成人反应。一个心理健康的人就是能在恰当的时间和地点使用恰当的自我状态的人。

课/堂/练/习

不同人际关系中的我

运用人际沟通分析理论分析自身的人际关系，在表6-1中填写"3个我"分别在不同的人际关系中占据的比例，并写出自己的感觉。

表 6-1 "3个我"

	父母我	成人我	儿童我
亲子关系			
师生关系			
同学关系			
朋友关系			
恋爱关系			

第二节

解读人际密码——人际关系的影响因素

本节视频

案/例

剧里剧外

话剧社的一部话剧被选为学校元旦文艺汇演节目，马上就要在学校大礼堂公演了。

据说这次入选的话剧由话剧社的知名编剧小娇亲自操刀撰写，话剧社精英历时一个月排练而成，可谓话剧社的重头大戏了。521宿舍的同学们充满对话剧的热情，虽然这次只是幕后服务人员，但大家内心早就翘首以盼了。为了公演时的观赏效果，这次剧目的彩排一直对外保密，只有话剧社的骨干成员参加。佳琪从张帅那里得知内情，剧目叫《那些年我们一起看的风景》，张帅还慷慨地给了佳琪4张门票。票一拿到宿舍，小奇和木兰兴奋地一人取了一张，佳琪自己留一张，还有一张票，晶晶还没回来。佳琪有一点犹豫，晶晶会不会接受呢？要怎么给她呢……

如期公演的话剧以校园生活和职场转换为背景，讲述了几个同龄人的昨天、今天和明天，青春的美好与时光的流逝、奋斗的艰辛与收获的喜悦、友谊的曲折与美好、成长的失落和未来的憧憬，这部话剧深深打动了521宿舍全体成员的心。尤其是高潮部分几个朋友毕业分离在即，对酒当歌，手拉手唱起《干杯朋友》时，521宿舍成员的内心也悄悄地被拉近了。

曾有人在大学中做过一个关于心里话会选择向谁说的调查，大部分大学生的答案是选择向同学、朋友讲，可见大学生很看重人际关系。大学校园是产生友谊的沃土，大学时光是沉淀友情的最好年华，大学生应该了解人际关系的影响因素，以便处理好自己与同学、朋友之间的关系。

一、人际吸引：人际关系的万有引力

人际吸引是人与人之间的相互接纳和喜欢。人究竟为什么喜欢别人或为别人所喜欢呢？人与人之间产生吸引力的基本假设是：他人的出现对我们而言有奖赏意义。人际奖赏包括直接奖赏和间接奖赏。直接奖赏指他人提供给我们的所有显而易见的愉悦，包括赞赏、认可、鼓励、喜爱、物质利益等。间接奖赏指他人提供给我们很多不易觉察的因素的影响，这些因素与人们外在的亲切、俊美的长相或怡人的个性有间接的关联。

社会心理学家在人际吸引领域的研究发现，人际吸引力主要包括个人吸引力和相互吸引力两大类别。其中个人吸引力来自外貌、才能和人格品质；相互吸引力来自熟悉度、相似性、互补性等方面。

1. 个人吸引力

（1）外貌：容貌、体态、服饰、举止、风度等个人的外在因素在人际交往中的作用是很大的。尤其是在交往的初期，好的外貌容易给人良好的第一印象。外貌能产生光环效应，即人们倾向于认为外貌出众的人也具有其他的优秀品质，虽然实际上未必如此。

（2）才能：一般来说，人们比较喜欢聪明能干的人，特别是有某些特长的人，会增加人际吸引力。同时，能力或才华与外貌具有互补性。一个相貌一般的人，如果才华出众，或者具有某方面的特长，其能力因素就会产生人际吸引，相貌劣势可以被他人忽略或接受。才能一般会增加个人的吸引力，但如果这种才能对别人构成社会比较的压力，让他人感受到自己的无能和失败，那么才能不会对吸引力有帮助。有研究表明，有才能的人如果犯一些"小错误"，会增加个人吸引力。

（3）人格品质：人格品质是影响吸引力的最稳定因素，也是个人吸引力的重要因素之一。美国学者安德森研究了影响人际关系的人格品质，主要研究结果如表6-2所示：排在序列前面、被喜爱程度高的6种人格品质是真诚、诚实、理解、忠诚、真实、可信，它们或多或少、直接或间接同真诚有关；排在序列后面、被喜爱程度低的品质如说谎、装假、不老实等也都与真诚有关。安德森认为，真诚受人欢迎，不真诚则令人厌恶。

表 6-2 影响人际关系的主要人格品质

积极品质	中间品质	消极品质
真诚	固执	古怪
诚实	刻板	不友好
理解	大胆	敌意
忠诚	谨慎	饶舌
真实	易激动	自私
可信	文静	粗鲁
智慧	冲动	自负
可信赖	好斗	贪婪
有思想	腼腆	不真诚
体贴	易动情	不善良
热情	羞怯	不可信
善良	天真	恶毒
友好	不明朗	虚假
快乐	好动	令人讨厌
不自私	空想	不老实
幽默	追求物欲	冷酷
负责	反叛	邪恶
开朗	孤独	装假
信任	依赖别人	说谎

注：自上而下方向，人格品质受欢迎的程度逐渐递减。

2. 相互吸引力

（1）熟悉度：交往双方熟悉或交往频率高能增加互相喜欢的程度。美国心理学家扎琼克在 1968 年曾经进行过交往频率与人际吸引的实验研究。他将被试者不认识的 12 张照片随机分成 6 组，每组 2 张，按以下方式展示给被试者：第一组照片展示 1 次，第二组照片展示 2 次，第三组照片展示 5 次，第四组照片展示 10 次，第五组照片展示 25 次，第六组照片不做展示。在被试者看完全部照片后，扎琼克再出示全部照片，要求所有被试者按自己喜欢的程度将照片排序，结果发现一种极明显的现象：照片被看的次数越多，被选择排在前面的机会也越多。可见，彼此接近、常常见面，的确是建立人们良好人际关系的必要条件。

（2）相似性：人们往往喜欢与自己相似的人交往。这里所说的相似性不是指客观上的相似性，而是人们感知到的相似性。曾有一项关于人际关系的实验：研究者让互不相识的 17 名大学生住在同一间宿舍里，对他们的亲密化过程进行了近 4 个月的追踪研究。结果发现，在见面初期，空间距离近的大学生成为好伙伴；随着时间的推移，在信念、价值观、个人品质上相似的人逐渐成为好朋友。

（3）互补性：人们喜欢那些与自己个性品质相反的人。选择与自己个性品质相反的人交往可以起到双方互补的作用，相互满足需要。互补性看似与相似性是矛盾的，但从角色作用的观点看却是一致的。例如，支配型男性和顺从型女性在对男女关系中男女角色的看法上是一致的，他们认为男性应起支配作用，女性应当顺从。

二、心理效应：人际交往中的微妙现象

社会心理学研究表明，在人际交往中，个人对交往对象的认知、印象、态度以及情感等，都会直接影响到他们的人际关系。个人对人际交往中的心理效应的把握有助于建立良好的人际关系。

1. 首因效应

首因，即最先的印象，或称第一印象。在人际交往中，最初的印象对后来交往的影响，就是首因效应。在现实生活中，首因效应所形成的第一印象常常影响着我们对他人以后的评价和看法，它影响着今后的交往活动。心理学家做过这样的实验：让被试者看两种性格类型，性格 A 为聪明、勤奋、易冲动、爱批评、顽固、嫉妒心强，性格 B 为嫉妒心强、顽固、爱批评、易冲动、勤奋、聪明。实验的结果表明，人们对性格 A 有好印象。其实性格 A 和性格 B 的内容完全一样，只是顺序变换了一下，但结果却完全不同。

在交友、招聘、求职等社交活动中，大学生可以利用首因效应，给他人留下良好的印象，为日后的交流打下良好的基础。

2. 近因效应

近因，即最后的印象。近因效应，指在人际交往中，对方的最后的印象对个人认知产生的影响。最后留下的印象，往往是最深刻的印象，这也就是心理学上所阐释的后摄作用。例如，多年不见的朋友，在自己的脑海中印象最深的其实就是临别时的情景；一个朋友总是让你生气，可是谈起生气的原因，大概只能说上最近的两三条，这也是一种近因效应的现象。

第一印象产生的"首因效应"，一般在交往初期，即双方还生疏的阶段，特别重要。而在交往后期，就是在双方已经十分熟悉的情况下，近因效应对人际关系就发挥了更大的作用。大学生在与他人进行交往时，既要注意平时给对方留下的印象，又要注意给对方留下的第一印象和最后印象。

3. 光环效应

光环效应指个人在对别人做评价的时候，常喜欢从或好或坏的局部印象出发，扩散出全部好或全部坏的整体印象，就像月晕（或光环）一样，从一个中心点逐渐向外扩散成为一个越来越大的圆圈，所以有时也称为晕轮效应或月晕效应。所谓"情人眼里出西施"，说的就是这种光环效应。

光环效应常使人犯"以偏概全""爱屋及乌"的错误。在与人交往时，大学生可以采用先入为主的策略，让对方了解自己的优势，以获得对方积极的评价。

4. 自我暴露效应

在人际交往中，个人一定程度的自我暴露对双方交往产生的影响，就是"自我暴露效应"。当自己表露情感时，对方却讳莫如深，不和你交心，你怎会对他产生亲切感和信赖感？相反，当一个人向你表白内心深处的感受时，你会感受到对方的信任和渴望沟通情感的愿望，你和他的心理距离就会拉近。情感纽带下结成的关系，往往要比暂时的利益关系更加牢固。那些对任何人都不做自我暴露的人，当然无法得到深厚的友谊。

通常一个人对陌生人、熟人和亲密朋友，在自我暴露的广度和深度上是明显不同的。一个人了解别人在怎样的层次上暴露自己，可以很好地了解别人对于自己的信任和接纳的程度，了解自己同别人关系的状况。当然，一个人对别人的信任和接纳程度如何，也可以通过自己没有顾虑地对别人暴露的层次来了解。一个人自我暴露的层次越深，说明与对方在一种关系上卷入的程度也越深，与对方的关系也越好。

5. 互惠效应

互惠效应指在人际交往中个人总觉得应该尽量以相同的方式回报别人为自己所做的一切。一位大学教授做了一个小实验：他给随机抽样挑选出来的一群素不相识的人送去了圣诞

卡片。虽然他也估计会有一些回音，但随后所发生的事情还是大大出乎他的意料——那些素未谋面的人寄来的节日贺卡，像雪片一样飞了回来，大部分给他回赠卡片的人根本就没有想打听一下这个陌生的教授是谁，而是收到卡片就自动回了一张。这个实验规模虽小，却巧妙地证明了人际交往中的互惠效应。

在生活中，我们正是不知不觉地按照"互惠效应"在行事。如果有人帮了我们一次忙，我们也会想着要帮他；如果有朋友送了我们一件生日礼物，我们也应该记住他的生日，届时也给他买一件礼品。正是由于互惠效应，人们间的交往才有取有予，有来有往，共建融洽和谐的关系。

除了以上心理效应，还有投射效应、定势效应、刻板效应等人际效应。

案 / 例

你什么时候有被世界温柔对待的感觉？

来自网友的分享：我上初中时，有一次自行车突然掉链子，于是停下来折腾了很久。这时候一个学姐走到我面前，问了我一句："需要帮忙吗？"从此，我就立志考上她所在的高中，虽然我不知道她的名字，也忘记了她的长相，模糊了她的声音，但是我记得那身校服。两年之后我如愿考进了那所高中。

三、人际信任：开放的冒险之旅

1. 什么是人际信任

人际信任是个人在人际互动过程中建立起来的对交往对象的言词、承诺以及书面或口头陈述的可靠程度的一种心理期望。早在《论语》和《吕氏春秋》等传统典籍中就有对人际信任的解释和记载，例如"民无信不立""人而无信，不知其可也"。研究者认为，人类所表现出的互相信任存在生物进化的基础，是人类在社会进化过程中产生的一种双赢的心理机制。

人际信任产生于人际互动中，是一个动态的过程，会随着时间而变化。人际信任水平对大学生的人际关系有重要的影响。在关于人际信任影响因素的研究中，哈丁指出，信任过程受到信任者本身、被信任者特点以及二者之间关系的影响和制约。通常人们更容易信任自己熟悉的人，对未来持乐观态度的人更容易信任他人，积极的过往人际经验也使个人更易于信任他人；而人际信任水平高的人敢于敞开心扉，开启人际拓展的冒险之旅，他们的人际关系通常良好。

2. 如何提升人际信任能力

（1）有选择性地自我暴露

当一个人开始自我暴露时，这便是信任关系建立的标志；而对方以同样的自我暴露水平做出反应，这是接受信任的标志。人际关系越好，双方对彼此的信任程度和接纳程度就越高，自我暴露得也越多。可以说，自我暴露是人际关系信任水平的标志。但自我暴露也伴随一定的风险，所以对自我暴露的内容和程度要有选择性地进行，要看交往的对象而定。

（2）理解他人的真实需求

个人要站在他人的立场，理解他人的真实需求，在他人需要的时候给予恰当的帮助。如果一个人喜欢梨，你给他一车苹果又能怎样？个人在理解事情的时候，要对他人的行为进行多角度的思考与观察，避免片面的主观臆断，双方之间的信任感自然会得到提升。个人只有真正地理解他人，才能架起与他人之间信任的桥梁。

（3）对人对己诚实守信

个人要注重自身的诚信行为，诚实守信是获得信任的前提。个人一旦许诺对方则要做好充分准备，不惜代价去达到。实在不能达到承诺时，个人就暂时承受信任度降低的后果，而后再设法恢复、重建信任。个人对外界的信任，是对自己的信任向外投射的结果。个人对自己的真实，日积月累，就会变成对他人的诚实。

（4）勇敢迈出信任的步伐

个人无论是信任或被信任，都是需要勇气的。在这个世界上，没有绝对值得信任的人和事，只要有信任，就伴随一定程度的风险。心理健康的人会模糊处理这一问题，只要有大部分的把握，就选择完全的信任，并在此基础上做该做的事情；而心理健康欠佳的人，则会过分看重没有把握的那极小部分，使行为变得迟疑不定、患得患失。

第三节

走出人际孤岛——高职大学生人际关系问题及调适

本节视频

案/例

独行侠小飞

小飞是一名大二男生，是一个喜欢独来独往的人，在一次心理课堂上却一下子让全班同学记住了他。老师布置了一个关于"你的人际网络系统"的课堂练习，并请同学们当场分享。小飞的分享非常特别，他的人际网络系统里只放了一个人，那就是他自己。在他看来，与人交往是没有意义的，一个人做事效率会更高；生命有限，时间宝贵，要用有限的时间去做更有意义的事。同学们知道小飞的这个想法后，感觉他是个以自我为中心的人，太过自负和自私，因此大家都远离了他。班级推荐入党积极分子，小飞也落选了。小飞独自找到心理老师倾诉心中的困惑，他不明白为什么大家都孤立自己。

在心理老师的帮助下，小飞意识到自己的错误，并打算积极改正。

人际网络的重要性不光是其实用价值，还包括精神价值。美国作家柯达曾说过："人际网络非一日所成，它是数十年来累积的成果。如果你到了40岁还没有建立起应有的人际关系，麻烦就大了。"

一、问题面面观：大学生人际关系的困扰

从心理咨询和大学生的日常生活中不难发现，有的大学生缺乏人际交往技巧和人际

交往经验，有的大学生因性格内向或对人际交往的认知偏差等原因，导致人际关系紧张。大学生人际关系常见的困扰表现为不敢交往、不愿交往和不善交往。

困扰—— 网络交往代替现实交往

假期里，佳琪听妈妈说起邻居张阿姨家的儿子小吴。已经大三的小吴因为在学业上受了挫折，变得很内向，再也无法融入同学中，于是一天到晚地上网。身边人劝他时，他有自己的上网理由："我喜欢泡在网上，因为在网上可以给我更好的感觉，没有人看不起你。我在网上交了许多朋友，有的朋友甚至会打电话来称赞我，说我有个性，说我幽默。在网络上我似乎找到了我要找的东西。"但他也有上网的困扰："我不知道网络对人格发展究竟有没有影响。在网络上，一方面一个人的性格可以得到极度的张扬；另一方面，一个人很多时候表现出来的又不是现实生活中真实自我的性格。我也担心自己会更加脱离现实。"

1. 不敢交往

如同案例中的小吴，很多在现实交往中受挫的大学生会转向网络寻求心灵的安慰。网络以其匿名性、隐蔽性、便捷性为大学生孤独的心灵搭建了通往外界的桥梁，拓展了他们与世界的联系。然而网络交往并不能取代现实交往，如果一个在网络中如鱼得水的人在现实中却寸步难行，恐怕这个人无法适应社会。

在人际交往的实践活动中，人们都存在不同程度的恐惧心理，只是每个人的反应程度不同。

有一部分大学生在这方面反应特别强烈，由于害羞、自卑等心理的作用，在与人交往时显得特别紧张，例如会心跳气喘、面红耳赤，两眼不敢正视对方，交谈时显得语无伦次、词不达意。这些大学生尤其在人多的场合或者在集体活动中更感到恐惧，不敢与人打交道，不敢表现自己。严重的大学生会患上了社交恐惧症。

2. 不愿交往

下面这个案例来自一个论坛，看后你是否得到一些启发？

性格内向不喜欢与人交往，是不是注定要被淘汰？

我与同事总是保持着距离，始终信守着君子之交淡如水的原则，不愿和别人有过于亲密的交往。我性格内向，从心底里和行动上一直不愿与外界有过多交往，只希望自己一人顺着心意关门过日子。前两天，有人辗转托我帮忙，我因为与单位的人交往很淡，就回绝了。后来听中间人聊起，那个人说："这样的性格不行的，应该改。"明知道自己不愿去拉朋结友，不愿过多涉入人际交往中，但听到这样无端的评价，不免心中烦愁。我是不是注定要被淘汰？

回帖 1：这样的性格确实不太能融入现在的社会，会阻碍自己的发展。虽然本性难移，但还是要努力改变。

回帖 2：读书时可能凭自己的用功就可以，上班肯定不行，人际交往很重要。

回帖 3：我也是这种性格，难道注定是被淘汰的命运？

正如案例中的"我"，有一部分高职大学生因为与人交往的成功经历较少，或者是性格过于内向，或者是成长环境带来的冷漠，他们在现实中缺乏交往的愿望和兴趣。他们自我封闭、孤芳自赏，但又特别敏感，心理承受力差，独来独往，不愿抛头露面，不愿与人交往。在高速发展的信息化社会，这部分大学生似乎显得不那么合群。是跟着内心的感觉走还是顺应社会的大趋势？是保持内心的宁静还是勇于突破自我？这是每个高职大学生不容回避的问题。

案/例

人际关系僵化，无法继续学业

张帅的同班同学小林，性格十分内向、孤僻，不善言谈，很少与人交往。

入大学一年多来，他和班上的同学很不融洽，跟同宿舍的人曾经发生过几次不小的冲突，关系相当紧张。后来他竟擅自搬出宿舍，与外班的同学住在一起。从此，他基本上不和班上的同学来往，集体活动也很少参加，与同学的感情淡漠，隔阂加深。他认为自己没有一个能相互了解、相互信任、谈得来的知心朋友，常常感到特别孤独和自卑。经常性的失眠和头痛使他精神疲惫，体质下降，学习效率极低，成绩急剧下降，考试竟出现了不及格的现象。他失去了坚持学习的信心，开始厌倦学习，厌恶同学和班级。于是，他不听老师的劝告，也不顾家长的劝阻，坚持要求休学。

3. 不善交往

如同案例中的小林，有的高职大学生不善于了解和掌握交往的一些知识、技巧，由于交往方法欠妥、交往能力有限、个性缺陷或交往心理障碍等原因，在交往过程中既不了解自己，又不了解别人，导致交往失败。例如，有的高职大学生由于认知偏见产生了理解障碍，不注意交往中的"第一印象"，不注意沟通方式，在劝说他人、批评他人、拒绝他人时不讲究艺术；有的高职大学生在与人交往的过程中，不注意交往的原则，开玩笑不注意场合，不懂得尊重对方的风俗习惯，或不懂装懂、夸夸其谈等。这些表现都有损于自身形象的塑造，影响了同学之间进一步的交往。

二、秘密武器：大学生人际交往技巧

1. 善用奖赏：赞美的技巧

赞美，在人际交往中可以拉近人与人的距离。美国学者布吉林教授等人曾经提出一条在人际交往中成为受欢迎的人的"三A"法则。第一个A（Accept）：接受对方。第二个A（Appreciate）：重视对方。第三个A（Admire）：赞美对方。大学生在人际交往中，对他人的赞美应从具体的事入手，善于发现别人哪怕是最微小的长处，并不失时机地予以赞美。赞美用语越翔实、具体，越说明你对对方越了解，对他的长处和成绩越看重。让对方感受到你的真挚、亲切和可信，你们之间的距离就会越来越近。

2. 学会拒绝：情商大考验

高职大学生在日常人际交往中难免遇到不符合自己意愿的要求，为了不委屈自己，要学会拒绝。恰当、得体、不伤害的拒绝无疑是对个人情商的一种考验。拒绝的能力往往与自信紧密联系，缺乏自信和自尊的人常常为拒绝别人而感到不安，而且有一种别人的需求比自己的更重要的倾向。下面分享5个建议。

（1）简单回应。如果你要拒绝，就应坚决而直接。使用短语拒绝，如"感谢你看得

起我，但现在不方便"或"对不起，我不能帮忙"。尝试用你的身体语言强调"不"，无须过分道歉。

（2）给自己一些时间，你会更有信心去拒绝别人。

（3）区分拒绝与排斥。记住你是拒绝请求，而不是排斥一个人。

（4）不要感到愧疚。你有拒绝的权利，就像他们有权利要求你帮助一样。有时拒绝别人是让他们学会为自己负责。

（5）做回自己。要明确和坦白什么是你真正想要的，要更好地认识自己。

3. 提高共情能力：我心同你心

共情能力是能够理解别人的想法、感受，并将这种理解和感受反馈给对方的能力。

共情能力不仅仅是个人心理活动的表现，还是一个生理过程的表现。很多时候一个人会说别人无法感受自己的行为，其实不是的，当他打哈欠的时候，身边的人可能会被感染，也会打哈欠；当他展现笑脸的时候，身边的人也会不由自主地展现笑脸。人体神经系统中有一群被称为"镜像神经元"的神经元细胞，它可以让人们体验到别人的情感。

心 / 理 / 自 / 测

积极共情能力评估

在表6-3中，对自己的积极共情能力进行评估。

表6-3　积极共情能力评估

题目	完全不符合 1分	有点符合 2分	比较符合 3分	符合 4分	非常符合 5分
当别人得到惊喜时，看到他们的反应我会很兴奋					
当我看到别人微笑时，我会情不自禁地跟着微笑					
如果我不理解别人为什么兴奋，我会试着想象他们的处境，去理解他们的想法和感受是什么					
当别人情绪很高时，我也会情不自禁地兴奋起来					
当别人在某件事情上取得成功时，就算我觉得这不怎么重要，但我仍能理解他们为什么开心					
当人们谈论自己的希望和梦想时，我常常希望他们能实现这些希望和梦想					
当我跟其他兴奋的人在一起时，我也常感到兴奋					

计分方式：根据自己与题目叙述的符合程度进行评分。填完后，将所有分数相加。

结果解释：积极共情能力评估分数反映了个人理解他人积极情绪的程度以及体会和分享他人积极情绪的能力。分数越高，意味着个人理解和体会他人积极情绪的能力越高。

研究发现，积极共情能力高的人，他们的人际关系质量更高，对人际关系更满意，更能体验到亲密感和信任感，他们的幸福感也更高。他们能够从分享他人的积极情感中获益，他们会有更多的积极情绪，对生活的满意度也更高。此外，积极共情能力能够提升人们的个人资源（例如韧性），让人们更好地迎接生活的挑战和机遇。

共情能力也是可以通过训练来提高的，方法如下。

（1）个人愿意

你是否真的愿意去理解他/她？去关注他/她所说的？去体会他/她的感受？

如果是，那么恭喜你，你已经迈出了提高共情能力的第一步。

（2）倾听

倾听是共情能力的基础。个人只有了解了对方在说什么，才能更好地理解对方，因为自己的想法往往会阻碍自己理解对方。

当你的朋友在向你诉说一件最近遇到的烦心事的时候，你只需要静静地倾听，不要发表自己的意见，只用"嗯""哦""这样"等简单的方式回应你的朋友，表明你在听。等朋友诉说结束后，你可以向朋友反馈你所听到的内容，看看他的反应如何；如果他愿意继续跟你谈论，那么恭喜你，你的倾听能力有进步了。

（3）关注情绪

非言语信息往往比言语更能准确地告诉人们对方的真实感受，因此，你需要学会准确地识别情绪，以便更好、更真实地理解对方，快速地抓住对方想表达的重点。

（4）换位思考

你要尽可能站在他人的角度来考虑问题。设想如果自己处于对方的情境，会怎么想、怎么做、有什么样的感觉，用对方的思维来考虑问题。要做到这一点，你需要真正地了解对方的处境、遭遇、背景等。

（5）将你的理解和感受反馈给对方

你在理解别人的想法和感受后，还应该学会反馈。你要将积极正面的情绪带给别人，这样不仅能使自己的人际关系质量更高，而且自己的主观幸福感也会更高。

技/能/学/习

共情能力训练

你可以与几个同学、室友或朋友一起来做这个练习。

（1）提前准备若干张写有情绪名称的卡片，例如喜悦、愤怒、哀伤、抑郁、愧疚、委屈、伤心、害怕、担心、焦虑等。

（2）大家围坐成一圈，每人抽一张卡片，只能自己看卡片上的词语，不要让其他人看到。

（3）每个人围绕自己抽到的卡片上的情绪词语，依次讲一个发生在自己身上的故事。在这个故事中，自己清晰地体验到了这种情绪。

（4）在一个人讲完故事后，其他人可以反馈以下3个问题：①当我听到他讲的故事时，我有哪些感受？②我猜他抽到的词语是什么？③我说些什么能够让对方感到被理解？

（5）反馈者对故事表达的情绪与讲故事者进行核实，讲故事者也可以就哪种反馈最能打动自己进行再反馈，在互动中检验彼此的共情能力。

三、友情保卫战：大学生人际交往问题的调适

1. 做最真的自己

人们的人际交往特点与自身的性格特征密不可分。有人偏外向一端，有人偏内向一端。其实这两种性格类型在交往中各有特点，也各有优缺点，如表6-4所示。在未来的职场中，大学生只有用对自己的性格优势，做真实的自己，才能在人际交往中得心应手。

表6-4　外向者和内向者在交往中的特点

外向者在交往中的特点	内向者在交往中的特点
喜欢表达，即便谈话对象是陌生人	喜欢倾听
喜欢亲自参与进去	喜欢观察事物，洞察力强
坦率、随和、乐于助人、开放、轻信、适应能力强	安静、有耐心、富于想象、爱思考、害羞、防御性强、易敏感
广泛结交朋友	只是将关系较深的人视为朋友
高调，喜欢表现，易与人产生冲突	低调，不露锋芒，不易与人产生冲突

2. 提高人际关系自我效能感

班杜拉最早提出自我效能感理论，其对自我效能感的定义是人们对自身能否利用所拥有的技能去完成某项行为的自信程度。后来有人把这个理论用在人际交往上，提出人际关系自我效能感的概念，并围绕这个概念开展了研究。有研究者对大学生进行问卷调查发现，大学生的人际关系自我效能感总体水平不高。

那么，如何提高人际关系自我效能感、增强交往中的自信呢？乔治·霍仑贝克和道格拉斯·霍尔的研究表明，我们的自信感来自真实的经历、模仿他人、社会比较、社会劝说和情绪唤起这5种信息源。基于此，人际关系自我效能感的提高也有章可循：

（1）回忆以往成功交往的经验；

（2）学习他人在人际交往中的优秀表现；

（3）与自己相似的朋友对比；

（4）主动寻求朋友的指点和鼓励；

（5）保持积极的情绪状态。

3. 积极行动

有这样一个例子，可以很好地说明"积极行动"的重要性。在一场生动的心理学课上，授课老师站在讲台上说："现在布置一个任务给大家。"然后他从口袋里拿出事先准备好的钢笔，问大家："从我手上拿走这支笔，有几种方法？"正当大家叽叽喳喳地讨论时，突然一个人走过来，二话没说，伸手就把笔拿了过来。这时大家恍然大悟，原来把笔拿走只有一种方法——行动。同样，想拥有良好的人际关系，行动才是关键。

（1）开拓行动

结交朋友会让人更快乐。心理学家迪纳与塞利格曼曾在一群大学生中做过一项研究，结果显示，在感到快乐和不忧郁的大学生中有10%的人有一个共同特征，就是都有亲密的朋友与家人，并花时间与他们共处。迪纳总结说："要想追求快乐，就应该培养社交技巧、建立亲密的人际关系与人际支援。"大学生应该多参加班级、学校的活动，扩展自己的人际交往范围。在与朋友交往中，大学生应该真诚地表露自己，同时对他人的真诚表露给予回应。大学生要把希望建立良好人际关系的愿望转化为行动。

（2）充值行动

你知道"情感账户"吗？当然这是一种隐喻，但不论你是否意识到，在人们初次相识时，彼此之间就开设了账户。柯维博士指出："透过人际关系的存款，你可以建立自己与他人的安全感和信任感，也激发出正直、创造、自律等品质。"每个人心里都有一个

账户，每一次你让对方开心，做了一些让对方高兴的事，就是在对方的账户里存款；每次你让对方哭、受挫折、受痛苦，就是在你们的银行中提了款。大学生要常常记得为自己友谊的情感账户充值。充值方式如下。

① 共享优质的美好时光。

② 默默为他／她做一件事，不计回报。

③ 记住他／她的生日。

④ 和他／她分享你的痛苦和喜悦。

⑤ 在他／她需要的时候陪伴。

（3）感恩行动

感恩是一种积极的人格特质，有利于人们建立和谐的人际关系。积极心理学的研究认为，感恩与幸福感和人际关系有密切关系。

课/堂/活/动

感恩生命中的贵人

在表6-5中写出你以往经历中的重要人物，可以是给你积极影响的人，也可以是给你消极影响的人，以及你感恩的理由。

表6-5 感恩生命中的贵人

姓名	带给你的影响	感恩的理由

本章小结

（1）人际关系指人们在社会生活中，通过相互认知、情感互动和交往所形成行为而发展起来的人与人之间的相互关系，反映出人与人之间的心理距离。

（2）人际关系发展的4个阶段：定向阶段、情感探索阶段、情感交流阶段、稳定交往阶段。

（3）人际关系的主要功能是满足本能的安全感和克服孤独、建立亲密感。

（4）人际沟通分析理论认为，个人的个性是由"父母""成人""儿童"3种比重不同的心理状态构成的。

（5）人际吸引力主要包括个人吸引力和相互吸引力两大类别。

（6）人际交往中的心理效应主要有首因效应、近因效应、光环效应、自我暴露效应、互惠效应。

（7）人际信任是个人在人际互动过程中建立起来的对交往对象的言词、承诺以及书面或口头陈述的可靠程度的一种心理期望。

（8）人际信任是一场开放的冒险之旅。有选择性地自我暴露、理解他人的真实需求、对人对己诚实守信和勇敢迈出信任的步伐可以提升人际信任能力。

（9）大学生人际关系常见困扰：不敢交往、不愿交往、不善交往。

（10）人际交往技巧：善用奖赏、学会拒绝和提高共情能力。

（11）大学生人际交往问题调适：做真实的自己，提高人际关系自我效能感，积极行动。

思考题

521 宿舍的晶晶因为外在的竞争，一度与室友拉开了距离。自尊心过强的她一方面独来独往，另一方面又渴望融入大家，具体情况请参见本章引导案例"宿舍那点事"。如果你是晶晶，你该怎么办呢？

_____ 。

如果你是晶晶的室友，你又该如何呢？

_____ 。

推荐资源

（1）书籍：《非暴力沟通》，马歇尔·卢森堡著。

著名的马歇尔·卢森堡博士发现了神奇而平和的非暴力沟通方式。非暴力沟通能够疗愈内心深处的隐秘伤痛，超越个人心智和情感的局限性，突破那些引发愤怒、沮丧、焦虑等负面情绪的思维方式，用不带伤害的方式化解人际间的冲突。

（2）电影：《社交网络》。

《社交网络》根据本·麦兹里奇的小说《意外的亿万富翁：Facebook 的创立，一个关于性、金钱、天才和背叛的故事》改编而成。2003 年秋，哈佛大学的天才学生马克·扎克伯格被女友甩掉，愤怒之际，马克·扎克伯格利用黑客手段入侵了学校的系统，盗取了校内所有漂亮女生的资料……Facebook 的名气越来越大，马克·扎克伯格的财富与日俱增。然而各种麻烦与是非接踵而来，昔日的好友也反目成仇……

《社交网络》是一部属于年轻人的电影，它记录了这个时代最大的一次变革：交往方式的变革。该电影还把握住了当代年轻人心里的潜流，把友谊、野心、背叛这些主题放进影片里，让这个故事更具有普遍性、复杂性和现实性。

第七章

成长必修课
——高职大学生健康恋爱及性心理的培养

爱情是每个青年人都憧憬和向往的，也是高职大学生很关注的话题。据调查，有三分之二的高职大学生谈过恋爱。恋爱对于高职大学生来说既熟悉又陌生，熟悉的是自己或者周围总会有人在谈恋爱，总会有人述说恋爱中的开心浪漫和烦心事儿，陌生的是从未有人教过自己恋爱该怎么谈、性究竟是怎么回事。本章将为高职大学生解开这些疑问。本章的学习目标如下：

- 了解高职大学生恋爱心理发展的规律、特点；
- 了解性心理的发展和高职大学生性心理的特点；
- 掌握高职大学生性心理问题及调适的方法。

引/导/案/例

班里的四大美女

佳琪所在的班级美女很多，其中晶晶、小曼、杨丽和小菲被班里的男生封为班级"四大美女"。

晶晶是个外冷内暖的美女，对男生很冷漠，男生们都怕接近晶晶，不太敢和她说话。晶晶的爱情观点是"宁为玉碎不为瓦全"，绝对不可以将就。她把男朋友的标准定得很高。

小曼身材高挑，打扮精致，追求小曼的男生很多。她选择了一个比自己大8岁的已工作的学长。小曼觉得同龄人太不成熟了，很幼稚，还是找一个年纪稍长的比较现实。

杨丽不喜欢年长的男性，她更喜欢同龄人。杨丽现在没有男朋友，但是有一个"蓝颜知己"，和他可以无话不谈，经常两个人一起吃饭、一起逛街、一起去超市。杨丽心情不好的时候也会找他倾诉。但当别人问杨丽是不是谈恋爱了，杨丽立马否认。

小菲是个很可爱的美女，比较乐观开朗。和小菲关系好的男生很多，今天她和这个出去吃饭，明天和另一个出去逛街。小菲和这些男同学都是朋友，搞得别人都不知道她到底喜欢哪一个。小菲自己也很混乱：究竟自己想和谁在一起呢？

解锁爱情密码——高职大学生恋爱心理概述

本节视频

在你身边是不是也有这"四大美女"的影子？每个人对爱情的看法都不同，每个人需要的爱也不同。究竟什么是真爱？高职大学生恋爱的特点有哪些？一段好的恋爱关系包含哪些要素？怎样去提升恋爱的质量，拥有良好的亲密关系，为未来的婚姻做准备？本节将一一解答。

一、什么是爱情：爱的本质

案/例

为什么爱一个人？

有一天，话剧社刚排演完莎翁的《罗密欧与朱丽叶》，大家便七嘴八舌地探讨起了关于爱情的话题。这个话题是被小美先挑起的。小美问佳琪："你为什么跟张帅在一起啊？"

佳琪："跟张帅在一起很开心啊，跟他在一起还有一种被照顾的感觉，而且他特别懂我。"

小美又问张帅："你喜欢佳琪什么？"

张帅："喜欢就是喜欢，一看到佳琪就心动，他就是我心中的女神。"

佳琪："得了得了，别吹了，我快找不着北了。别只问我们了，你呢？说说你和江南到底怎么回事儿？"

小美："也没什么了，就是觉得江南这人很踏实。江南属于那种一旦认定了一个人，估计一辈子都不会变心的人，他说会一辈子对我好。不知道怎么回事，我就是很相信他。"

什么是爱情？有人说爱是牺牲，有人说爱是奉献，有人说爱是索取，还有人说爱是浪漫的、爱是有激情的、爱是永恒的。究竟什么是爱情？

美国心理学家斯滕伯格运用定量分析与定性分析相结合的研究方法，在进行大量文献综述和实证研究的基础上提出了爱情三角形理论，阐释了爱情的本质。按照这一理论，爱情有 3 种成分，他将这 3 种成分形象地比喻为爱情三角形的顶点。这 3 种成分分别是亲密（Familiarity）、激情（Enthusiasm）和承诺（Promise），如图 7-1 所示。

1. 亲密

亲密指在爱情关系中能促进亲近、联结等体验的情感，它能引起亲近和温暖的情感体验。这是爱情中的情绪成分。斯滕伯格提出的这一成分也广泛地存在于较深的友谊关系中。"跟张帅在一起很开心啊，跟他在一起还有一种被照顾的感觉，而且他特别懂我。"从佳琪的描述中可以看到爱情中亲密的部分。

图 7-1　爱情的 3 种成分

2. 激情

激情是基于浪漫、身体吸引之上的性冲动与性兴奋，是爱情中的性欲成分，是爱情的主要驱动力，也是爱情中的情绪成分。激情能引起浪漫恋爱、体态吸引，以及爱情关系中的其他现象。它包括一种激烈地渴望与另外一人成为一个统一体的状态。在爱情关系中，性的需要是引起这种激情体验的主导方式。"喜欢就是喜欢，一看到佳琪就心动，他就是我心中的女神。"从张帅的描述中可以看到爱情中激情的部分。

3. 承诺

承诺是爱情中的理智成分，它对情绪和动机是一种控制因素。承诺包括将自己投身于一份感情的决定及维持感情的努力。具体来说承诺包括两方面：（1）在短期方面，指一个人做出了爱另外一个人的决定；（2）在

长期方面，指那些能维持爱情关系的担保、投入、忠心、义务感或责任心。但是，这两个方面不一定同时具备。这一成分大体上相当于我们常说的"山盟海誓""天长地久""忠贞不渝"之类，但不是指具体的行为，而仅指认知和态度方面。"也没什么了，就是觉得江南这人很踏实。江南属于那种一旦认定了一个人，估计一辈子都不会变心的人，他说会一辈子对我好。不知道怎么回事，我就是很相信他。"从小美的描述中可以看到爱情中承诺的部分。

亲密、激情与承诺组成了爱情三角形的3个顶点，成为对爱情进行描述的维度。圆满的爱包含这3个成分，在此基础上，爱情可以分成8种类型，如图7-2所示。表7-1则列出了爱情8种类型中亲密、激情、承诺的程度。而且，在基本三角形之外还有各种复杂的多重三角形，根据它们能够准确地预测关系的满意度和关系的质量。

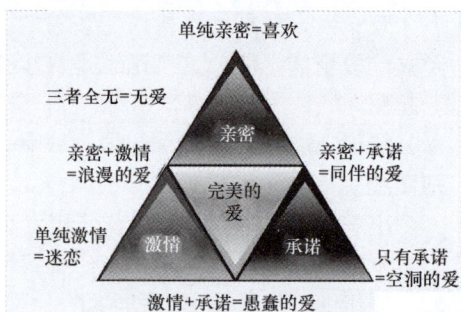

图 7-2　爱情的 8 种类型

表 7-1　爱情的 8 种类型

类型	亲密	激情	承诺
无爱	低	低	低
喜欢	高	低	低
迷恋	低	高	低
空洞的爱	低	低	高
浪漫的爱	高	高	低
同伴的爱	高	低	高

续表

类型	亲密	激情	承诺
愚蠢的爱	低	高	高
完美的爱	高	高	高

扩/展/阅/读

女性通过"气味"选择另一半——"汗味儿 T 恤衫"实验

扫一扫

听音频

　　我们为什么对有的人会一见钟情，对有的人却很讨厌？是什么主宰了我们对一个人的感觉？是靠视觉吗？不完全是，请看心理学家做的实验。

　　1995 年，瑞士伯尔尼大学的克劳斯·维德坎博士在著名的"汗味儿 T 恤衫"实验后发表论文说："女性在选择恋爱对象的时候，最初的标准是通过嗅觉去分辨对方的。"

　　如果想进一步了解详情，请扫描旁边的二维码收听老师的讲解。

二、坠入爱河：恋爱心理的发展阶段

　　人的恋爱心理要经过几个发展阶段呢？高职大学生的恋爱心理发展处于什么阶段？这个阶段有哪些特点？我们一起来看一下。

　　人的恋爱心理发展有以下 3 个阶段。

1. 对异性的敏感期

　　在对异性的敏感期，青少年随着青春期的来临、第二性特征的出现和性意识的觉醒，引起了男女性别的不同生理和心理发生急剧变化。在对异性的敏感期，青少年开始对性别差异非常敏感，在异性面前时常会感到羞怯和不安。比如在青春期早期，对异性特别敏感，这个时候通常会在班级里形成男女两个阵营，课桌上会画"三八"线，会羞于谈论关于恋爱的话题。

2. 对异性的向往期

　　在对异性的向往期，青少年随着性生理的发育成熟，性心理开始发展。男、女情窦初开，产生了异性之间的相互吸引，出现彼此希望接触的意愿。这一阶段的男、女由于其生理和自我意识的不成熟，他们对向往的对象基本上是泛化的、不稳定的、缺乏专一性的，恋爱心理是不成熟的。有人又称此阶段为泛爱期。

3. 恋爱择偶期

　　在恋爱择偶期，男、女青年的性心理已逐步成熟，社会阅历在不断丰富，恋爱观开始形成，对异性的向往逐渐专一，开始相互寻求和选择自己的配偶对象，建立和培育双方的爱情，进入成熟的恋爱心理。

　　高职大学生的年龄一般是 17 ~ 23 岁，正处于对异性的向往期向恋爱择偶期过渡的阶段，是由不成熟的恋爱心理向成熟的恋爱心理过渡的阶段。高职大学生的恋爱更需要学习。如果这个时候高职大学生能够树立良好的恋爱观，学习爱的能力，那么恋爱会形成正能量。良好的恋爱观不仅能使高职大学生与异性相处融洽，相互理解、支持和包容，还可以促进恋爱双方对未来的思考和规划。

三、爱究竟是给予还是索取：良好亲密关系的要素

案/例

这样的爱能持续多久？

赵刚是张帅的铁哥们，他和女朋友美玲确立恋爱关系还没到一个月，问题就来了：美玲要赵刚给自己买最新的苹果手机。赵刚因为自己的生活费支持不了买手机，所以拒绝了美玲。因为这件事情，美玲一个星期没有理赵刚。赵刚希望美玲不要这么物质，美玲却认为这是考验赵刚是否爱自己，爱一个人就意味着愿意为其付出，不管是物质的还是精神的。赵刚好不容易才把美玲给哄好了，但没多久两人又因为另一件事情闹起了别扭。

有一天晚上美玲饿了，要赵刚给自己买夜宵。赵刚刚洗完澡，正准备赶第二天要交的作业，于是拒绝了美玲的要求，让美玲自己去买，或者吃点饼干垫垫。于是美玲又不满了，责备赵刚一点都不关心她，追到她之前每天早上给她买早餐、每天晚上买夜宵，随叫随到；没想到追到她之后态度大变，不像以前那么在乎她了。

赵刚现在也迷惑了。尽管自己很喜欢美玲，但是这种"不平等"的爱能持续多久，他自己也不知道。

弗洛姆在《爱的艺术》一书中总结如下。

不成熟爱情的原则：我爱，因为我被人爱。成熟爱情的原则：我被人爱，因为我爱人。

不成熟的爱宣称：我爱你，因为我需要你。成熟的爱是：我需要你，因为我爱你。

美玲对赵刚的爱就是一种不成熟的爱。那么成熟的、良好的爱情关系包含哪些要素呢？弗洛姆认为，成熟的爱包含以下5个基本要素。

1. 给予

爱情是一种积极的而不是消极的情绪，即爱情首先是"给予"而不是"索取"。给予就是付出，给予是力量的最高表现。恰恰是通过给予，人才能体验到自己的力量、富裕和活力。给予比索取能给人带来更多的愉快，这不是因为给予是一种牺牲，而是因为通过"给予"表现了自己的生命力。

给予的最重要范畴并不止于物质范畴，而是人所具有的特殊范畴。给予不仅仅包含物质的，更多的是一个人内心有生命力的东西，比如与人分享自己的欢乐、兴趣、知识、悲伤，总之，是一个人身上有生命力的东西。给予，不仅丰富了他人，而且丰富了自己。

2. 关心

爱情是对生命以及我们所爱之物生长的积极的关心。如果缺乏这种积极的关心，那么这只是一种情绪，而不是爱情。爱的本质是创造和培养，爱情和劳动是不可分割的。人们爱自己劳动的成果，人们为所爱之物而劳动，而关心则是这种劳动的实践。

3. 责任心

责任心的含义是"一个完全自觉的行动"，是"我"对另一个生命表达出来或尚未表达出来的愿望的答复。"有责任心"意味着有能力并准备对这些愿望给予回答。

4. 尊重

如果没有尊重，那么责任心就有可能变成控制别人和奴役别人的主观倾向。尊重对方不是惧怕对方。尊重的含义是实事求是地正视对方和认识对方独有的个性。"我"希望一个被"我"爱的人能以其自己的方式和

为了自己去成长、发展，而不是服务于"我"。爱一个人，就应该接受其本来的面目，而不是要求其成为"我"希望的样子。爱情是自由之子，永远不会是控制的产物。

5. 了解

人们只有认识对方、了解对方，才能做到真正尊重对方。如果不以了解为基础，关心和责任心都会是盲目的；而如果不是从关心的角度出发去了解对方，那么"了解"便是一句空话。了解作为爱的一个方面，不能停留在表面，要深入事物的内部。"我"只有用他人的眼光看待他人（即站在对方的立场考虑），而把对自己的兴趣退居第二位，"我"才能真正了解对方。

关心、责任心、尊重和了解是相互依赖的。在恋爱心理成熟的人身上可以看到这些态度的集中表现。

四、爱情与学业：人在旅途

案/例

爱情、学业双丰收

佳琪是个爱思考的女孩，是班里的"学霸"。而张帅则不同，每次佳琪拉张帅去上自习的时候，张帅有三分之二的时间都是用各种理由推脱。实际上他也没啥事，但他宁愿在宿舍玩游戏也不愿意上自习。

佳琪的班主任是刚毕业的一个师姐，大家都叫她梅姐姐。有一天佳琪对梅姐姐说出了自己的苦恼。佳琪希望张帅可以和自己一起奋斗，同时佳琪对未来也很迷茫：现在是恋爱了，可是未来在何方？她和张帅的这段爱情到底可以走多久？梅姐姐给佳琪讲了发生在自己同学身上的一个真实故事。

陈莉是梅姐姐要好的一个学姐，她现在的老公聂荣曾就读的大学和佳琪所在的大学相邻。由于当时聂荣所在的大学自习室经常爆满，因此他经常到陈莉所在的大学上自习，两人也是在教室中上自习时结下的姻缘。两个学霸在一起，总是有上不完的自习、泡不完的图书馆。聂荣很享受和陈莉在一起的时间，他觉得这样的互相督促、鼓励就是他想要的感情。在大三的时候，两人就一起商量要考研，考到北京的学校。不幸的是陈莉考上了，而聂荣没考上。在陈莉的鼓励下，聂荣第二年也考上了研究生，两人又在一个大学。硕士毕业后，陈莉想去香港继续念博士，陈莉先去，随后第二年聂荣也去了。现在，两人已经结婚，仍然在继续他们的学习生涯。

现在很多大学生都很苦恼，想谈恋爱，但是又很迷茫，根本看不到未来。向往爱情是大学生正常的心理需求，如果这种心理需求能够被正确引导和释放，就会促进学业。在学业和爱情之间，大学生要平衡好学业和爱情的关系，不能把宝贵的时间都用于谈恋爱而放弃了学业。大学生要做好爱情和学业的规划，将爱情纳入自己的生涯规划中。只有这样，才能看到爱情的方向，找准自己的位置。以下问题可以帮助大学生思考爱情、学业和生涯规划的关系。

1. 为什么谈恋爱？

这个问题对大学生很重要。是因为孤独而恋爱？是因为看到周围的人都恋爱了而恋爱？是为了恋爱而恋爱？为了性而恋爱？还是因为遇到了喜欢的人而恋爱？对于一个孤独的人，恋爱不能解决孤独，反而会让人更孤独。对于一个从众的人，为了恋爱而恋爱，在恋爱中也很难得到爱与信任。

2. 现在的恋爱和未来有什么联系？

很多大学生在恋爱中时常会感到迷茫。现在的恋爱究竟和未来有什么关系？你是只在乎曾经拥有，还是在乎天长地久？如果你只是在乎曾经拥有，那么这无疑对两个人都可能造成伤害。感情不是可以轻易忘却的，一旦两个人产生了强烈的相互依恋，分开对双方会很痛苦。大学生如果思考清楚现在的恋爱和未来的联系，那么可以看到恋爱的意义。

3. 如何规划恋爱？

有的大学生认为，恋爱是不需要规划的，遇到合适的人就可以开始恋爱了。这样的观点看似有道理，其实对恋爱的认识存在偏差。

恋爱需要看缘分，也要看两个人的意愿，不是单方面就能决定的，如果大学生能够对自己的恋爱做一个规划，就像对职业那样，会对未来的婚姻生活起到准备的作用。比如可以思考你打算什么时候恋爱，找一个什么样的人，将来要过什么样的生活，是不是要小孩等，就像案例中的陈莉和聂荣，两人一起规划他们的爱情和未来。

4. 如何平衡恋爱与学习的关系？

学习是高职大学生生活中很重要的一个方面，同时，高职大学生正处于对异性的向往期向恋爱择偶期过渡的阶段，这个时候有恋爱的心理需要也是很正常的。对于高职大学生来说，最关键的问题不是要不要谈恋爱，而是如何平衡恋爱和学习的关系，就像案例中的陈莉和聂荣，两人一起学习，恋爱成了学习的动力。

第二节

爱情的花开花落——爱情的不同阶段

本节视频

案/例

我理想中的"他"

有一天晚上，521宿舍的4个女孩开始讨论自己理想中的"他"。

小奇打开了话匣子："校园歌手大赛2号选手好帅啊，我就喜欢那样的。"

"长得好看又不能当饭吃。我喜欢学霸，喜欢懂得比我多的人，起码得让我在某些方面很佩服才行。"佳琪说道。

"是，你就挺佩服张某人的吧，哈哈哈！"小奇打趣道。

"我理想中的他要跟我有共同语言、有共同的爱好才行。"木兰说。

"那是什么样的人呢？"小奇问。

"我喜欢古典文学，喜欢听古典音乐，喜欢看话剧，起码对方能跟我一起做这些事情吧。以前有个男生喜欢我，但陪我去看话剧的时候居然睡着了，跟志不同道不合的人在一起真的没有意思。"

"有道理！对了，晶晶，你喜欢什么样的人？"小奇问道。

"我啊，我认为感觉最重要，看不对眼什么都免谈。"晶晶说。

"什么叫有感觉啊？"小奇追问。

"我也说不清楚，反正要让我跟他在一起觉得很甜蜜，想到他就很温暖，他愿意为我做任何事情。"晶晶补充到。

一、如何开始爱：恋爱开始前的自我探索

1. 我喜欢什么样的人？

就像 521 宿舍 4 个女孩子讨论的一样，在开始恋爱前，很多人都想过这样的问题：我要找一个什么样的人？什么样的人适合我？我要不要跟他/她在一起？我们以后会不会幸福？现在请想一想，如果你要找恋人，你最看重对方的 3 个特质是什么？这可以帮助你探索自己的价值观以及什么对你来说是重要的。521 宿舍的 4 个女孩给了 4 个不同的答案，对于喜欢的他/她，每个人心目中答案可能也是不同的。

2. 如何选择恋人

在选择恋人方面，千人千面，各人有各人的喜好，在如何选择恋人方面，有的人认为应该像木兰一样，要找志趣相投、志同道合的人，有的人则像佳琪一样，想找个和自己互补，能让自己钦佩的人。本书给高职大学生的一个建议是选择核心价值观相似的人作为恋人，即文化上的"门当户对"，而非核心价值观可以互补的人。核心价值观，简单来说就是个人判断事情时依据的是非标准，遵循的行为准则。你可能会好奇：在关系中哪些价值观属于核心价值观呢？

大量研究发现，在夫妻关系中冲突的领域主要集中在家务、父母相处、夫妻情感、金钱、子女教育这 5 个方面，这个结果可能会让你感到有些意外。因此，在这里建议大家要考虑的价值观要包括以上 5 个方面，比如对家务的看法、金钱观等。

当然，这并不是说如果核心价值观不一致，将来就一定不会幸福，而是在于二人处理差异的态度。二人差异的部分正好是恋爱关系中非常有魅力的地方，我们会因为相同而相遇，因差异而成长，差异会让人看到不同的风景和得到不同的学习与成长。如果恋爱关系中的双方愿意去了解对方，愿意去学习，愿意去改变，即使差异很大，也会为感情加分，比如即使我不喜欢听古典音乐，如果我愿意陪对方去听古典音乐，愿意为对方去学习和了解古典音乐，就会成为增进恋爱关系的营养剂，而不是关系的阻力。

3. 怎么开始恋爱

当你发现了自己喜欢的人，想要和对方成为恋人时，要怎么做呢？研究者发现，在亲密关系中，其实有一些"吸引力"法则，究竟哪些行为或特质会影响人的吸引力呢？

（1）接近

在大多数情况下，恋爱关系都始于与周围人的交往，与人交往不一定会爱上他/她，但爱上他/她，必须要见到他/她。你可以想一下，上了大学后你认识了哪些人？哪些人是你的新朋友？很可能这些人或者朋友就是你周围的人，比如室友，社团中认识的人，上课经常坐在一起的同学等。如果你想谈恋爱，需要做的第一步就是与人交往，接近你想要接近的人。

（2）外表吸引力

我们见到别人时，最先会注意到什么？很可能是一个人的外貌。一些研究发现，人对外貌有偏见，外貌具有吸引力的人被认为是有趣的、善于交际的，在生活和爱情方面更有可能会获得成功。对于什么是美，人们并没有一个统一的标准，每个人心目中对美

的定义是不同的。即使这样，如果你想开始恋爱，也需要对自己的外貌做适当的管理，并不是要成为一个万众瞩目的美女或者帅哥，而要干净、整洁，精心装扮自己，给对方留一个好的印象。

（3）相互性

喜欢是相互性的。在一项针对某大学男生的调查中，研究者发现：大部分男生都不会在没有明确女生反应之前提出约会，只有3%的男生才会提出约会。如果你喜欢一个人，要尽可能地让对方知道你喜欢他/她，如果他/她也喜欢你的话，会增加约会的可能性。同时你也可以根据对方的反应来判断对方是否喜欢自己。

（4）相似性和互补性

人究竟是喜欢跟自己相似的人还是跟自己互补的人？其实研究者也没有得出定论，有的研究发现人喜欢跟自己相似的人，而有的研究则发现人喜欢跟自己互补的人。这里我们的建议是核心价值观相似，非核心价值观互补，如果你喜欢一个人，尽可能多地了解他/她的价值观，也让对方尽可能多地了解自己的价值观。

最后，如果你找到了心目中的他/她，那么就向他/她表白吧。

二、如何经营爱：爱的 5 种语言

案/例

爱要怎么"谈"？

小美恋爱了，对方是本系的师兄江南，他对小美很好。可是佳琪却不觉得小美是在谈恋爱。江南约小美吃饭，小美却总是喜欢和自己的同学或话剧社的好友吃饭，经常拒绝江南。江南是个腼腆的人，不知道问题出在什么地方，久而久之就减少了和小美的联系。

佳琪曾经问小美，她究竟喜不喜欢江南。小美觉得自己喜欢江南，但就是不知道该如何谈恋爱。小美也很想和江南在一起，她认为江南很沉稳，对自己一心一意，和他在一起很有安全感、很踏实。但两人的生活基本上就是教室、食堂和宿舍三点一线，这个恋爱谈得很无趣。究竟恋爱该怎么谈？这让小美和江南都感到很困惑。

从案例中可以看到，小美和江南的恋爱，只有恋爱的名，没有恋爱的实际行动。究竟在恋爱的过程中有哪些爱的行动可以维持高质量而长久的亲密关系呢？

根据心理学家的研究，一段恋情平均寿命是两年。恋爱的双方进入现实的婚姻中，个人真实的情绪和行为模式就会现出原形。作为一名婚姻辅导专家，盖瑞·查普曼博士每天都会遇到各种各样来自配偶间的抱怨。

"为什么杂志上有那么多教人向配偶示爱的方式，人们还是对爱无比苦恼？"这促使盖瑞·查普曼博士不得不深入研究其中的症结。

经过20多年的研究，他发现，并非这些示爱的方式有什么不好。纵然示爱的方式有1万种，用错了地方，也是毫无用途。在他看来，每个人需要的爱的语言，都能归为5种：肯定的言辞、精心的时刻、接受礼物、服务的行动和身体的接触。

爱语1：肯定的言辞。

心理学家威廉·詹姆斯说过，人类最深处的需要，就是感觉被人欣赏。对那些安全感低、有自卑情绪的人，如果恋人能给一些鼓励的话语，往往会激发出他极大的潜力。肯定的言辞的关键词：鼓励、肯定、仁慈、谦和。

另外，肯定的言辞不是向对方施加压力。如果女友并不希望减肥，而男友却说"你一定能变得更瘦"，就不能算一种肯定的言辞的爱语。要在对方心甘情愿去做一件事时，送上他／她需要的肯定的言辞。

技／能／学／习

如果恋人需要的爱语是"肯定的言辞"，则你可以采取以下行动。

（1）用一张卡片写上"言辞是重要的"，贴在你的镜子上。

（2）写下每天你对他／她说的肯定的言辞，坚持一周，然后和他／她一起看看你的记录。你可能会发现：你说得很好或者很差。

（3）定一个目标，比如连续1周，每天对恋人说不同的赞赏的话。寻找恋人的优点，并告诉他／她，你多么欣赏那些优点。

（4）当你感到用词贫乏时，留心报刊中那些肯定的言辞。

（5）写一封情书给他／她。

（6）在他／她的朋友面前赞美他／她。

爱语2：精心的时刻。

什么是精心的时刻？答案是：给予对方全部的注意力。你是否留意过，一起用餐的男女，刚开始恋爱的情侣和已婚多年的夫妇非常不同：前者彼此注目，后者则各自看自己的手机。称得上精心的时刻必须是双方全神贯注的交谈，或者是一顿只有你们两人的烛光晚餐，或者是手拉手散步。活动其实是次要的，重要的是双方花时间"锁住"对方的情感。现在的社会，由于手机的功能深入人们生活中的方方面面，很多时候即使两个人约会，也是各自拿着手机，处理各自的事务，人在心不在，真正要做到精心的时刻其实不容易。

技／能／学／习

如果恋人需要的爱语是"精心的时刻"，则你可以采取以下行动。

（1）一起散步，问对方："你童年最有趣的事是什么？"

（2）请恋人列一张单子，写上他／她喜欢跟你一起做的5种活动。在接下来的5个月，每月做一种。

（3）问问他／她，和你说话的时候，他／她最喜欢待在哪儿？什么时候？……也许下次交谈，你们就会在喜欢的地方一起谈心。

（4）想一种他／她非常喜欢而你却很少过问的活动，比如看世界杯、逛街……告诉他／她，接下来的这个月里，你希望和他／她一起参与一次。

（5）每天找些时间，与对方分享当天的趣闻。

（6）在未来的一段时间，安排一次只有你们两个人的旅行。

爱语3：接受礼物。

礼物是爱的视觉象征。它可以是买来的、自己做的或是找到的。礼物是一件提醒对方"我还爱着你"的东西。事实上，接受礼物，这种对方需要的爱语是容易学习的。这里指的礼物，并不是价值贵重的礼物，而是一种对对方的心意，用心的礼物不管是否贵重都是好礼物。贵重的礼物只能满足人的物质欲望或者满足人在物质上的不安全感，而用心的礼物则能真正满足人被爱的需求。

技／能／学／习

如果恋人的爱语是"接受礼物"

（1）尝试早上送恋人一块巧克力，晚上送恋人一束鲜花……观察恋人的反应。如果恋人又惊又喜，恭喜你，恋人需要的爱语就是"接受礼物"。

（2）亲自动手制作礼物。也许它只是回家路上拾到的一块石头，纹理粗糙，其貌不扬。为它配上一个小盒子，在里面的字条上写：它就像我，等着你去打磨。

（3）选择一星期，每天都送给恋人一件礼物。可以肯定的是，你的恋人一定会记住这段日子。

（4）存储"礼物点子"。只要你的恋人无意中说出"我喜欢……"，就把它悄悄记下来。

（5）一定不能忘记一些特殊的日子，比如相恋纪念日、生日等。

爱语4：服务的行动。

服务行动指做恋人想要你做的事，你为恋人服务因而使恋人高兴，表示对恋人的爱。当男女热恋时，为对方服务是自愿的，甚至费尽心机。但是热恋之后很多人变得完全不同了，比如有女生抱怨："追我的时候，他每天都给我发短信，但现在经常是我发短信给他，他都爱答不理的。"

技／能／学／习

如果对方需要的爱语是"服务的行动"，你可以将行动罗列出来，比如10个，并请对方按重要性排序。另外，还可以问对方："如果这个星期我可以做一次特别服务，你想要什么？"

爱语5：身体的接触。

身体接触是人类感情沟通的一种微妙方式，也是表达爱的有力工具。要说明的是，性只是这种爱语的方式之一，牵手、亲吻、拥抱、抚摸都是身体的接触。对有些人来说，身体的接触是他们需要的爱语之一。

技／能／学／习

如果恋人需要的爱语是"身体的接触"，则你可以采取以下行动。

（1）见面的时候，给对方一个拥抱。

（2）散步的时候，拉着恋人的手。

（3）恋人在伤心和难过的时候，可以拍拍恋人的肩膀，或者抱抱恋人。

（4）和朋友在一起时，当着他们的面抱一下你的恋人，或将手搭在恋人的肩上。

你一定会得到恋人的双倍情绪高分——因为你就是在向恋人表示：尽管有这么多人，但我还是得说"我爱你"。

扩/展/阅/读

破坏婚姻关系的四大"杀手"

——扫一扫——

听音频

戈特曼博士对婚姻进行了多年的研究，他甚至可以通过对一对夫妻几分钟的沟通观察来预测他们将来是否会离婚，预测的准确率高达90%以上。他发现了破坏婚姻关系的四大"杀手"：一号"杀手"是指责，二号"杀手"是轻蔑，三号"杀手"是防卫，四号"杀手"是冷淡。如果你想进一步了解详情，请扫描旁边的二维码收听老师的讲解。

三、如何结束爱：学习面对恋爱失败

恋爱是两个人选择的结果，不是靠一方努力就一定能维持的，所以有恋爱就一定有失恋的风险。有的人在失恋后会自责、内疚，有的人则久久不能放手和释怀。对于失恋，下面有一些思考和行动的建议。

1. 如果自己主动提出分手，你需要这样思考和行动

（1）想清楚为什么要分手，分手有什么好处、坏处。

（2）在谈分手前，先考虑对方的个性、两人交往的深度、对方可能做出的反应等，思考自己提出分手的态度、方式、理由。

（3）分手前尽量给对方一些信号，让对方有充分的时间进行心理的准备，并参与决定。单方面就决定宣布，对对方是不公平的。

（4）提出分手的态度要温和而坚决。

（5）提出分手的时间和地点要慎选。分手的时间最好选白天，因为晚上情绪比较难控制。分手的地点最好选公开、安静、有旁人但不会干扰你们谈话的地方。

（6）要勇敢面对，不要逃避责任，不要说"我们从未爱过"这种自欺欺人的话。

（7）在顾及对方感受和尊严的情况下，真诚地、具体地说出为何分手。

（8）多从自己的角度去讲。避免责备对方人不好、脾气不好等，强调自己的理由，是自己的选择。

（9）分手后，保留一段感情的真空期，让彼此更清楚情感界限。

（10）做出决定后，不要出尔反尔，行动不要拖泥带水。

2. 如果被动分手，你需要这样思考和行动

（1）在对方提出分手后要保持冷静，先听听对方怎么说，别从"我被甩"的角度看事情。

（2）不要拒绝沟通，要勇敢地争取机会做坦诚的讨论。

（3）不要死缠烂打，这会令对方更加讨厌自己，使自己更难受、痛苦。

（4）痛苦别自己承担，这种哀伤是需要一定时间和措施去处理的。找亲近的人分担你的悲伤和压力，抒发自己内心的感受和找到感情定位。

（5）不要急着再次恋爱，避免在混乱的情绪中让新恋人成为替代品，找不到自己想要的感情归宿。

（6）分手初期最好不要和对方见面。

（7）不要因被动分手而自卑，爱情是选择的结果，不是你的错。

3. 如果自己陷入失恋的痛苦中，你需要这样思考和行动

（1）正视现实。改变自己的认知，意识到感情是双方的事，不是一方的对与错，每个人都有爱或不爱的权利，应该尊重对方的选择。

（2）换位思考。不要把错误都归结于对方，要设身处地为别人着想；也不要过分自责，要总结自己的错，争取不再犯相同的错。

（3）合理化。多想想恋人昔日的缺点，多罗列自己的优点。

（4）情感宣泄。不要过分埋藏和压抑痛苦，可以找人倾诉，甚至大哭一场。

（5）给自己一段时间。不要迅速再找一段恋情，因为个体的行为模式相对固定，其应对方式仍如往昔，应有一段时间来处理情绪，汲取经验。

（6）如果你发现自己持续地情绪低落（持续超过两周）、不和周围的人联系、有轻生的念头、持续睡眠不好、对感情和生活感到绝望，尤其需要重视，因为你很有可能因为失恋而陷入抑郁状态。这时应主动寻求专业的帮助，比如寻求心理咨询师或者精神科医生的帮助。

四、如何拒绝爱：恋爱中的纠葛

1. 三角恋

在恋爱关系中，陷入三角恋的每一个人都会痛苦。

如果你处在三角恋中，最重要的一个建议就是学会放手。恋人之间的感情和友谊不同，其中最大的一个不同就是恋人之间的感情具有排他性和独占性，选择了一个，就意味着要放弃另一个，否则就会深陷痛苦之中。如果要拥有一个健康幸福的恋爱关系，必须要放手，要舍掉其中一个人。

2. 如何拒绝爱

一个人遇到不是理想恋爱对象的人示爱时，不能简单地拒对方之千里。拒绝爱时，要注意以下5点：一是选择恰当的时机，在双方情绪稳定时提出；二是使用策略，巧妙地说明原因；三是不逃避责任；四是不拖泥带水，态度明朗，表达清楚；五是言行一致。

技/能/学/习

"谢谢你的爱"——善意地拒绝他人

操作：将班级同学分成若干小组，注意男、女同学比例。每个小组分别由两名同学轮流扮演表达爱情的人（角色A）与谢绝爱情的人（角色B），其他同学做观察员，评比扮演角色B的同学的表达能力，并对他（或她）的不足给予帮助。

活动要求如下。

（1）小组内的每一位同学都至少扮演角色A一次，扮演角色B一次。

（2）小组内的评比：扮演角色B的同学的言辞是否可以有效地谢绝爱，而且使扮演角色A的同学不感到尴尬。

第三节

夏娃的诱惑——高职大学生性心理概述

本节视频

一、羞答答的玫瑰静悄悄地开：性心理和性心理健康

1. 性心理和性心理健康

所谓性心理，指在个人性生理成熟的基础上所形成的与性特征、性欲、性行为有关的心理状况和心理过程。简而言之，就是与性生理、性行为有关的心理现象。性生理是性心理发展的生物学基础，性生理发育的障碍或缺陷，会使性心理的发展出现

偏差。大学生正处于性生理发育成熟、性心理逐渐趋向成熟的时期，这个时期也是大学生的性生理需求与性的社会规范之间的冲突阶段。

世界卫生组织对性心理健康所下的定义是：通过丰富和完善人格、人际交往和爱情方式，达到性行为在肉体、感情、理智和社会诸方面的圆满和协调。性心理健康是人类健康不容忽视的重要组成部分，近年来越来越受到人们的重视。

2. 性心理健康的标准

性心理健康的标准应该符合以下 7 点。

（1）正确认识和接纳自己的性别。

（2）具有正常的性欲望。性欲望的对象要指向成熟的异性个人，而不是其他物品等替代物。

（3）性心理和性行为符合年龄特征，即性生理和性心理的发展要保持统一。

（4）正确对待性变化。要求个人能够正确对待性生理成熟所带来的一系列身心变化，在出现性冲动后，能够正确释放、控制、调节，使之符合社会规范的要求等。

（5）对性没有犹豫、恐惧感。

（6）和异性保持和谐的人际关系。

（7）正当、健康的性行为，符合社会伦理道德规范。

课/堂/活/动

秘密问题游戏一

从表 7-2 所示的词汇中找出你认为与性有关的词汇，匿名写在一张纸条上。将全班同学的纸条收集上来后，每个同学再从中任意抽取一张纸条。

表 7-2 词语选择

快乐	好玩	污秽	生育	恐惧
爱	美妙	信任	羞耻	不满足
委身	忠贞	尴尬	压力	例行公事
表现	欢乐	实验	释放	难为情
舒服	无奈	罪	厌恶	内疚
无助	享受	压抑	乏味	满足
美丽	征服	沟通	禁忌	亲密
融洽	遗憾	自卑	自信	和谐

讨论：5～6 人分为一组，在小组中交流对于纸条上别的同学所写下的对性的词汇的看法。

活动总结：通过秘密问题游戏，可以让同学们放下防卫，去探讨一些私密的话题。

二、情窦初开：青春期性心理发展的时期

美国心理学家赫洛克认为青春期性心理的发展一般可分为以下 4 个时期。

1. 性抵触期

在青春发育之初，有一段较短的时期，

青少年总想远远地避开异性，以少女表现得尤为明显。这主要与生理因素有关。由于第二性征的生理变化，青少年对自身所发生的剧变感到茫然与害羞，本能地产生对异性的疏远和反感。此时期约持续 1 年。

2. 仰慕长者期

在青春发育中期，男、女常对周围环境中的某些在体育、文艺、学识以及外貌上特别出众者（多是同性或异性的年长者），仰慕爱戴、心向往之，而且尽量模仿这些长者的言谈举止，以致入迷。

3. 向往异性期

在青春发育后期，随着性发育的渐趋成熟，男、女常对与自己年龄相当的异性产生兴趣，并希望在接触过程中吸引异性对自己的注意。但由于此时期男、女情绪不稳，自我意识甚强，因而在与异性接触的过程中，容易引起冲突，常因琐碎小事而争吵甚至绝交，因此交往对象之间常有转移。

4. 恋爱期

青春发育完成，已达成年阶段，青年人把友情集中寄予自己钟情的一个异性身上，彼此常在一起，情投意合，在工作、学习中互相帮助，生活中互相照顾体贴，憧憬婚后的美满生活，并开始为组织未来的家庭做准备工作。这时的青年人对周围环境的注意减少。女青年常充满浪漫的幻想，向往被爱，易多愁善感；男青年则有强烈的爱别人的欲望，从而得到独立感的满足，他们的情绪往往较兴奋。

高职大学生处于向往异性期向恋爱期过渡的阶段。但由于高职大学生存在成熟的性生理与不成熟的性心理的矛盾，因此高职大学生在这个阶段更应该加强对自身性心理的了解和学习。目前，我国在校高职大学生的年龄一般在 17 ~ 23 岁，在这一阶段，性的成熟与整个身体的发育已基本完成，但是性心理的发展并未达到成熟。这时期的高职大学生好像一辆马力十足但方向盘和制动器并不灵敏的汽车。这一时期是高职大学生真正发现自我的时期。

课/堂/活/动

秘密问题游戏二

（1）将全班同学分为男生和女生两个组。

（2）发给每人两张纸条，一张黄色，一张绿色。黄色纸条是写给男生的问题，绿色纸条是写给女生的问题。

（3）每个同学分别在不同颜色的纸条上匿名写下你想问男生 / 女生的关于性的问题，可以写下多个，也可以只写一个。

（4）将全部纸条收上来，按颜色分开。

（5）每个女生抽取 1 ~ 2 张绿色纸条（如果纸条不够，可以两个人抽一张纸条），每个男生抽取 1 ~ 2 张黄色纸条（如果纸条不够，可以两个人抽一张纸条）。

（6）匿名回答纸条上的问题。

（7）再次将纸条收上来，每人抽取一张黄色纸条和一张绿色纸条。

（8）5 ~ 6 人为一组，讨论纸条上的问题和答案。

三、独自承受：高职大学生常见的性心理困扰

1. 性冲动和性幻想带来的困扰

偶尔或适度的性幻想是性发育过程中出现的正常现象，它代表性知觉的觉醒和性意识的萌发，一般是有益无害的。不管怎样，一个人的性幻想并未构成行为，所以不必过分自责，不要认为是卑鄙见不得人的事。事实上，性幻想对于减少人的紧张与焦虑乃至性压抑都是有益的。如果个人频繁出现性梦或性幻想，就会影响休息、睡眠和体力的恢复，严重的还会导致神经衰弱，给身心健康带来不利影响。当性幻想变成一种强迫性思维时，人就会陷于深深的苦恼中。如果一个人整天沉溺于性幻想，则会干扰学习，对心理发育造成危害，产生性障碍。

2. 性自慰焦虑

事实上，性自慰本身并不会带来害处，它是"标准的性行为的一种"。美国著名的性研究专家玛斯特斯和约翰逊对性自慰和性交做了比较，发现二者基本一致，认为没有理由把性自慰当作有害身心健康的异常性行为看待。在大学生不能用性交行为来释放他们内心积聚起来的性冲动能量的情况下，性自慰是他们唯一可以采取的主要性行为。性自慰的危害并不在于性自慰本身，而在于对性自慰的担忧、恐惧、羞愧和罪恶感。对性自慰的错误认识，既是大学生烦恼的真正原因，也是大学生变得难以节制的心理原因。不少大学生在接受性知识教育和咨询后，一旦明白性自慰是正常的、无害的，并且性自慰并不是个别人的行为后，心理的负担卸了下来，性自慰的欲望和行为反而减少或容易调节了。

3. 性心理偏差行为

性心理偏差指青少年性发育过程中的不适应行为，如迷恋黄色视频、不当性游戏、轻度性别认同困难等，一般不属于性心理障碍，但对这些不适应行为应给予有效的干预。

如果大学生出现这些性心理偏差的行为，比如沉迷于黄色视频，要采取转移注意的方法予以纠正，比如转向参加文体活动等方法。大学生应该丰富兴趣爱好，培养大胆开朗的个性，增强性道德观念和意志品质，其中关键的一步是对异性脱敏。通过咨询和自身的努力，存在性心理偏差行为的人往往能有效地改变。

四、生理需要与精神需要：当爱遇上性

婚前性行为的发生，有时是女方主动提出的，而更多的是男方要求，女方迎合或抵御不了。婚前性行为使男女双方在性欲和其他动机方面获得了一种满足，但这种满足之后，男女双方在心理、情感、社会等各方面所要承担的责任常常超出大学生现有的能力。

性是很多大学生都很好奇的问题，也是很多处于热恋中的恋人很难避免的问题。大学生该如何对待性？我们先一起来看看大学生对婚前性行为的态度。

1. 大学生对婚前性行为的态度

性观念是人们对性问题的较为稳定的看法及所持有的态度评价，既包括个人的性观念，又包括在一定时代社会背景下，人们对性问题的评价、态度、看法的总体趋势。随着我国进一步对外开放，大学生的性观念开放程度明显增加。在一项调查中，在回答"您对大学生发生婚前性行为的基本态度是什么"时，19.93%的男生、19.88%的女生选择"基于爱情即可"；54.35%的男生、42.17%的女生选择"双方愿意即可"；16.31%的男生、28.31%的女生选择"应受道德谴责"。在回答"您认为大学生出现婚前性行为的最主要原因是什么"时，25.73%的男生、41.87%的女生选择"一时冲动难以控制"；42.03%的男生、26.51%的女生选择"生理与心理的强烈需要"。可见从观念上来说，大部分大学生接受婚前性行为。

2. 性和责任：树立健康的性观念

大学生健康的性心理有两个标准：一是能正确认识和处理自己的性行为带来的后果，并能有社会责任感；二是在婚姻前提下的性生活符合男女平等、科学、卫生的原则。建议在面对性的问题前，仔细思考以下问题。

（1）我是不是能认识到自己性行为带来的后果，比如怀孕、紧张、担心、性传播疾病、妇科疾病等？

（2）对待性行为，我是不是能负起相应的责任？

（3）婚前性行为是否与我的价值观一致？

3. 科学释放性冲动

处于青春晚期的大学生，尤其是男生，需要学习如何科学释放性冲动。大学生可以从以下3个方面释放性冲动。

（1）培养艺术爱好。艺术是性的能量释放的一个很好的方式，从音乐中可以歌唱爱情，从美术作品中可以欣赏人体，文学作品可以描绘刻骨铭心的爱。

（2）通过劳动和运动释放性的能量。劳动和运动可以释放性的冲动，缓解性压抑。

（3）鼓励自己和异性交往，脱敏对异性的冲动。比如可以鼓励自己参加集体活动，学习交谊舞等，多与异性接触，习以为常，对异性的性冲动便会随之减少。

课/堂/讨/论

班里同学可以分成支持和反对两组，讨论：大学生应不应该有性行为？

扩/展/阅/读

如何避免性冲动

在恋爱的过程中，可以通过一些有效的措施来帮助自己或对方克服过分的性冲动。

（1）约会的时间最好不要选择在晚上。因为借助夜幕的"掩护"，恋人间容易表现得比较亲昵，此时稍一冲动、稍一疏忽，就可能逾越界限，做出事后会使双方都后悔的事情。

（2）约会时衣着最好不要过于透明、暴露。女方应该清楚地知道在什么情况下拒绝对方更容易，是穿戴整齐的时候，还是袒胸露背的时候。如果决心不选择"婚前性行为"，在穿戴上就要选择适合保护自己的衣物。

（3）约会的地点最好选择人较多、较热闹的地方。在这些地方既可以共度一段美好的时光，又可以靠环境的帮助，实行自我约束。僻静处、私人卧房、旅馆的客房都是比较危险的地方。在青年男女独处时，这些场所对克服性冲动有弊无利。在家里交谈，就选择家里有人时，将房门虚掩着。

（4）当女方发现男方产生了性冲动，自己特别不愿意接受时，可以适当地提醒他或者把他带到人多的地方，或谈些别的话题，以转移其注意力。最好不要采取简单、粗暴的拒绝方式，以免伤害对方的自尊和两个人的感情。

五、楼道里的怪人：常见性心理障碍及应对

楼道里的怪人

有一天，话剧排演结束后小美和佳琪走在去食堂的路上。

小美神神秘秘地对佳琪说："你知道吗？据说最近在教学楼的楼道里出现变态狂了。"

佳琪追问："变态狂？什么情况？"

小美说道："听我们班的小倩说，她同学在楼道里遇到一个人，太变态了，冲着她同学露出自己的身体，把她同学给吓坏了，一边尖叫一边跑开了。你说变态不变态？"

佳琪很惊讶："真有这样的变态狂啊？太变态了吧，他不会伤害人吧？"

小美道："那谁知道呢，据说不止一个女生遇到了，反正小心点吧。"

1. 性心理障碍概述

性心理障碍泛指两性行为的心理和行为明显偏离正常，并以这类性偏离作为性兴奋、性满足的主要或唯一方式为主要特征的一种精神障碍。

如何评价性行为的正常或异常是难以做出确切回答的，因为至今还没有判断性行为正常与否的绝对标准，性行为的正常与异常的区别是有条件、相对的。下面列出二者区别的要点。

（1）凡是符合社会所公认的社会道德准则或法律规定，并符合生物学需要的性行为，可看作正常的性行为，否则可看作异常的性行为。

（2）某些特殊性行为可使性对象遭受伤害，患者本人也为这种行为感到痛苦，或在某种程度上蒙受伤害，例如受到严重指责，地位名誉受到损害，甚至遭受惩罚。这些特殊性行为可看作一种异常的性行为。

（3）长时间反复、持续发生的一种极端变异方式的性行为是异常的性行为。性行为由正常到异常可以看成一个连续体，其两极是正常和异常，其间存在的正常变异方式属于正常的变异。只有明显的、极端的变异形式才被看作性变态的类型，像小倩同学遇到的"变态狂"。

2. 性心理障碍的种类

（1）性身份障碍：从心理上否认自己的生理性别和服饰，强烈希望转换成异性，如变性癖。

（2）性指向障碍：性欲与常人不同，对不能引起正常人性兴奋的人或物感兴趣，如双性恋、自恋。

（3）性偏好障碍：采用与正常人不同的异常性行为满足性欲，如异装癖、恋物癖、施虐癖、受虐癖、裸露癖、摩擦癖等。

如果遇到性心理障碍的人怎么办？

当你遇到性心理障碍的人时，你一定要冷静应对，你越害怕，对方越兴奋，你越冷静，对方则越害怕。比如遇到裸露癖的人，如果你尖叫，反而会让他产生性兴奋；如果你若无其事地走过去，他反而觉得很无趣。

大多数性心理障碍的人都不会对他人造成伤害，少数除外，如施虐狂。如果在公交车上遇到摩擦癖的人，你别害羞和不好意思，用眼神或者语言直接提示对方停止。你越是害羞和不好意思，越会让对方更加兴奋。

你如果遇到暴力或者严重威胁到人身安全的性心理障碍者，则需要求助于专业人士或者警察。如果自己身边的同学或者朋友有性心理障碍，应建议其寻求专业的心理咨询师或精神科医生的帮助。

本 章 小 结

（1）爱情包含亲密、激情和承诺3个成分，根据不同成分的组合，爱情可以被分为8种类型。

（2）人的恋爱心理发展有3个阶段：对异性的敏感期、对异性的向往期和恋爱择偶期。高职大学生正处于对异性的向往期向恋爱择偶期过渡的阶段，是由不成熟的恋爱心理向成熟的恋爱心理过渡的阶段。

（3）成熟的爱包含5个基本要素：给予、关心、责任心、尊重和了解。

（4）大学阶段谈恋爱，需要做好规划，平衡爱情与学业。

（5）恋爱开始前要对自己做好自我探索，在选择恋人时，双方的核心价值观一致最重要。

（6）恋爱关系需要经营，每个人需要的爱的语言主要有5种：肯定的言辞、精心的时刻、接受礼物、服务的行动和身体的接触。

（7）恋爱是两个人选择的结果，能够面对分开是成熟的表现，要学习如何面对恋爱失败。

（8）拒绝爱时需要注意5点：一是选择恰当的时机，在双方情绪稳定时提出；二是使用策略，巧妙地说明原因；三是不逃避责任；四是不拖泥带水，态度明朗，表达清楚；五是言行一致。

（9）所谓性心理，指在个人性生理成熟的基础上所形成的与性特征、性欲、性行为有关的心理状况和心理过程。

（10）性心理健康指个人具有正常的性欲望，能够正确认识性的有关问题，并且具有较强的性适应能力，能和异性进行恰当交往，在免受性问题困扰的同时，还能增进自身人格的完善，促进自己身心的健康发展。

（11）青春期性心理的发展可分为4个时期：性抵触期、仰慕长者期、向往异性期和恋爱期。高职大学生处于向往异性期向恋爱期过渡的阶段。

（12）高职大学生常见的性心理困扰：性冲动和性幻想带来的困扰、性自慰焦虑和性心理偏差行为。

（13）性心理障碍泛指两性行为的心理和行为明显偏离正常，并以这类性偏离作为性兴奋、性满足的主要或唯一方式为主要特征的一种精神障碍。性心理障碍包含性身份障碍、性指向障碍和性偏好障碍。

思考题

有同学会问这样的问题：在大学期间我应该恋爱吗？我想恋爱，可是想到未来，又觉得这种爱特别虚幻，两个人能不能走到一起都是问题，那还有必要谈恋爱吗？还是等毕业了再谈？

你怎么看大学期间谈恋爱的问题？

推荐资源

（1）书籍：《爱的五种语言》，查普曼著。

每个人都有爱与被爱的需要，都有一个情绪的爱箱，但不同的人却使用不同的语言来表达和接收爱，以致这个爱箱常常不能被填满。如果爱情是一则神话，那么这本书可以使美梦成真；如果爱情是一颗蜜糖，那么这本书将教你如何防潮防腐，让爱情进入婚姻，永不褪色，永葆如新。

（2）电影：《失恋 33 天》。

黄小仙，从事高端婚庆策划，性格开朗乐观。一个偶然的机会看到了男友和自己的闺蜜喜笑颜开地走在一起。

黄小仙的失恋日记，就这样一天一天地开始写了下去。

黄小仙经历了失恋的痛苦后，乐观地接受了失恋的事实。疼过之后擦擦眼泪，就算新的一天是前一天的翻版，不会豁然开朗或是跳出一个闪闪发光的奇迹，她依然决定老老实实地走下去。

CHAPTER 08

情商修炼
——高职大学生情绪管理

快节奏的现代社会，让人们积压了许多负面情绪，人们如果不会调节疏导，一件微不足道的小事便可能成为导火索，导致"火山"喷发，伤害到自己和他人。大学就像一个小社会，高职大学生的学习、生活、交往中有其精彩，但也有压力，常伴喜、怒、哀、乐各种情绪。关注自己的情绪，并会科学地管理，是一门学问，更应该成为人生的必修课之一。本章学习目标如下：

- 了解情绪的本质和种类，了解情商，了解情绪的功能；
- 了解高职大学生常见情绪问题，了解情绪的生理和心理机制，学会识别、探索和管理情绪；
- 掌握情绪的转化方法，学会养成积极情绪。

引/导/案/例

佳琪的心事

521 宿舍的佳琪从记事以来到大学，这一路走来可谓一帆风顺，没有经历什么大风大浪，有温暖的家，有从小玩到大的朋友，学习也算顺利，不能说出类拔萃，但也是中等往上的趋势，她一直很努力地做一个好学生。但是她总觉得生活中缺少了点什么，具体缺少什么呢，她也说不上来，只是一种直觉吧。什么时候开始了这种思考呢？或许是参加了毕业生交流座谈会，看到师兄师姐如此不同的差别和去向后；或许是读了李开复的《世界因你而不同》之后；或许只是更愿意关注内心，更习惯向内思考之后。

上周系里组织部分低年级大学生参加了一个毕业生交流座谈会，师兄师姐的发言让佳琪感触很深。细细碎碎的心情点滴积累到极点，莫名的烦躁与悲伤升腾并包裹了她，犹如一石激起万层浪，往日的平静不再，发呆的时间变长了，她更愿意一个人待着。她不知道自己怎么了，真的是自己太敏感了吗？自己该怎么打破当下的状态呢？

心情的色彩——情绪概述

本节视频

一、情绪的构成：何谓情绪

案例中的佳琪无疑正在经历情绪的波动，而且不是单一的情绪，烦躁、悲伤交织在一起，或许还有焦虑、害怕等，是多种成分并存的复杂情绪。这些情绪显然打破了她以往的平静，那个单纯、快乐的状态现在消失了，目前的这种不确定的甚至有点煎熬的情绪状态不知会持续多久，会把她带到哪里去。设想一下，如果你可以思考和活动，却没有感觉，生活将会怎样？如果你可以做一个选择，你是愿意做一个远离现实、永远开心的人，还是做一个痛苦而清醒的人呢？显然情绪对我们至关重要。也许你认为情绪只是一种感觉——"我感到很快乐"或"我觉得很悲伤"，给情绪下一个定义，情绪是指个人受到某种刺激在内心活动过程中所产生的心理体验。

情绪包括3种成分：在认知层面上的主观体验，在生理层面上的生理唤醒，在表达层面上的外部表现。当情绪产生时，这3种成分共同作用，构成一个完整的情绪体验过程。

1. 主观体验

情绪的主观体验是人的一种自我觉察，即大脑的一种感受状态。人有许多主观感受，如喜、怒、哀、乐、爱、惧、恨等。人们对不同事物的态度会产生不同的感受。人对自己、对他人、对事物都会产生一定的态度，如对朋友遭遇的同情，自己受到不公平对待的愤怒，事业成功的欢乐，考试失败的悲伤。这些主观体验只有个人内心才能真正感受到或意识到其不同，如高兴和恐惧的内在感受不同，痛苦和惊奇的内在感受不同。

2. 生理唤醒

人在情绪反应时，常常会伴随一定的生理唤醒，如激动时血压升高，愤怒时浑身发抖，紧张时心跳加快，害羞时满脸通红。脉搏加快、肌肉紧张、血压升高及血流加快等生理变化，是一种内部的生理反应过程，常常是伴随不同情绪产生的。

3. 外部表现

情绪作为一种内心体验，一旦产生，通常会伴随相应的非言语行为，如面部表情和身体姿势等。一些心理学家在研究人类交往活动中的信息表达时发现，表情起到了重要的作用，如人悲伤时会痛哭流涕，激动时会手舞足蹈，高兴时会开怀大笑。情绪所伴随出现的这些相应的身体姿态和面部表情就是情绪的外部表现，它经常成为人们判断和推测情绪的外部指标。但由于人类心理的复杂性，有时人们的外部表现会出现与主观体验不一致的现象，比如在一大群人面前演讲时，明明心里非常紧张，还要做出镇定自若的样子。表情可以分为3类：面部表情、姿态表情和语调表情。

（1）面部表情

面部表情是由人的面部肌肉和腺体变化来表现的，由眉、眼、鼻、嘴的不同组合构成，如眉开眼笑、怒目而视、愁眉苦脸、面红耳赤、泪流满面等（见图8-1）。面部表情是人类的基本沟通方式，也是情绪表达的基本方式。面部表情有泛文化性，同一种面部表情会被不同文化背景下的人们共同承认和使用，以表达相同的情绪体验。面部表情识别的研究发现，最容易辨认的表情是快乐、痛苦，较难辨认的表情是恐惧、悲哀，最难辨认的表情是怀疑、怜悯。

一般来说，情绪成分越复杂，表情越难辨认。

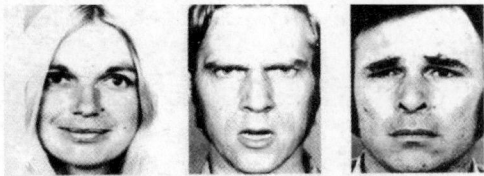

图 8-1　面部表情图片

（2）姿态表情

姿态表情是人通过身体姿态、动作变化来表现的，如高兴时手舞足蹈，悲痛时捶胸顿足，成功时趾高气扬，失败时垂头丧气，紧张时坐立不安，献媚时卑躬屈膝等，如图 8-2 所示。姿态表情不具有跨文化性，并受不同文化的影响。研究表明，手势表情是通过学习获得的。在不同的文化中，同一手势所代表的含义可能截然不同，如竖起大拇指在许多文化中是表示夸奖的意思，但在希腊却有侮辱他人的意思。手势表情具有丰富的内涵，但隐蔽性也最小。弗洛伊德曾描述过手势表情：凡人皆无法隐瞒私情，尽管他的嘴可以保持缄默，但他的手指却会多嘴多舌。

图 8-2　各种身体姿态及其含义

（3）语调表情

语调表情是人通过声调、节奏变化来表达的，如言语中语音的高低、强弱、抑扬顿挫等。人们惊恐时尖叫；悲哀时声调低沉，节奏缓慢；气愤时声高，节奏变快；爱慕时语调柔软且有节奏，都是语调表情。

面部表情、身体姿态和语调变化成为情绪的有效表达方式，它们经常相互配合，更加准确或复杂地表达不同的情绪。

二、心情万花筒：情绪的种类

情绪有多少种类，你计算过吗？你最常有的情绪是什么呢？

关于情绪的种类，长期以来说法不一。我国古代有喜、怒、忧、思、悲、恐、惊的七情说，美国心理学家普拉切克提出了8种基本情绪：悲痛、恐惧、惊奇、接受、狂喜、狂怒、警惕、憎恨。还有的心理学家提出了9种类别。虽然类别很多，但一般认为有4种基本情绪，即快乐、愤怒、恐惧和悲哀。

1. 快乐

快乐指一个人盼望和追求的目的达到后产生的情绪体验。由于需要得到满足，愿望得以实现，心理的急迫感和紧张感解除，快乐随之而生。快乐有强度的差异，从愉快、兴奋到狂喜，这种差异和所追求的目的对自身的意义以及实现的难易程度有关。

2. 愤怒

愤怒指所追求的目的受到阻碍、愿望无法实现时产生的情绪体验。愤怒时紧张感增加，有时不能自我控制，甚至出现攻击行为。愤怒也有程度上的区别，一般的愿望无法实现时，只会感到不快乐或生气，但当遇到不合理的阻碍或恶意的破坏时，愤怒会急剧爆发。这种情绪对人的身心的伤害也是明显的。

3. 恐惧

恐惧是企图摆脱和逃避某种危险情境而又无力应付时产生的情绪体验。恐惧的产生不仅由于危险情境的存在，还与个人排除危险的能力和应对危险的手段有关。一个初次出海的人遇到惊涛骇浪或者鲨鱼袭击会感到恐惧无比，而一个经验丰富的水手对此可能已经司空见惯，泰然自若。婴儿身上的恐惧情绪表现较晚，可能与他对恐惧情境的认知较晚有关。

4. 悲哀

悲哀指心爱的事物失去时，或理想和愿望破灭时产生的情绪体验。悲哀的程度取决于失去的事物对自己的重要性和价值。悲哀时带来的紧张的释放，会导致哭泣。当然，悲哀并不总是消极的，它有时能够转化为前进的动力。

在以上4种基本情绪之上，可以衍生出众多的复杂情绪，如厌恶、羞耻、悔恨、嫉妒、喜欢、同情等。如果我们将众多情绪按照性质分，可以分成两大类——正面情绪和负面情绪。你可以将平日的情绪收集分类，记录下来。你记录自己和观察别人的情绪以后，一共收集到几个种类？按照正面情绪和负面情绪来归类的话，归到正面情绪的种类多还是负面情绪的种类多呢？

课/堂/活/动

心情九宫格

请你在每个格中画图，代表你近一周的心情。

三、成功密码：何谓情商

≡ 案/例

都是情绪惹的祸

美国有一位青年人心脏病发作，邻居紧急通知该青年人的父亲，同时打电话请附近诊所的医生前来急救。当时，焦急不已的父亲刚好将车子送厂检修，情急之下，就拿了一把手枪，走到十字路口，对着红灯前面一辆汽车，大声吆喝："你马上给我下车！你闭嘴！再啰唆就打死你！"这位父亲顺利地抢了那辆车开回家里。见到抱着前胸、表情极度痛苦的儿子，心急如焚的父亲不断地安慰儿子："你再忍一下，医生马上就来了！"可是，时间5分钟、10分钟、20分钟过去……最后，父亲眼睁睁地看着儿子在痛苦、挣扎、无助中死去。当父亲抱着儿子的身体痛哭失声时，医生才带着急救箱匆匆赶到。父亲对着医生破口大骂："你是什么医生，竟然拖到现在才赶到！你看，因为你的延误，我儿子已经死了！"医生也大声吼叫："你刚才在十字路口为什么拿着枪抢我的车？还威胁我、不准我开口讲话，就强行把我的车开走！"

或许我们不会碰到案例中的父亲那样极端的行为，一次情绪失控造成终身无法挽回的遗憾。在日常生活中，常常会有各种各样的事情引发我们的情绪反应。我们虽然无法抑制自己的情绪反应，但是能通过控制自己的思想和行为管理我们的情绪。

情绪商数（Emotional Quotient，EQ），通常简称为情商，是一种自我情绪控制能力的指数，由两位美国心理学家约翰·梅耶（新罕布什尔大学）和彼得·萨洛维（耶鲁大学）于1990年首先提出。跟智商（IQ）不一样，情商（EQ）可经人指导而改善。一个人的成功，智商的作用只占20%，其余80%是情商的因素。《异类》的作者跟踪研究了很多天生智商高的人，这些人的智商通常在140以上，俗称天才。结果追踪发现，这些天才长大后并没有获得如研究者期望的伟大成就，大多数的天才只是循规蹈矩地活着，在普通的公司上班，在正常的轨道上生活，有的甚至还在杂货店打工，或从事体力劳动。而追踪者发现，相比天才而言，那些智商处于中上等、徘徊在110～130的人们，获得成功的概率更高。

丹尼尔·戈尔曼接受了彼得·萨洛维的观点，认为情商包含5个主要方面。

（1）了解自我：监视情绪时时刻刻的变化，能够察觉某种情绪的出现，观察和审视自己的内心体验。它是情商的核心，只有认识自己，才能成为自己生活的主宰。

（2）自我管理：调控自己的情绪，使之适时适度地表现出来，即能调控自己。

（3）自我激励：能够依据活动的某种目标，调动、指挥情绪的能力。它能够使人走出生命中的低潮，重新出发。

（4）识别他人的情绪：能够通过细微的社会信号，敏感地感受到他人的需求与欲望，认知他人的情绪，这是与他人正常交往、实现顺利沟通的基础。

（5）处理人际关系：调控自己与他人的情绪反应的技巧。

四、人类进化：情绪的功能

在人类生活中，情绪具有重要的功能，主要分为适应、调控、激励、健康功能。

1. 情绪的适应功能

情绪是有机体适应生存和发展的一种重

要方式，如动物遇到危险时产生害怕情绪，从而发出呼救信号，就是动物求生的一种手段。人类婴儿出生时，还不具备独立的维持生存的能力，这时主要依赖情绪来传递信息，与成年人进行交流，得到成年人的抚养。成年人也正是通过婴儿的情绪反应，及时为婴儿提供各种生活条件。在成年人的生活中，情绪直接反映着人们的生存状况，是人们心理活动的晴雨表。积极情绪提示环境中无危险威胁，尽可以放松，利于与他人建立亲密、合作关系，创造、获取生存资源。除了生存意义，人们还通过情绪进行社会适应。如用微笑表示友好，用人情维护人际关系，通过察言观色了解对方的情绪状况，以便采取相应的措施等。

2. 情绪的调控功能

情绪对于人们的认知过程具有影响作用，有积极作用，也有消极作用。良好的情绪会提高大脑活动的效率，提高认知操作的速度与质量。1980年，心理学家叶克斯和道森通过动物实验发现，随着课题难度的增加，动物的动机最佳水平有逐渐下降的趋势，表现为一种倒"U"形曲线，这种现象称为叶克斯—道森定律。后续对人类进行的研究则证明：焦虑水平对个人智力活动的效率可以起到促进作用，当焦虑水平为中等时，智力活动的效率最高；而当焦虑水平超过一定程度时，过强的焦虑对智力活动又会产生阻碍作用。

3. 情绪的激励功能

情绪能够以一种与生理性动机或社会性动机相同的方式激发和引导行为。有时我们会努力去做某件事，只因为这件事能够给我们带来愉快与喜悦。从情绪的动力性特征看，分为积极增力的情绪和消极减力的情绪。快乐、热爱、自信等积极增力的情绪会提高人们的活动能力，而恐惧、痛苦、自卑等消极减力的情绪则会降低人们活动的积极性。有些情绪同时兼具增力与减力两种动力性质，如悲痛可以使人消沉，也可以使人化悲痛为力量。

4. 情绪的健康功能

情绪对健康的影响作用是众所周知的。积极的情绪有助于身心健康，消极的情绪会引起人的各种疾病。我国古代医书《内经》中就有"怒伤肝，喜伤心，思伤脾，忧伤肺，恐伤肾"的记载。有许多疾病与人的情绪失调有关，如溃疡、偏头痛、高血压、哮喘、月经失调等。有些人患癌症也与长期心情压抑有关。愉快的情绪能使整个机体的免疫系统和体内化学物质处于平衡状态，从而增强对疾病的抵抗力。

课/堂/活/动

体验情绪——海浪与水草

两人一组，一人扮演海浪，一人扮演水草。海浪代表外在环境的力量，水草代表个人对于环境作用的反应。

（1）海浪用手掌发力，冲向水草，水草随着海浪的力量摇摆。

（2）海浪可以尝试发起不同强度的力量，水草跟随海浪的力量体验外在力量带来的冲击。

（3）互相交换角色体验。

（4）分享活动过程中的感受。

我的情绪我做主——高职大学生的情绪管理

本节视频

案/例

情绪的表达

辅导员参加了学校心理咨询中心的培训后，准备这个月底召开一次心理主题班会，请 521 宿舍的同学一起出谋划策。班会的主要内容是大家结合实际生活，谈谈自己的情绪以及日常是如何管理的。521 宿舍晚上的卧谈会大家开始了一场内部讨论。

小奇："要我说，就让大家谈谈最近的心情，最好说点高兴的事。"

佳琪："要是想不到高兴的事怎么办？感觉大家每次说到心情，总有不太好的情绪。"

晶晶："是啊，特别是期中考试马上要进行了，班里有一种压抑和紧张的气氛弥漫，你们没感觉到吗？"

小奇："啊，谈压力会不会让人更紧张啊？搞不好班会气氛会很压抑啊。"

佳琪："但我觉得一次成功的班会就是要让大家讲心里话啊，不一定要刻意回避，就像我前一段的心情起伏，不是和你们分享后才走出来的吗？木兰你怎么不说话，你快说说啊。"

木兰："表达出不好的情绪其实也是疏通情绪的一种方法。歌德少年失恋一度要轻生，写了《少年维特的烦恼》，据说起到了疗愈的作用。我想，说出来也是一种表达。"

晶晶："我赞成。我们来想想以什么样的形式进行吧。"

喜、怒、哀都是人的正常情绪，所谓的情绪管理并不是让我们不要消极情绪了，而是提倡从觉察情绪开始，学会表达情绪，转化情绪，用适合自己的方法来达到情绪的平衡。如同案例中筹备心理主题班会，大学生可以通过这样的方法表达情绪，分享情绪。当你愿意打开心门，讲出自己的心情时，你已经走在了情绪管理的正确道路上了。

一、识别情绪：3 类常见消极情绪

1. 焦虑

焦虑是大学生常见的情绪状态，是一种类似担忧的反应或是自尊心受到潜在威胁时产生担忧的反应倾向，是个人主观上预料将会有某种不良后果产生的不安感，是紧张、害怕、担忧混合的情绪体验。当大学生在学习、工作、生活各方面遭遇挫折或担心需要付出巨大努力的事情来临时，便会产生这种体验。焦虑对大学生的影响是复杂的，既可以成为大学生成才的内驱力，起促进作用，又可以起阻碍作用。

大学生常见的焦虑有自我形象焦虑、学习焦虑与情感焦虑。自我形象焦虑是担心自己不够漂亮、没有吸引力、体态过胖或矮小等，也有的因为粉刺、雀斑等影响自我形象而引起的焦虑。这类焦虑主要与自我认知有关，需要通过调整自我认知重新接纳自我，建立新的自我形象。学习焦虑是担心自己完成不了学习任务而引发的，需要引起大学生的重视。情感焦虑多数是由于恋爱受挫而引发的自我否定，认为自己不具备爱人与被爱的能力，因而过度担心，引起焦虑。

2. 抑郁

抑郁最明显的症状是压抑的心情，抑郁的人常对所有活动失去兴趣，渴望一个人独处。抑郁伴随着个人认知的改变，这些认知改变可以是一般性的，比如注意力不集中、记忆力衰退或者很难做出决定。在思考中可能有更多的心境转变，消极地看待世界、自我和未来。因此，抑郁的人很难回忆起美好的过去，常常不适当地责备自己，认为他人更消极地看待自己，对未来感到悲观。抑郁还伴随着个人身体症状，如常常乏力，起床变得困难，严重时睡眠方式都将改变，睡得太多或早晨醒得太早，并且不能再次入睡。个人也可能出现饮食紊乱，吃得过多或过少，随之而来的是体重激增或剧减。抑郁是一种持续时间较长的低落、消沉的情绪体验，它常常与苦闷、不满、烦恼、困惑等情绪交织在一起。

一般来说，抑郁情绪多发生在性格内向、孤僻、敏感多疑、依赖性强、不爱交际、生活遭遇挫折、长期努力得不到报偿的大学生身上。那些不喜欢所学专业，或有人际关系处理不当、失恋等问题的大学生也会产生抑郁情绪。

案 / 例

一位高职大学生的求助信

老师您好！我想和您谈谈自己心理上存在的一些问题。最近，我干什么事情总是没有精神，晚上很晚才能入睡，常常在夜深人静的时候，躲在被窝里偷偷哭泣，白天也很疲惫，早上不想起床，有时候能躺一个上午，吃饭也没有食欲，也不想去食堂，有时候在宿舍吃一点零食，不想出门，校园的任何一个小路都能让我回想起以前，就在上个学期我还是一个沉浸在恋爱甜蜜中的女生，然而就过了一个暑假，一切都变了，他向我提出了分手，说我们继续下去不合适，可以做回朋友，我不缺朋友，我不想要做朋友啊，我虽然有点黏人，有时候控制不了自己的情绪会发脾气，可是我以为我们会一直走下去。我是不是太自大了，太自以为是了，我很痛苦，但是不知该如何做……

这是一例因为失恋引发的抑郁情绪问题，具体表现为情绪低落、睡眠问题、食欲下降、消极的自我观念、动力下降等。通过面谈以及对她以往生活经历的追踪，核心问题仍然是负性生活事件引发的情绪问题，因为负性情绪持续时间较长，需要寻求一定的专业帮助。

3. 愤怒

愤怒是由于客观事物与人的主观愿望相违背或因愿望无法实现时，人们内心产生的一种激烈的情绪反应。心理学研究表明，当愤怒发生时，可能导致人体心跳加快、心律失常、高血压等躯体性疾病，同时还会使人的自制力减弱甚至丧失，思维受阻，行为冲动，甚至干出一些后悔不迭的事或造成不可挽回的损失。在中国共产党第十九次全国代表大会上的报告中提出的"加强社会心理服务体系建设，培育自尊自信、理性平和、积极向上的社会心态"，说明了情绪的健康对于社会和谐与安定的重要意义。

处于精力充沛、血气方刚的青年时期的大学生，在情绪发展上往往具有易激动、动怒的特点。有的大学生因一句刺耳的话或一件不顺心的小事而暴跳如雷；有的大学生因人际协调受阻而怒不可遏、恶语伤人；有的大学生因别人的观点或意见与自己相左而恼羞成怒；有的大学生因一时的成功，得意而忘乎所以；有的大学生因暂时的挫折或失败而悲观失望，痛不欲生。这种情绪对大学生的影响是极其有害的，因而有人说："愤怒以愚蠢开始，以后悔结束。"

当然，除了焦虑、抑郁和愤怒，还有许多种情绪，你可能都体验过，管理情绪的第一步就是识别这些情绪，觉察它们的出现和发展变化规律。

二、探究情绪：情绪的生理和心理机制

1. 情绪的生理机制

人类大脑的中间层是边缘系统，负责喜怒哀乐等基本情绪的产生，因此俗称情绪脑，是人类的情感中心；处于最外层的大脑皮层是负责高级认识的理性脑。情绪脑一直在保护我们，它的职责就是悄悄留意周围。比如，驾车时即使我们在和乘客聊天，也能在这种大脑机制的帮助下无意识地注意到正向我们驶来的卡车。情绪脑辨别危险，然后将我们的注意力从谈话上转移到卡车上，直到危险过去。在人类的早期生活中，这种报警系统十分重要，甚至在今天，这种反应仍然有用。当情绪过于强烈时，情绪脑对理性脑的掌控开始影响我们的心理机能。这时，我们无法控制自己的想法，这时候我们发现自己"太情绪化"，甚至"不理性"。

两个大脑——情绪脑和理性脑，几乎同时接收外界信息，它们要么合作，要么竞争，来控制我们的思维、情绪和行为。它们之间的合作或竞争，决定了我们的感受、我们和世界的关系以及和他人的关系。当两个大脑矛盾不断时，我们无法开心；当情绪脑和理性脑合作时，我们会感觉到内在的平静。

扩/展/阅/读

心理学实验：快乐和痛苦的情绪中枢

人为什么会感到快乐？为什么会感到痛苦？这是因为我们碰上了令人高兴的事或痛苦的事。除了以上这个原因，心理学家还发现了一些别的原因。其中一个很重要的发现就是，刺激脑的某些部位也能产生欢乐或痛苦的情绪。原来，在我们的大脑里有专门分管快乐和痛苦的情绪中枢。

想了解详细信息，请扫描旁边的二维码收听吧。

扫一扫

听音频

2. 情绪的心理机制

情绪的心理机制，可以用萨提亚提出的冰山理论来解释（见图8-3）。

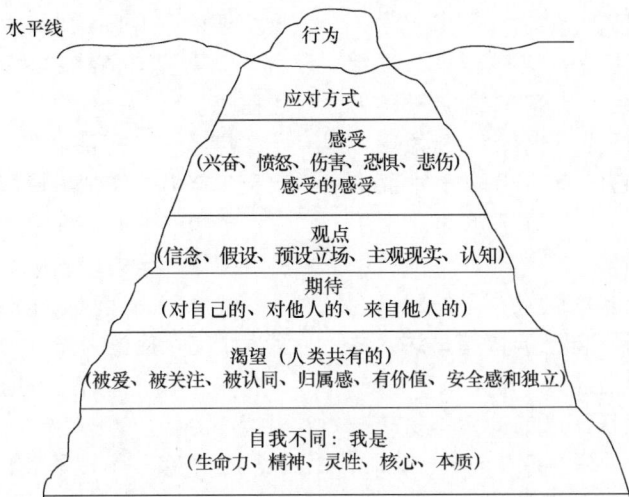

图 8-3　影响情绪的内在冰山模型

影响情绪的最底层是自我不同层面，是人对于自身的根本性的思考和判断，包括生命力、精神、灵性、核心、本质。关于生命力，我们可以理解为一个人的心理能量，这种能量让自我充满信心和对未来的渴望。

渴望包括被爱的渴望、被关注的渴望、被认同的渴望、归属感的渴望、有价值的渴望、安全感的渴望、独立的渴望。人类具有灵性，自具有自我意识开始便有了爱与被爱的渴求，只是我们在不同阶段表达的方式不一样。有一句话说得很好，没有人爱的人是可怜的，没有可以爱的人是可悲的。总之，我们都渴望爱与被爱，渴望一种重要感、温暖感。

因为我们有了渴望，所以就有了期待，这份期待包括对自己的期待、对他人的期待和对来自他人的期待。对爱与被爱来说，我们期待自己是一个有爱心的人，所以我们甘心付出、乐于分享，同时我们期待自己是一个被人关注、被人喜爱、值得别人爱的人。我们对他人的期待是情感互动的本源，我们期待我们的自我形象能够得到别人的认可和喜欢，期待自己的爱和关怀得到别人积极的回应和感激。更重要的是，我们期待来自他人对我们的爱、关怀、肯定、喜欢、欣赏、尊重等。

因为我们有了期待，我们便有了基本的观点，包括信念、假设、预设立场、主观现实、认知。我们对自己和对他人的期待形成了我们对这个社会的基本的预设和预判，也就是说，我们对这个社会有了自己的预想和描述。因为我们有了预设，就有了标准，有了标准才有了我们的认知和判断，有了认知和判断我们才有了情绪的基本感受。比如你渴望得到别人的关注和爱，你便对自己有了基本的期待，比如自己的行为举止应该如何，如何发展自己的才艺，当然你这么做的目的是期待你有好感或者你认为对你重要的人，他们能够注意你，亲近你。现在你有一个暗恋的女生，你一直期待得到她的青睐，你希望和她建立恋人关系。请注意这个时候就是你的预设，自从预设之后，你和这个女生的互动关系有了标准，也许你们并没有开始认识，但你会对她和其他男生走在一起感到不开心，甚至嫉妒，你对她没有注意到你而感到郁闷。这就是情感到情绪的最关键环节——来自于期待的预设。

再来看感受，也就是我们的情绪，满意对不满意、喜欢对厌恶、兴奋对恐惧、喜悦对悲伤、狂热对愤怒等。事实上，这些情绪在绝大多数情况下先由感受决定是积极的情绪还是消极的情绪，然后才是具体的满意、喜欢、喜悦、兴奋、狂热等。

这些根据情绪的强度、情绪的紧张程度、情绪的激动程度、情绪的快感程度、情绪的复杂程度等变化组合出来的情绪千差万别，但都会影响到行为。情绪对行为影响的特殊之处在于，它既有冰山隐于水面之下的心理体验部分，又有显于水面之上的应对方式的表现部分。

当你负性情绪更多的时候，不妨找一个独处的环境，"聆听"自己的情绪，深入体会自己正经历的感受是什么：是内疚、怨恨、害怕、惊讶，还是哀伤？人的情绪不是单一产生的，常常是几种情绪混杂在一起。这时，你要仔细分辨一下：究竟哪种情绪是你目前最主要的，并留意自己此时的身体反应。然后，你需要与情绪"对话"，觉察情绪背后的信息。

焦虑——提醒我们，不要懈怠，只有付出更多努力才能把事情做得更好。

恐惧——让我们警醒，充分意识到问题的危害性，全力以赴应对危险。

愤怒——让我们了解自己最在意的事情，激发情绪反应的力量，为抗争积蓄能量。

罪恶感——让我们自省，不做不可为的事情。

自卑感——提醒我们与他人比较还有差距，从而激励自己不断超越自我，变得强大。

扩/展/阅/读

焦虑情绪管理3步走

在生活和学习中，焦虑情绪是一种常见的情绪。当我们有焦虑情绪的时候该怎么办呢？这里给大家介绍几个步骤，可以帮助大家有效管理焦虑情绪。

第一步：认识到焦虑情绪的作用——焦虑的生存意义是什么？

第二步：了解情绪的本质——"哨兵"和"信使"。

第三步：寻找合理的解决办法——焦虑就是答案。

扫描旁边的二维码，听听详细的解读吧。

扫一扫

听音频

三、管理情绪：情绪的自我调适

《红楼梦》里的林黛玉不仅才华出众，而且纯洁、真诚，自幼羸弱多病，多愁善感。"花谢花飞花满天，红消香断有谁怜""一年三百六十日，风刀霜剑严相逼""试看春残花渐落，便是红颜老死时"这些诗句无不令人伤感悲怀。在"风刀霜剑严相逼"的贾府，她不会像薛宝钗那样曲意逢迎、八面玲珑，而是经常郁郁寡欢，茶饭不思，夜不能寝，泪水涟涟。当她听说贾宝玉与薛宝钗成亲之时，一气而绝，悲愤而逝。从情绪心理角度看，正是因为她内心的抑郁情绪而造就了自己的悲剧。

扩/展/阅/读

失控的情绪像钉子

有个脾气很坏的小男孩，动不动就发脾气，令家里人很伤脑筋。一天，父亲给了他一大包钉子和一只铁锤，要求他每发一次脾气都必须用铁锤在家里后院的栅栏上钉一颗钉子。第一天，小男孩就在栅栏上钉了 30 多颗钉子。但随着时间的推移，小男孩在栅栏上钉的钉子越来越少。他发现自己控制脾气要比往栅栏上钉钉子更容易些。一段时间之后，小男孩变得不爱发脾气了。于是父亲建议他："如果你能坚持一整天不发脾气，就从栅栏上拔下一颗钉子。"又过了一段时间，小男孩终于把栅栏上所有的钉子都拔掉了。这时候，父亲拉着儿子的手来到栅栏边，对他说："儿子，你做得很好。可是，你看那些钉子在栅栏上留下的小孔，栅栏再也不会是原来的样子了。当你向别人发过脾气之后，你的言语就像这些钉子孔一样，会在人们的心灵中留下疤痕。你这样做就好比用刀子刺向别人的身体，然后再拔出来。无论你说多少次'对不起'，那伤口都会永远存在。"

不良的言语就像那个小男孩钉到栅栏上的钉子，再怎么努力拔去那些钉子，栅栏也不可能回到原来的样子。不良情绪不仅会让身边的人无所适从，受到伤害，也会让自己受到伤害。

毕达哥拉斯说，做自己情绪的奴隶比做暴君的奴隶更为不幸。当我们面对愤怒、抑郁、悲伤、焦虑等消极情绪的时候，我们可以做的事情是积极调适。自我调适技巧分为认知类和行为类。

1. 认知类自我调适技巧

（1）理智调适法

如果说情绪是奔腾的"洪水"，那么理智就是一道坚固的"闸门"。理智调适法就是用理性的意识管理非理性。情绪 ABC 理论（见图 8-4）的创始者埃利斯认为：正是由于我们常有的一些不合理的信念才使我们产生情绪困扰。如果这些不合理的信念长久持续，还会引起情绪障碍。情绪 ABC 理论中：A 表示诱发性事件；B 表示个人针对此诱发性事件产生的一些信念，即对这件事的一些看法、解释；C 表示自己产生的情绪和行为的结果。通常人们会认为诱发事件 A 直接导致了人的情绪和行为结果 C，发生了什么事就引起了什么情绪体验。然而，你有没有发现，同样一件事，对不同的人会引起不同的情绪体验。比如有两个大学生，英语四级考试都

没通过，一个人无所谓，而另一个人却伤心欲绝。

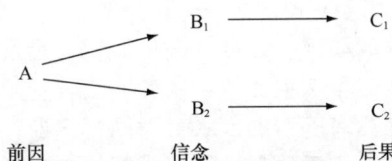

结论：事物的本身并不影响人，人们只受对事物看法的影响。

图 8-4　情绪 ABC 理论

（2）乐观面对法

乐观面对生活的人，通常热爱生活，即使遭遇挫折、失败，他们依然能够保持积极向上的情绪。大仲马说过，人生是一串无数的小烦恼组成的念珠，乐观的人总是笑着数完这串念珠。古希腊哲学家苏格拉底和几个朋友住在一间面积只有七八平方米的房子里，友人认为他居住的条件太差了，他说："和朋友们住在一起，随时可以和他们交流感情，是值得高兴的事啊。"几年后，他一个人住，又有人说他太寂寞了，他又说："我有很多书啊，一本书就是一个老师，我和那么多老师在一起，怎么不高兴呢？"之后，他住楼房的一楼，友人认为一楼的环境差，他却说："你不知道啊，一楼方便啊，进门就到家，朋友来方便，还可以在空地上种花、种菜。"后来，他又搬到顶楼，有人说住顶楼没好处，他说："好处多啊，每天爬楼锻炼身体啊，顶楼光

线也好。头顶上没干扰，白天晚上都安静。"

（3）自我暗示法

自我暗示法主要是通过语言引起或抑制人的心理和行为。自我暗示对人的情绪乃至行为有着奇妙的作用，既可用来松弛过分紧张的情绪，又可用来激励自己。当遇到愤怒、忧愁、焦虑、困难、挫折时，不妨心中默念一些鼓励自己的话，比如"别人能行，我也一定能行""一切都会过去""别人不怕，我也不怕"。这种积极的心理暗示在很多情况下能驱散忧郁和怯懦，使自己恢复快乐和自信。

2. 行为类自我调适技巧

（1）注意转移法

保持一些爱好，在心情不好时，做一些自己喜欢的事，例如看书、看影视剧、听歌、唱歌、做运动等，让自己心情愉快。音乐疗法是注意转移法中比较常用的方法。音乐疗法主要是让有压力的人欣赏不同的乐曲，然后使他们从不同的负面情绪中解脱出来。除了听歌，唱歌也能够起到同样的作用，特别是放声高歌，可以带走紧张、激动的情绪。歌的旋律、词的激励，唱歌时有节律的呼吸和运动，都能够缓解紧张情绪。除此之外，运动、旅游、散步或做一些体力活，都可以把消极情绪产生的能量释放出去。

（2）合理宣泄法

向他人倾诉、在适当的场合哭、大声喊叫、写日记等都是将情绪由内而外宣泄出去的方法。人们把压力表达出来比压抑或者回避压力更有益于心理健康。曾有一项研究，要求被试者连续5天写出自己压力来源或跟朋友诉说压力来源。结果显示，只写不说的一组被试者焦虑症状降低得最多，而总是跟朋友絮叨烦心事的一组被试者，焦虑症状降低得不如另一组明显。不过诉说的减压效果也取决于对方所提供的情感支持和自己对于压力的反省能力。

（3）自我放松法

心理学家认为，人们长期处于高度紧张状态会使自身免疫力降低，从而引起生理和心理疾病，常被称为心理问题的躯体化反应。学会自我放松则可以缓解情绪带来的身心疲劳，恢复身心的平静。自我放松法包括深呼吸放松法、渐进式肌肉放松法、想象放松法等。

技/能/学/习

渐进式肌肉放松法

在做这个练习前请做好以下准备：找一个安静且不被打扰的地方，找一把舒服的椅子。准备好了就可以扫描旁边的二维码，跟随老师的指导语来进行练习。

练习结束之后，请把你的感受记录下来。

_____

_____

_____

扫一扫

听音频

第三节

撑起一片晴天——积极情绪及养成

案/例

3件开心的小事

"滴滴滴"，佳琪收到张帅的短信："开心3件事：打篮球大汗淋漓，话剧社主席团换届我毛遂自荐了，中午和你一起吃饭。"那边张帅也收到了佳琪的短信："开心3件事：做英语阅读全对；和老同学网上聊天；中午和你一起吃饭。"每天晚上10点左右入睡前的这段时间是佳琪最期待最幸福的时间，原来她和张帅有个约定，10点整的时候大家同时按发送键，把提前编辑好的这一天最开心的3件事分享给对方。这个习惯是从一个多月前开始的，那时候班里的心理委员拿了一张学校心理咨询中心的宣传单，标题是：幸福是一种习惯——记录每天最开心的3件事。佳琪本来没当回事，谁知几天后张帅说要给自己一个礼物，要创造属于两人的美好回忆，于是他们约定晚上同一时刻发送"开心3件事"的短信。刚开始的时候，两人在一天中找3件开心的事还真是不习惯，但他们还是好奇地当作游戏坚持下来，后来渐入佳境，好像开心的事越来越多，越来越容易发现，而且自己竟然可以预测对方的开心事，好神奇。原来幸福可以这么具体，幸福是可以营造的。

案例中张帅和佳琪进行的心理小游戏"记录一天中开心3件事"是积极心理学领域经过实验验证能有效增加积极情绪的方法之一，不仅可以个人实施，而且可以朋友之间互相分享；不仅可以增进对自我和他人的了解，还能传递正能量。

一、观念的转变：从消极到积极

在过去一个世纪的心理学研究中，我们所熟悉的词汇是病态、幻觉、焦虑、狂躁等，而很少涉及健康、勇气和爱。然而以马丁·塞里格曼和奇克森特米哈伊在2000年1月出版的《积极心理学导论》为标志，越来越多的心理学家开始涉足积极心理领域的研究，

矛头直指过去近一个世纪中占主导地位的消极心理学模式，逐渐形成一场积极心理学运动。积极心理学的研究对象是平均水平的普通人，它要求心理学家用一种更加开放的、欣赏性的眼光去看待人类的积极品质：潜能、动机、能力、美德、创造力、幸福感等。积极心理学从传统心理学研究生命中最不幸的事件，转变到研究生命中最幸福的事件，或者说从关注人类的疾病和弱点转向关注人类的优秀品质。

在2000年，积极心理学家克里斯托弗·彼得森和马丁·塞林格曼组织了一个由社会学

家组成的小组，制订了人格特长测试（Valuse in Action Inventory of Strengths，VIA-IS）性格力量分类手册，旨在为发展青年人的积极性格提供有效途径。在这个 VIA-IS 计划里，他们列出了 24 种积极的性格和品格力量。这里简单列出来，供大家参考。

第一类是智慧和知识的力量——创造性、好奇心、热爱学习、思想开放、洞察力。

第二类是意志力量——真实、勇敢、坚持、热情。

第三类是人道主义的力量——善良、爱、社会智慧。

第四类是公正的力量——正直、领导力、团队合作精神。

第五类是节制的力量——宽容、谦逊、审慎、自我调节（自律、控制欲望和情绪）。

第六类是卓越的力量——对美和优点的欣赏、感激、希望、幽默、虔诚/灵性。

二、幸福像花一样：积极情绪的发现

致力于研究积极心理学的巴巴拉·弗雷德里克森教授提出关于积极情绪的拓展和建构理论，认为积极情绪能够拓展人的瞬时知行能力，建构和增强人们的个人资源，扩展瞬间思维活动序列。"把你自己想象成春天里的一朵花，你的花瓣聚拢，紧紧围绕着你的脸。如果你确实还可以看到外面，也只有一点点光线。你无法欣赏发生在你身边的事情。然而，一旦你感受到阳光的温暖，情况就变了。你开始变得柔软。你的花瓣放松，并开始向外伸展，让你的脸露了出来，并拿掉了你精密的眼罩。你看见的越来越多。你的世界相当明确地扩展着，可能性不断展开。"这段诗意的话描述了作者的积极情绪的"拓展和建构"理论的最核心的内容，你的积极情绪如同那使得花开、使得花灿烂的阳光一样，给你的人生带来更多的可能性与开放性。

美国卡耐基梅隆大学的科恩博士进行了一项有趣的研究，他发现积极情绪可能提高人们对普通感冒的抵抗力。研究招募了 334 名身体健康的志愿者参加。首先，这些志愿者需要在 3 周之内 7 个随机挑选的晚上接受电话访谈。志愿者在电话中向研究者描述他们这一整天的感受，描述对 3 类积极情绪——欢欣、舒适和平静以及 3 类不良情绪——抑郁、焦虑和敌意的感受程度，并用"0 ~ 4"的量表进行评定（如 0 表示完全没有感受，4 表示充分感受）。结果发现，在积极情绪上得分低的人患感冒的可能性是得分高的人的 3 倍，而在不良情绪上得分的高低对是否感冒没有影响。

经研究证实的引发愉快心情的因素有体育活动、音乐、接受礼物、良好的室内环境、好的天气、少量的饮酒、亲密的身体接触（拥抱、亲吻等）、社交聊天。

课/堂/活/动

感恩拜访练习

闭上眼睛，请你想出一个依然健在、言行曾让你的人生变得美好的人。你从来没有好好感谢过他，但下个星期你就会去见他。想到谁了吗？

感恩可以让你的生活更幸福、更满足。在感恩的时候，我们对人生中美好事物的回忆能让我们身心获益。同时，表达感激之情也会加深我们与别人之间的关系。不过，有时候我们说"谢谢"说得很随意，使感谢几乎变得毫无意义。在这个叫作"感恩拜访"的练习中，你可以用一种周到、明确的方式，体验如何表达你的感激之情。

你的任务是给这个人写一封感谢信，并亲自递送给他。这封信的内容要具体，大约有 400 字。在信中，你要明确地回顾他为你做过的事，以及这件事如何影响到你的人生。让他知道你的现状，并提到你是如何经常想到他的言行的。要写得动人心弦。

写完这封感谢信后，打电话给这个人，告诉他你想要拜访他，但是不要告诉他此行的目的。见到他后，慢慢地念你的信，并注意他和你自己的反应。如果你在念的过程中被对方打断，请告诉他，你真的希望他先听你念完。在你念完每一个字后，你们可以讨论信的内容，并交流彼此的感受。

在下次课的时候，5 ~ 6 人为一个小组分享彼此的感受。

三、生命最佳状态：福流体验

20 世纪 60 年代美国心理学家奇克森特米海伊曾对美术家、西洋棋手、攀岩者、作曲家、运动员等人进行了仔细观察，他发现这些人在所从事的活动中，全神贯注地工作，时常遗忘时间和周遭环境。这些人在从事他们的职业活动时是出于某种乐趣，这些乐趣来自于活动的过程，这些活动外在的报酬极小或是不存在的。这种经由全神贯注所产生的体验称为福流体验。人们在从事具有挑战性但可掌控的任务时，会受其内在动机的驱使，同时他们会经历一种独特的心理状态。奇克森特米海伊将其称为一种最佳的体验，一个人完全投入于某种活动中，无视其他事物存在的状态。这种体验带来莫大的喜悦，使人原意付出非常大的代价来从事它。

要想达到福流状态，必须在任务的挑战性和操作者的技能水平中建立起平衡，如图 8-5 所示。

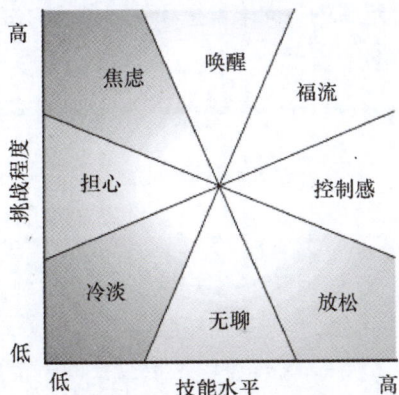

图 8-5　影响情绪状态的挑战 – 技能水平图

如果任务太难或太简单，福流就不会出现。技术能力和挑战难度必须相符合并且处于较高水平，如果技术和挑战性都很低但是相符合，那就会产生毫无兴趣、冷淡的感受。

四、幸福就在这里：积极情绪的培养

有一天，小狮子问它的妈妈："幸福在什么地方？"狮子妈妈说："幸福就在你的尾巴上。"于是，小狮子不停地追着自己的尾巴，它追了一整天也追不到。它把这个情况告诉妈妈。狮子妈妈笑着说："其实你不用刻意寻找幸福，只要你一直往前走，幸福便会自然而然地跟着你。"由此而言，幸福似乎不仅仅是一个结果，更是一个追寻的过程。对于我们而言，幸福在哪里呢？幸福到底应该如何去衡量呢？

幸福不仅仅是一种感觉，也不是一种简单的快乐，它有更为丰富的内涵。PERMA 理论给幸福提供了可参考的解释框架。PERMA 理论由"积极心理学之父"马丁·塞利格曼在《持续的幸福》一书中提出。他认为幸福有 5 个元素：积极情绪（Positive Emotions）、身心的投入（Engagement）、人际关系（Relationship）、有意义的生活（Meaning and Purpose）、成就（Achievement），如图 8-6 所示。

图 8-6　PERMA 理论

北卡罗来纳大学心理学教授芭芭拉·弗雷德里克森在她的专著《积极情绪的力量》中列出了积极情绪的10种形式：喜悦、感激、宁静、兴趣、希望、自豪、逗趣、激励、敬佩、爱。她专门探讨了增加由衷的积极情绪的5种方法。

1. 找到生命的意义

在你的日常生活中，要更加频繁地寻找积极的意义。人们的日常生活中所面对的大多数情况并非一无是处，所以，在生活中发现好的方面以及由衷地强调积极意义的机会，是始终存在的。消极情绪并非来自人们遭遇的不幸，而是来自人们如何看待不幸。当你将不愉快甚至是悲惨的境况以积极的方式重新定义时，你就提高了自己的积极情绪。

研究亲人亡故后人们的情绪波动的科学家发现，体验到交织在悲伤中的某些由衷的积极情绪的人们从哀伤中恢复得更快。有的人通过回顾亡故的亲人的良好品质来培育自己的积极情绪；有的人通过珍惜来自健在的亲人的关照来提升自己的积极情绪；有的人则通过恢复自己的日常生活或帮助他人来重新点燃自己的积极情绪。

2. 梦想未来

提高积极情绪的简单方法之一，就是更加频繁地梦想你的未来。为自己构想最好的将来，将美好未来形象化能够让你把自己每天的目标和动机与自己的梦想相契合。

3. 利用优势

调查结果表明，每天都有机会做自己最擅长的事情的人，更容易在工作与生活中取得成功。确定自己的优势，并据此重新制订你的工作与日常生活流程，重塑自己。由此产生的积极情绪的提升，既明显又持久。这是积极心理学早期的重大研究成果之一。

4. 与他人在一起

没有人能孤立地实现自己的全部潜能。人们通过与他人相处，可以获得更多的积极情绪。每个欣欣向荣的人都与密友及家人有着温馨又可信赖的关系。与枯萎凋零者相比，欣欣向荣者每天与自己亲近的人相处的时间更多。

无论你是否性格外向，每天都要与他人建立联系。科学实验表明，当你和别人在一起的时候，即使你只是假装外向，也会表现得更大胆、健谈、自信、积极主动和充满活力，你就能从中获得积极情绪。科学研究还表明，培养对他人的关爱，培养自己的温和性情和同情心，你也会从中获得更多的积极情绪。

5. 享受自然环境

一个人获得积极情绪的环境因素中，自然环境可能与社会环境一样重要。因此，在明媚的好天气外出也是提高你的积极情绪的简单方法。在春季和初夏，每一个在好天气里在户外至少待上20分钟的人，都表现出了积极情绪的增长和更加开阔的思维。

全球心理学研究机构提供的大量数据表明，人类的情绪会触动和改变他们生活中的许多方面。人类所拥有的对自身情绪的控制能力远超过自己的想象，所以，人们有能力促进自身的成长，使自己达到较佳的机能水平，并按照自己选择的方向来掌握和驾驭自己的生活。

课/堂/活/动

3件好事练习

在一个星期的每天晚上，都请你在睡觉之前花10分钟写下今天的3件好事，以及它们发生的原因。这3件事情不一定要惊天动地，比如："已经连续几天雾霾了，今天见到了蓝天白云""今天室友回来的路上帮我打了开水"。也可以是很重要的事情，比如："我考上了研究生""我姐姐今天结婚了"。

在每件好事的下面，都写清楚"它为什么会发生"，比如："天气好转""室友很热心""我很努力""姐姐很聪慧、很会规划自己的人生"。

刚开始写的时候可能会很困难，坚持一个星期后就会变得容易。一般来说6个月后，你的焦虑会更少，你会更幸福，并会喜欢上这个练习。

本 章 小 结

（1）情绪是个人受到某种刺激在内心活动过程中所产生的心理体验。

（2）情绪包括3种成分：主观体验、生理唤醒、外部表现。

（3）4种基本情绪：快乐、愤怒、恐惧和悲哀。人类大脑的边缘系统，负责喜怒哀乐等基本情绪的产生，是人类的情感中心。

（4）情商包含5个主要方面：了解自我、自我管理、自我激励、识别他人的情绪、处理人际关系。

（5）情绪具有重要的功能，主要分为适应、调控、激励、健康功能。

（6）3类常见消极情绪：焦虑、抑郁、愤怒。

（7）情绪的冰山理论包括应对方式、感受、观点、期待、渴望、自我不同层面。

（8）情绪的自我调适方法有认知类自我调适法和行为类自我调适法。

（9）经研究证实的引发愉快心情的因素有体育活动、音乐、接受礼物、良好的室内环境、好的天气、少量的饮酒、亲密的身体接触、社交聊天。

（10）幸福5元素（PERMA）：积极情绪、身心的投入、人际关系、有意义的生活、成就。

（11）芭芭拉·弗雷德里克森认为提升积极情绪有5个方法：找到生命的意义、梦想未来、利用优势、与他人在一起、享受自然环境。

思考题

话剧社小美习惯用吃东西来减压，刚开始还好，的确可以迅速转移注意力，缓解了压力，可是贪食带来的更多问题让她很沮丧。小美去了学校的心理咨询中心寻求帮助，咨询老师并没有直接告诉小美戒掉贪食的习惯，只是让她先找找以往有什么成功的改善情绪的方法。小美有些疑惑，难道吃东西这种方法是可行的吗？除此之外，还有哪些更好的方法呢？

如果你是小美的同学，你会怎么回答这两个问题呢？

推荐资源

（1）书籍：《让你快乐起来的心理自助法》，阿尔伯特·艾利斯著。

此书告诉人们如何长期而有效地坚持使用理性情感行为疗法，让自己能从消极因素中跳出来，远离烦恼。

（2）电影：《头脑特工队》。

影片讲述11岁女孩莱利在5个情绪"好朋友"快乐、悲伤、恐惧、厌恶和愤怒的陪伴下幸福生活着，当她和父母搬到明尼苏达州后，变故发生，"好朋友"快乐走丢，莱利变得悲伤，负面情绪累积，情绪无法控制。于是，为了挽救莱利，几个情绪小伙伴展开了一场冒险。影片最有意思的就是将人类的几种情绪拟人化表现，快乐像星星，悲伤是一滴眼泪，愤怒是一块火砖，恐惧是神经元，厌恶则是一棵西兰花，各个情绪小人特征鲜明又非常符合各自所代表的情绪。

第九章

逆境突围
——高职大学生的压力管理与挫折应对

有一首歌唱得好："不经历风雨怎么见彩虹，没有人能随随便便成功"。有一首诗写得好："成功的花，人们只惊羡她现时的明艳！然而当初她的芽儿，浸透了奋斗的泪泉，洒遍了牺牲的血雨。"如同月有阴晴、太阳有影子，成功与压力、欢乐与挫败本是一枚硬币的两面，相伴而生。本章学习目标如下：

- 了解压力的定义、压力的来源以及压力的影响；
- 了解挫折的定义和种类，了解不同的防御机制，理解挫折背后的意义；
- 学会从认知、行为和人格层面应对压力与挫折。

引/导/案/例

一封休学申请引起的思考

这个周末 521 宿舍的 4 位同学展开了热火朝天的卧谈会。这缘于一封风靡网络的休学申请，而该申请的提出者正是与她们同系、高她们一个年级的学长"太阳"。"太阳"是中文系有名的才子。

小奇："校内网你们都看了吗？'太阳'晒了他的休学申请，洋洋洒洒数千字，不愧出自我们系才子之手。"

佳琪："真想不到，入学典礼时学长还作为代表发言呢。听学姐说他是因为忙于创作落下了很多功课，要休学继续搞创作呢。"

晶晶："你们说学校会批准吗？他的理由听起来很充分，可是休学去搞课外活动对吗？"

木兰："只能说他很有自己的想法，是对是错谁又能判断呢。"

小奇："从自我营销的意义上，我敢说他成功了。"

佳琪："也许真的是不能兼顾吧，学习、就业、考试，我们大学生的压力都很大，只是他勇敢地说出来，付诸行动。我支持他！"

小奇："你们知道吗？国外大学生中有一种很流行的减压方式，名字叫'哈佛式裸奔'。"

木兰："呵呵，我们还没那么前卫。建议我们期中考试后集体去踏青，放松一下如何？"

人在压力之下,会有不同的表现和应对。人们的身体具有一种自平衡系统,这种天生的自我保护系统往往可以帮助人们识别压力、应对压力。木兰提议的集体踏青就是一种常规的压力应对方法。高职大学生要做好压力管理,最首要的是要了解压力是什么。

第一节

不能承受之重——压力概述

本节视频

一、身体与心理信号：何谓压力

1. 压力的定义

压力（Stress）这个概念首先由加拿大心理学家谢尔耶提出。他认为压力是产生于个人无能力、无资源应对"外在需求"时的一种非特定的生理反应。

理性情绪行为疗法的创立者艾利斯则提出,应激情境本身很少作为压力而存在,压力来自人类的内部认知系统,与个人的"认知系统"及"价值系统"相关。如果适当修正自我的完美主义,大半的压力情绪即可减轻。

我国学者黄希庭认为,心理学上所说的压力有3种含义：一是现实存在的具有威胁性的刺激,即压力源；二是人对压力事件的反应,即压力反应；三是威胁性刺激带来的一种被压迫的主观感受,即压力感。

压力和意义无法分割。对不在乎的事情,你不会感到压力；不经受压力,你也无法开创有意义的生活。

2. 压力的生理和心理反应

人在压力状态下,会出现一定的生理反应和心理反应,这些身体和心理信号提示人们要关注自己的压力水平。

压力的生理反应,主要表现在自主神经系统、内分泌系统和免疫系统等方面,例如心率加快、血压增高、呼吸急促、激素分泌增加、消化道蠕动和消化液分泌减少、出汗等。谢尔耶在20世纪50年代以白鼠为研究对象从事多项有关压力的实验研究,指出压力状态下的身体反应分为3个阶段,如表9-1所示。

表9-1 压力状态下的身体反应阶段

阶段	特征
一、警觉	因刺激的突然出现而产生情绪的紧张和注意力提高,体温与血压下降、肾上腺分泌增加,进入应激状态
二、抗拒	企图对身体上任何受损的部分加以维护复原,因此产生大量调节身体的激素
三、衰竭	压力存在太久,应付压力的精力耗尽,身体各项功能突然减弱,以适应能力的丧失

压力的心理反应从认知、情绪和行为3个方面表现出来,如表9-2所示。

表 9-2　压力的心理反应

不同反应	具体表现
认知反应	可能降低或提高注意力、工作能力和逻辑思考能力
情绪反应	焦虑、不安、恐惧、易怒、攻击性、无助、工作成就感降低
行为反应	生产力降低或升高、行为慌乱、易发生意外事件

压力的生理反应和心理反应有明显的性别差异。美国一项重要的研究结果显示，面对压力，男性多以生理疾病的形式表现，譬如心肌病和溃疡，而女性却多表现在情绪上，譬如焦虑、沮丧等。面对压力男性和女性大脑的反应不同：男性左脑血液充足，启动"攻击/逃跑"机制，他们想要独处；女性启动情绪机制，更想找人聊一聊。

扩 / 展 / 阅 / 读

心理压力的 10 种无声信号

扫一扫

听音频

现代生活充满压力，要想活得轻松，就必须解压。要想有效减压，就必须了解压力。美国《预防》杂志最新载文，刊出美国拉什大学医学中心行为科学部主任斯泰万. E. 霍博佛尔博士总结出的压力"10 种无声信号"：（1）周末头痛；（2）痛经；（3）口腔疼痛；（4）怪梦；（5）牙龈出血；（6）突然出现痤疮；（7）偏爱甜食；（8）皮肤瘙痒；（9）过敏加重；（10）肚子痛。

想了解更详细的信息，请扫描旁边的二维码收听吧。

二、外因与内因：压力源概述

压力源是引起压力的具体人和事，大致包括非人为的压力源和人为的压力源两种。非人为的压力源又称为"自然逆境"，如地震、泥石流、台风、海啸等自然因素，不以人的意志为转移；人为的压力源又称为"社会逆境"，如经济压力、社会竞争、就业压力、人际压力等。

压力源也可以按照内外来分。外压力源指学习、就业、贫困、人际关系、情感等各方面的客观事件，而这些客观事件是否成为真实感受到的压力，还要看个人内在的抗压素质。压力的大小，是由压力源事件的客观性和自我感觉的主观性两种因素共同决定的。在这两个重要因素中，起主导作用的，还是人们的主观态度。用公式表达就是压力的大小 = 压力源 / 承受力。同样一个事件，不同的承受力，感受到的压力大小是不一样的。当然，生活事件大小的不同带来的压力感受会有不同；而对压力的承受力，则决定了压力事件最终的影响力。

内压力源分为挑战性压力源和阻碍性压力源。这两个概念是 Cavanaugh 等人在 2000 年明确提出的。挑战性压力源所带来的压力，个人认为能够克服，对自己的工作绩效与成长具有积极意义；阻碍性压力源所带来的压力，个人认为难以克服，对自己工作目标的实现与职业生涯的发展具有阻碍作用。研究证明了个人在面对挑战性压力时，更多采取问题解决导向的应对策略，如通过提高努力程度或调整工作态度来克服此类压力，从而提高了工作满意度；还有研究发现挑战性压力与个人的创新行为有密切关系。

心／理／测／试

压力事件程度排名表

表9-3是世界著名的"压力事件程度排名"表，每个压力事件后面都注明了相应的分数。勾出你在近一年内经历的压力事件，并且计算出最后的压力总分。

表9-3 压力事件程度排名

事件	分数	事件	分数
配偶死亡	100分	儿子或者女儿离开家	29分
离婚	73分	与亲家发生矛盾	29分
分居	65分	显著的个人成就	29分
判刑	63分	配偶停止工作	28分
亲密家庭成员的死亡	53分	开始上学或者结束学业	26分
受伤或者生病	53分	生活条件改变	26分
结婚	50分	个人习惯改变	25分
失业	47分	与老板发生矛盾	24分
破镜重圆	45分	工作时间和条件改变	23分
退休	45分	居住地点改变	20分
家庭成员的健康变化	44分	学校改变	20分
性障碍	40分	娱乐方式改变	20分
新增加家庭成员	39分	社会活动改变	18分
商业调整	39分	一年纯收入的抵押或贷款	17分
经济状况发生变化	39分	睡眠习惯变化	16分
好友死亡	38分	家庭成员团聚的次数发生变化	15分
换工作	37分	饮食习惯改变	15分
与配偶的争吵越来越多	36分	假期	13分
超过两年纯收入的抵押	35分	春节	12分
丧失抵押品或贷款的赎取权	31分	轻微违法	11分
工作职责改变	30分		

算出你的压力总分是多少了吗？如果你的分数在150～190分，那么你在一年内的压力处于低水平，生活中你需要适当的刺激和改变。如果你的分数在200～299分，那么你的压力处于适当水平。如果你的分数超过300分，那么你的压力过大，你急需减压。

三、双刃剑：压力有好坏之分吗

1. 压力有益论：压力可以提高个人的潜能

压力通常被认为对人体有害，可引起种种疾病，如神经衰弱、溃疡等，但适度的压力其实可以激发人们的潜能，让人们高效率地完成任务，帮人们更好地应对生活的挑战。理想压力水平可以激发人的热情、敏锐度，让人充满干劲，从而获得较好的绩效。那些考场上超常发挥的同学、实践项目中表现出色的同学以及在运动场上尽情挥洒的同学，都是将压力调适到适度水平的例子。压力水平与绩效的关系如图 9-1 所示。

2. 压力有害论：压力过大影响健康

如果压力超过了人们的承受限度，会带来严重的后果，影响人们的身心健康。研究发现，无论是长期的心理压力，还是短期心理压力，都会影响免疫系统的活力。心理压力可能会让人处于情绪低落、焦虑、恐慌、不耐烦、易激惹等情绪状态，行为表现可能是学习、工作效率下降。压力过大还可能导致睡眠问题、饮食失调、免疫力下降以及身心疾病等。压力过大造成的影响如图 9-2 所示。

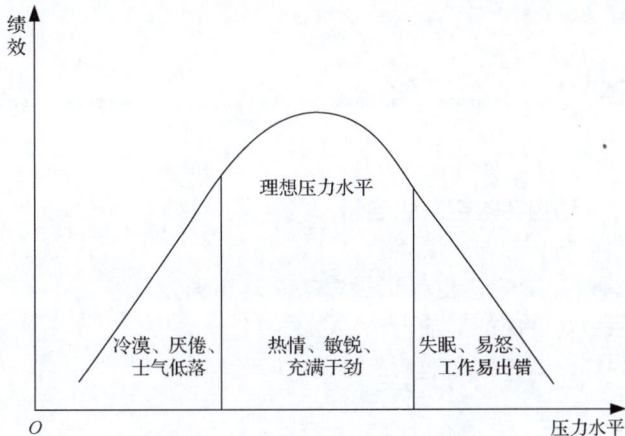

图 9-1　压力水平与绩效的关系

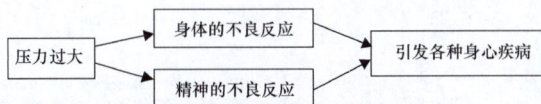

图 9-2　压力过大造成的影响

3. 压力的影响取决于认知方式

最新的研究揭示，压力对人的影响，取决于个人的认知方式。相信压力有促进作用的人，比那些认为压力有害的人，更少抑郁，更有活力，更少健康问题，更快乐，工作更高效，对生活更满意。他们更乐于视压力为挑战，而不是打垮自己的问题。他们对自己挑战的能力更自信，更善于在困难情境中发现意义。美国学者 Kelly 曾做过一项研究，连续 8 年追踪了美国 30000 名成年人，询问两个问题："去年你感受到了多大压力？""你相信压力有碍健康吗？"8 年后，研究人员查看了公开的死亡记录数据，并找出了那些已经去世的参与者，研究结果令人大吃一惊。那些相信压力有害健康的参与者，会经常失眠、内分泌失调，并且诱发癌症或心脏病，最终使死亡的风险增加了 43%，严重影响身心健康。如果承受极大压力的人，不认为压力有害，死亡的风险就不会升高，甚至比压力较小的参与者死亡风险还低。研究揭示了真正有害的不是压力，而是认为"压力有害"的想法。真正对人有影响的是对于压力的想法。

课/堂/活/动

我的压力圈

（1）在图 9-3 中大小圈内写下你的各种压力（大圈代表大压力；小圈代表小压力）。

（2）分享与交流。

① 你的压力源有哪些？

② 它为什么给你带来这么大的压力？

③ 每个球给你的感觉是什么？

图 9-3　压力圈

扩/展/阅/读

动物实验带来的启示

压力对健康有消极影响，也有积极影响。这里通过几个动物实验来说明压力对健康的影响。

想了解详细内容，请扫描旁边的二维码收听吧。

扫一扫

听音频

第二节

人生境遇的起伏——挫折概述

本节视频

案/例

求爱信被拒后

话剧社的美女灵灵，品学兼优，相貌端庄秀丽，一向对自己要求严格，具有积极进取、要强好胜的个性特点。男生张乐是灵灵的同班同学，担任系学生会宣传部部长，学习努力，成绩中等，性格活泼开朗，人缘好，口才好。上大学二年级后，灵灵逐渐对张乐产生了好感，并产生了与张乐谈恋爱的念头，但一直没有勇气向张乐表达爱慕之情。2个月后，灵灵鼓起勇气给张乐写了一封信，表达了想交朋友的意思。3天后，灵灵收到了张乐明确而有礼貌的拒绝谈恋爱的回信。看过回信后，灵灵简直不敢相信自己的眼睛，从未想到像自己这样优秀的人在第一次求爱时会被人拒绝。当时，灵灵感到脑子里空茫茫，不知身在何处，独自在校园里不知游荡了多久才回到宿舍。晚上，灵灵呆呆地躺在床上无法入睡，眼泪打湿了枕巾，懊悔和羞辱之心难以平复。

从此，灵灵走路时低下了头，不敢正视同班的同学，更不敢正眼看张乐。上课时，看着张乐的背影，根本听不进老师讲什么。晚上在教室自习，也无法集中精力看书、做作业，常常忍不住悄悄挨个教室寻找张乐，直到看见张乐为止。一个学期下来，灵灵似乎变了一个人，沉默寡言，面容憔悴，学习成绩一落千丈，期末考试7门课不及格，按学校规定被退学回家。就这样，一个优秀的学生因为求爱受挫而葬送了自己来之不易的大学学习机会。

案例中的灵灵经历了失恋的打击，一时没有走出来，进而严重影响了学业，以至于丧失了大学学习机会，付出的代价可谓沉重。灵灵表白被拒是挫折情境；她对于挫折的认知是自己这样优秀的人第一次求爱竟然被拒，太伤自尊了；她的挫折反应较强烈，表现为脑子里空茫茫，不知身在何处，感到懊悔和羞辱，行为上独自游荡在校园很久才回宿舍，无法入睡，流泪，不敢正视别人，不能投入学习等。

挫折带给个人的影响不可谓不大。挫折，可以让人一败涂地，也可以使人更加成熟有力。让我们一起来认识挫折、直面挫折吧。

一、触底反弹：何谓挫折

《现代汉语词典》对挫折的解释是"失败""失利"，《辞海》对挫折的解释是"失利""挫败"。在生活中，挫折常指挫败、阻挠、障碍。

在社会心理学和行为科学中，挫折指一种情绪状态，指人们在某种动机的推动下，为实现目标而采取的行动遭遇到无法逾越的困难障碍时，所产生的一种紧张、消极的情绪反应和情绪体验。挫折包含以下3种成分。

（1）挫折情境：即阻碍个人行为的情境，比如考研失利、笔记本电脑被偷、受讽刺打击等。

（2）挫折认知：个人对挫折情境的认知、态度和评价，比如有的人认为失败乃成功之母，第十名已经不错了；有的人却认为失败了就说明自己是一个失败的人，以后也不会成功。

（3）挫折反应：指个人在挫折情境下所产生的烦恼、困惑、焦虑、愤怒等负面情绪交织而成的心理感受，即挫折感。

挫折认知是核心成分，挫折反应的性质及程度主要取决于个人对挫折情境的认知。一般来说，挫折情境越严重，挫折反应就越强烈；反之，挫折反应就轻微。但是，只有当挫折情境被主体所感知时，才会在个人心理上产生挫折反应。如果出现了挫折情境，而个人没有意识到，或者虽然意识到了但并不认为很严重，那么也不会产生挫折反应，或者只产生轻微的挫折反应。挫折的反应机制，如图9-4所示。

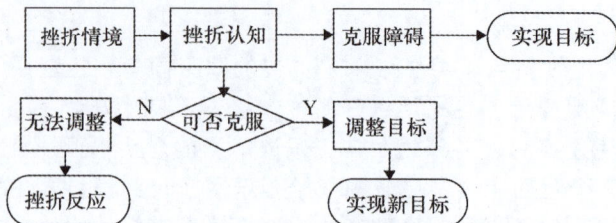

图9-4 挫折的反应机制

课/堂/活/动

我的挫折

请根据自己的实际情况，填写表9-4，仔细分析自己面对的挫折。

表9-4 我的挫折

挫折情境	挫折认知	挫折感受	改变后的挫折认知	改变后的挫折感受
例如，告白失败	我真失败	沮丧	只是不合适而已	平静

二、波峰与波谷：挫折的种类

高职大学生常见的挫折有很多，可以从3个不同的来源概括：与自我有关、与他人有关、与环境有关。

1. 与自我有关：理想与现实的冲突

高职大学生遇到的挫折往往来源于理想的我和现实的我的冲突。理想的我是坚强的，现实的我很爱哭；理想的我是乐观向上的，现实的我是有点抑郁的；理想的我是卓越出众的，现实的我是常有挫败的。如果说理想是一朵盛开的美丽的花，现实就是被太阳暴晒后的样子。

案/例

自我发展挫折

张帅的老乡刘学对自己要求严格，学习勤奋刻苦，要强好胜，期望自己可以冲刺一下专升本的考试，同时也想入选学生会大显身手。一年级第一学期考试后，刘学的学习成绩在全年级排名第一，这使他感到非常自豪。然而，最近的学生会干部选拔他的得票不高未能入选，当他看到同班的几个学习成绩远不如他的同学却入选了学生会当干事时，心里很不是滋味，他感觉那些同学更受到同学们的关注和喜爱，强烈感到自己已落后于人。他无法忍受不被人关注的感觉，决定一定要超过他们，保持"第一"的核心地位。

案例中刘学是一个好胜心强的人，不仅要求自己在学习上保持第一，还要求自己在其他方面都保持第一。一个人对自己有要求固然很好，但眼光只盯住第一，一味地和别人比较，反而看不清楚自己最想追求的是什么。

2. 与他人有关：走进你并不容易

我们都是生活在关系之中的，我们与他人的关系会影响我们对世界的认知方式，更会影响到我们的情绪和我们解决问题的方式。高职大学生遇到的挫折有的来源于与周围人的关系。下面一则案例中的阿强正经历一场由关系带来的挫折。

案/例

关系带来的挫折

最近，佳琪在自己的 QQ 空间里收到了高中同学转发的一则"寻人启事"，寻找的是高中同学阿强。阿强春节回家见到高中女同学阿碧——他心目中的女朋友，便不断地联系女孩想和她建立正式的男女朋友关系。被阿碧拒绝后，阿强心中一直闷闷不乐。开学返校后，他在宿舍整日以泪洗面，不吃不睡，一会儿哭，一会儿笑，俨然一个神经不正常的人。同宿舍的同学关心他，但是从他的口中什么也问不出来；辅导员劝解他，他也不说话，大家不知道如何帮助他。阿强在开学第三天的晚上悄然离开宿舍，一去不复返。家人找了很久都没有找到，阿强的妈妈从高中的班主任那里要来了同学的联系方式，给每个同学都发了这封"寻人启事"。看了 QQ 空间中高中同学们的交流，佳琪感慨万千。印象中的阿强是一个不爱讲话、自尊心很强的人，高中的时候只是忙于学习，几乎不和女生讲话，想不到他喜欢阿碧。恋爱关系是双方的，这次他肯定受打击不小，不知他身处何方？是否能想得开呢？

3. 与环境有关：谋事在人成事在天

外在环境带来的挫折很多时候是不可控的，也是最让人感觉无助的，下面案例中的阿勇就体会到了有些事情不是自己可以把控和预料到的。这样的时刻就非常考验一个人应对挫折的能力。

案/例

天有不测风云

阿勇是一个踏实、肯干、爱学习的学生，不仅学习成绩优秀，而且每年的社会实践他都积极带队。二年级的时候大部分同学还在享受大学的美好时光，他已经到一家小有名气的当地企业实习了。3 年下来阿勇在专业上打下了扎实的基础。在就业竞争激烈的情况下，大家都是"广泛撒网，重点捕鱼"，阿勇对自己很有信心，他参加了曾经实习公司的面试后，阿勇认为一定会被聘用，便不再四处找工作，而是等这家公司通知签约了。阿勇想到未来工作的场景还是有一些小兴奋的，毕竟要告别学生时代，转变为职场新人。时间总是在美好的畅想中流逝，一转眼到了 6 月中旬，身边同学的工作一个个尘埃落定，阿勇有些着急了：那家公司怎么迟迟不通知签约呢？阿勇终于接到了人力资源部打来的电话，却被告知名额没有了。这个消息来得有些措手不及，阿勇尝到了天有不测风云的滋味。

三、深度解读：挫折的防御机制

挫折的防御机制指在人遇到挫折时，有意无意地寻求摆脱由挫折产生的心理压力、减轻精神痛苦、恢复正常情绪和心理平衡的自我调节和自我保护的方式。一般可以分为两大类：积极心理防御和消极心理防御。

1. 积极心理防御

积极心理防御是正视挫折，承认挫折，正确分析挫折产生的主客观原因，总结经验教训，争取积极的行为方式，最后战胜挫折。主要表现为坚持、认同、补偿、升华和幽默。

（1）坚持

坚持指个人发现目标难以达到，要求自己做出加倍努力，并要求自己通过不断努力，使目标最终实现。例如美国电影《阿甘正传》中的主人公阿甘是一位智商并不高的人，他面对挫折的方法是忽视它，坚持不懈地努力实现自己的目标，最终他赢得了人们的尊重，赢得了自己的事业，也获得了自己的幸福。正如有的学者所说："成功就在最后的坚持之中"。

（2）认同

认同指个人在现实生活中无法获得成功时，将自己比拟为某一成功者，借以在心里减轻挫折产生的痛苦；或者迎合能满足自己需要的人，按照他们的希望去支配自己的思想、行动来冲淡自己的挫折感，并以此求得内心的满足。例如，大学生可以以一些历史名人、科学家，或小说中所欣赏的人物、老师甚至同学作为自己效仿的对象，建立自己心中的榜样，并依照榜样进行积极的自我激励与自我暗示。

（3）补偿

补偿指当个人行为受挫时，或因个人某方面的缺陷而使目标无法实现时，往往以新的目标代替原有目标，以其他方面的成功来补偿因失败而丧失的自尊与自信。这就是人们常说的"失之东隅，收之桑榆"。如某大学生没有当上班干部，无机会表现自己的能力，于是便努力使自己的成绩名列前茅。又如，

某大学生恋爱失败了，便积极参加文体活动，用活动中取得的成功来补偿失恋的痛苦。

（4）升华

升华指个人用一种比较崇高的具有创造性和建设性的目标作为替代，借以弥补因受挫而丧失的自尊与自信，减轻痛苦。升华是积极的行为反应，从古至今演绎出绵绵佳话，如屈原放逐而赋《离骚》，左丘失明而写《左传》，孙膑跛脚而修《兵法》，司马迁受辱而著《史记》。德国文学家歌德感情受挫而写《少年维特的烦恼》。现实中一些高职大学生最初在学习活动中不太如意，于是他们在社会实践、综合素质培养上下功夫，最终因有想法有创意、综合素质强大而为同学所瞩目。

（5）幽默

幽默是积极的行为反应，不是所有人都能达到的，必须有积极的生活态度，表现出睿智与从容。这种幽默不是拿别人开玩笑，而是自嘲。一个人要是会自嘲了，说明他的心理就成熟了，也说明他认识了自己，社会适应能力强了。例如，有人失恋了，他自嘲说："只谈过一次恋爱的小子，不要羡慕他！"幽默很容易缩短你与周围人的距离，而且能够帮助你有效地寻求社会支持。

2. 消极心理防御

消极心理防御指当个人遭受挫折后所表现出来的带有强烈情绪色彩的非理性行为。常见的有压抑、攻击行为、退化、逃避、冷漠。

（1）压抑

压抑指把不愉快的经历和体验压抑到无意识中，不去回忆，主动遗忘。适度的压抑有利于情绪的调整，但长期的压抑会导致更强的挫折与心理不适。

（2）攻击行为

攻击行为指个人在遭受挫折后，在情绪与行动上会产生一种对有关人或物的攻击性的抵触反应，以消除来自挫折的痛苦。包括对人的攻击和对物的攻击。

（3）退化

退化又称回归，指当个人受到挫折时，

往往表现出与自己的年龄、身份很不相称的幼稚行为，或盲目地轻信他人、跟从他人等。表现出这种行为方式的大学生往往对自己缺乏信心，看不到自己的力量，像孩子一样依赖他人，多指大人小孩状。如某一大学生刚入校，参加学生会干部竞选失败了，感到很委屈，无法进行理智分析和对待，不吃饭，也不上课，整天蒙头大睡。

（4）逃避

逃避指大学生受到挫折后，不敢面对自己所预感的挫折情境，而逃避到比较安全的环境中去的行为。逃避有3种表现：一是逃到另一种现实中，如学习不好就玩游戏，沉溺其中；二是逃向幻想世界；三是逃向疾病。如某大一学生因为英语口语较差，每次上课从不开口说英语，甚至拒绝上英语听力课，不参加考试，以此来逃避失败。

（5）冷漠

冷漠即个人表现出对于挫折情境漠不关心、无动于衷等情绪反应。如有些大学生的社会活动能力较差，多次失败，他们渐渐地对大学生活、同学关系、社会活动持冷漠的反应行为，表现为死气沉沉、缺乏集体感。

总之，积极的心理防御有助于大学生适应挫折、化解困境，利于他们的成长；消极的心理防御只能起暂时平衡心理的作用，不能解决问题，有时会使大学生在一种自我欺骗中与现实环境脱节，降低适应能力，形成一些恶习，埋下心理疾患的种子，影响其身心健康和全面发展。大学生应该树立积极的心理防御机制，增强自己的耐挫力，以适应社会的发展。

课/堂/练/习

假如你是案例"关系带来的挫折"中的阿强，在向心仪的对象表白后遭拒，如果运用不同的防御机制来反应，你会如何反应呢？两人一组练习，并填写表9-5。

表9-5　自我防御

不同的防御机制	可能的表现	效果
坚持		
认同		
补偿		
升华		
幽默		
压抑		
攻击行为		
退化		
逃避		
冷漠		

第三节

在逆境中前行——积极应对压力与挫折

本节视频

案/例

蝴蝶的蜕变

草地上有一个蛹，被一个小孩发现并带回了家。过了几天，蛹上出现了一道小裂缝，里面的蝴蝶挣扎了好长时间，身子似乎被卡住了，一直出不来。天真的小孩看到蛹中的蝴蝶痛苦挣扎的样子，十分不忍，于是就拿起小剪刀把蛹壳剪开，帮助蝴蝶脱蛹而出……结果蝴蝶死了。蝴蝶为什么会过早死去？因为蝴蝶失去了成长的必要过程。蝴蝶的成长必须在蛹中经过痛苦的挣扎，直到它的翅膀强壮了，才会破蛹而出。否则，它很快就会被环境所吞噬。

毛毛虫变蝴蝶、丑小鸭变白天鹅并不是童话故事，而是生命必经的一段历练，正是这种历练，正是生命本身给予的考验，让它们得以蜕变，成就了它们自身的美丽。对大学生而言，压力与挫折或许正是他们成长路上的必修课，重要的是他们如何去应对。正如巴尔扎克所言："苦难对于天才是一块垫脚石，对能干的人是一笔财富，对弱者是一个万丈深渊"。下面将探讨如何从认知、行为、人格品质等方面积极应对压力和挫折。

一、换个视角：与压力做朋友

1. 认知策略

对压力的积极定义：压力是一把"双刃剑"，压力对个人的影响与个人对压力的认识有很大关系。凯利·麦格尼格尔在《自控力：和压力做朋友》一书中提出了，压力是一种资源，痛苦经历的好处，并非来自压力或创伤事件本身；它来自你——来自困境唤

醒的力量，来自化艰难为意义的人类自然本能。书中还介绍了一项盖洛普世界民意调查，在121个国家，访谈了125 000多人，调查了压力水平和幸福感指数两个指标，研究结果令人诧异：压力指数越高，幸福感也越高。压力可以激发人的潜能，带来动力和挑战。改变对压力的思维方式，重新定义压力，心态和行为也会跟着转变。

2. 行为策略

（1）完成压力任务

在竞争激烈的现代社会，压力是一种必然的存在，直接降低压力的方法就是完成压力任务。对于容易的任务，我们需要提高做事情的效率。困难的任务容易让人产生畏难心理，我们需要通过学习或求助，提高完成任务的能力，当任务带来的挑战和我们的能力达到平衡时，我们就容易进入一种得心应手的状态。

（2）减少压力源

避免压力过大的方式之一就是要懂得"量

力而行"，也就是不要让自己绷得太紧，不要凡事都揽到自己身上。应该自己承担的任务，当尽力做好，当仁不让，不需要自己承担的任务，要学会拒绝。

（3）找到适合自己的减压方法

每个人的减压方法都不同，适合自己的减压方法才能真正起到减压效果。但有的时候，我们不知道适合自己的减压方式是什么？那么可以尝试。比如：尝试观看一场电影，尝试阅读一本最喜欢的书，尝试去旅游一段时间等。

运动是比较有效的减压方法。运动能缓解压力是有科学依据的：当运动达到一定量时，身体就会产生一种叫作"腓肽"的激素，这种激素被称为"快乐因子"，能愉悦神经，把你的压力和不愉快带走。通常来说，有氧运动能使人全身得到放松。想通过运动缓解压力，可以参加一些缓和的、运动量小的运动，使心情先平静下来，如跳绳、跳健身操、游泳、散步、打乒乓球等。运动时间可掌握在每天半小时左右。

减压的方法有很多，你可以每一种都试一遍，最终你一定能发现适合自己的减压方法。可以试试扩展阅读中的方法以及技能学习中的正念呼吸法。

扩 / 展 / 阅 / 读

15 分钟卸下压力的 7 种方法

扫一扫

听音频

每个人都有不知所措的时候，有时甚至感到压抑。也许你需要更多的时间和精力关注家庭，也许你或你爱的人生病了。当你无法控制事情时，会生气、不知所措、压抑，你该怎么办？我相信，如果在你的日常生活中运用预防性压力管理，你就可以轻松地应对你面临的压力。

当你面对压力时，你可优雅、内敛和积极地处理它们。有一些简单的方法可以使你生活和谐、平静。想了解详细内容，请扫描旁边的二维码收听吧。

扩 / 展 / 阅 / 读

正念呼吸法

扫一扫

听音频

首先，找一个安静且不被打扰的地方，找个舒服的姿势坐好。关掉一切干扰声音的来源。让我们来做几个缓慢的深呼吸放松，这个练习不仅能帮助你缓解压力，而且可以达到放松和缓解情绪的目的。准备好了后，请扫描旁边的二维码跟随老师的指导语来进行练习吧。

练习结束之后，你有什么感受？

二、意义重建：挫折给我力量

1. 发现挫折的意义

我们常常能在社会新闻中看到一些极端的案例，有些人因为一点点的挫折而采取了非常不理智的行为。有的大学生因为父母的溺爱，无形中养成了不能延宕满足、不能忍受挫折的负面性格，甚至一有不如意就用偏激的反应来表达。一个人要能够正确地认识挫折，并不是一件容易的事情。当一个人处在旁观者的位置、看到别人的遭遇时，自己或许有时还能做出一些较为正确的分析，而当挫折降临到自己的头上时，要能做出正确而清醒的分析就很不容易了。在挫折情境中许多不理智的反应、不正确的行动，都是与缺乏对挫折的正确认识有关的。我们要看到，挫折会给人以打击，带来损失和痛苦，但也能使人奋起、成熟，从中得到锻炼。挫折既有消极的一面，又有积极的一面。

南非前总统曼德拉，年轻时因反对种族隔离制度被捕入狱，白人统治者把他关在荒凉的小岛上整整27年，3名看守总是寻找借口欺侮他。1991年曼德拉出狱并当选南非总统，当年在监狱看管他的3名看守也应邀参加他的就职典礼，曼德拉还恭敬地向他们致敬。如此博大的胸襟让所有到场的各国政要和贵宾肃然起敬。后来，曼德拉解释说，他年轻时性子很急，脾气暴躁，正是漫长的牢狱岁月让他有时间思考，让他学会了控制自己的情绪，学会了如何处理自己的痛苦。磨难使他清醒，使他克服了个性的弱点，也成就了他最后的辉煌。

2. 提高心理复原力

如果阿拉丁神灯能许的愿望不是3个而是100个，你有多少愿望要许呢？

如果有1000个工作机会等你来挑，你会选哪一个？

如果这100个愿望都落空、1000个工作履历都被退回，你有从挫折中复原的能力吗？

复原力（Resiliency）指个人面对逆境、创伤、悲剧、威胁或其他重大压力时的良好适应过程，也就是对困难经历的反弹能力。下面以电影《贫民窟的百万富翁》中主角贾马尔为例，说明复原力的3个基本能力。

电影《贫民窟的百万富翁》中主角贾马尔具有极高的复原力。贾马尔经历过很多重大创伤事件，但他最常忆起的是一个无比美好的画面：阳光下、月台上，身着鹅黄色裙衫的女孩卡提姆仰脸微笑着注视他，那么明媚而灿烂，那么满怀信心和憧憬。从贾马尔身上我们可以看到复原力的3个基本能力。

（1）接受并战胜现实的能力。贾马尔在隐忍地面对悲惨命运的同时努力与命运抗争。从最初的设法逃命，到后来的设法生存，再到后来的设法兑现自己的承诺，都体现了他的这个能力。

（2）在危难时刻寻找生活真谛的能力。这点讲的是个人对价值观和人生信念的坚守。贾马尔不论遇到什么样的不幸，都始终保持善良、仁爱和对友情的忠诚，尤其与他后来走上黑道又回头的哥哥相比，贾马尔所表现出的始终如一的对弱者的同情和关心，以及对正道的坚持，都体现了他把握生活真谛后所拥有的勇气和力量。

（3）随机应变想出解决办法的能力。贾马尔在5岁的时候，想到利用电视传媒这个工具寻找好友，体现出一种非常强的问题解决能力。

美国临床心理学家布鲁克斯与戈尔兹坦博士在《挫折复原力》一书中，提出个人拥有挫折复原力的10个要素。

（1）改变生活：更改负面脚本。

（2）选择抗压，而不是被压力击垮。

（3）用别人的观点观察生活。

（4）有效沟通。

（5）接纳自己及他人。

（6）贴近他人及发挥怜悯心。

（7）有效处理错误。

（8）培养特长，欣然面对成功。

（9）训练自律及自制力。

（10）维持心智坚韧的生活形态。

你是谁？——胡萝卜、鸡蛋、咖啡

扫一扫

听音频

胡萝卜入锅之前是强壮的、结实的，毫不示弱，但进入开水之后，它变软了，变弱了。鸡蛋原来是易碎的，它薄薄的外壳保护着它呈液体的内脏，但是经开水一煮，它的内脏变硬了。而粉状咖啡则很独特，进入沸水之后，它们倒改变了水。"哪个是你呢？"父亲问女儿，"当逆境找上门来时，你该如何反应？你是胡萝卜，是鸡蛋，还是咖啡？"

想了解更详细的信息，请扫描旁边的二维码收听吧。

3. 培养乐观品质

乐观，是一种积极的性格因素。乐观就是无论在什么情况下，即使再差的情况，也保持良好的心态，也相信坏事情总会过去、相信阳光总会再来的心境。开朗的性格不仅可以使自己经常保持心情愉快，而且可以感染你周围的人，使他们也觉得人生充满了和谐与光明。大文豪萧伯纳说："当我死时，我希望自己彻底耗竭。因为我越努力工作，就越有生命力。生命本身就会令我喜悦。我不认为生命是迅速燃尽的蜡烛。相反，它是灿烂的火把，我活着的时候必须高举它，在送给下一代之前，它要越亮越好。"

莲娜·玛莉亚1968年出生于瑞典，生下来就没有双臂，左腿只有右腿的一半长。

在超声波检查不发达的时代，没有人知道是什么造成了她的天生残疾。她3岁开始学游泳，4岁开始拿针刺绣，5岁时完成了第一幅十字绣作品，并开始学裁缝，中学时缝制了第一件西装。15岁进入瑞典国家游泳代表队；18岁参加世界冠军杯比赛，打破世界纪录，勇夺金牌。19岁拿到汽车驾照。音乐更是她的最爱。进入大学专攻音乐后，她成为全球知名演唱家，荣获瑞典王后接见。莲娜·玛莉亚自信坦然地说："我不需要手，因为我有脚，我的脚可以做任何事情。有没有手并不重要，重要的是你的心中有没有爱。"

乐观的人不为环境所困，总是能看到生命中那些美好的、值得关注的一面。

我的墓志铭

目的：思考生命，认识生命的意义。

时间：大约需要40分钟。

准备：一张纸、一支笔。

操作及要求如下。

（1）你得病即将离世，现在要替自己写墓志铭，反映自己的一生。墓志铭将会刻在墓碑上，供人凭吊。

（2）墓志铭除了生年、死年，还要包括以下4点。

① 一生的最大目标。

② 在不同年纪的成就。

③ 对家庭、社会或其他人的贡献。

④ 我是一个什么样的人 。

（3）举例：张海迪的墓志铭——这里躺着一个不屈的海迪，一个美丽的海迪。

我的墓志铭

本章小结

（1）谢尔耶认为压力是产生于个人无能力、无资源应对"外在需求"时的一种非特定的生理反应。

（2）压力状态下身体反应分成3个阶段：警觉、抗拒、衰竭。

（3）压力的心理反应从认知、情绪、行为3个方面来表现。

（4）压力的大小，是由压力源事件的客观性和自我感觉的主观性两种因素共同决定的。用公式表达为压力的大小 = 压力源 / 承受力。

（5）压力有益论：压力可以提高个人的潜能。压力有害论：压力过大影响健康。

（6）挫折包含3种成分：挫折情境、挫折认知、挫折反应。

（7）大学生常见挫折的种类：与自我有关、与他人有关、与环境有关。

（8）挫折的防御机制可以分为两大类：积极心理防御和消极心理防御。

（9）挫折应对的方法有发现挫折的意义、提高心理复原力、培养乐观品质。

思考题

请你思考面对挫折时，你经常采用的防御机制有哪些？请写出较常用的3种。

（1）_____

_____

_____。

（2）_____

_____

_____。

（3）_____

_____。

推荐资源

（1）书籍：《正向能量：十大绝招让你将疲劳、压力和恐惧转化为生机、能量和爱心》，朱迪斯·欧洛芙著。

这是一部改变你的生命质量的卓越著作，像一抹阳光照亮了我们生命的每个阴暗角落。朱迪斯·欧洛芙博士以惊人的智慧为我们提供的十大绝招，使我们可以重塑自我生命和世界。"正向能量"将帮助你：以正向的情绪能量应对负向情绪；以能量为基础设计合理的饮食、练习和健康方案；教你学会如何应对高科技的困境，唤醒你的直觉，让你重获年轻；用特殊的防御技巧保护自己不受"能量吸血鬼"的攻击。

（2）电影：《国王的演讲》。

约克郡公爵因患口吃，无法在公众面前发表演讲。贤惠的妻子伊丽莎白为了帮助丈夫，到处寻访名医，但是传统的方法总不奏效。一次偶然的机会，她慕名来到了语言治疗师莱纳尔·罗格的宅邸，传说他的方式与众不同。虽然约克郡公爵对莱纳尔·罗格稀奇古怪的招法并不感兴趣，首次诊疗也不欢而散，但是，约克郡公爵发现在聆听音乐时自己朗读莎翁的作品竟然十分流利。这让他开始信任莱纳尔·罗格，配合治疗，慢慢克服心理的障碍。乔治五世驾崩，爱德华八世继承王位，却为了迎娶寡妇辛普森夫人不惜退位。约克郡公爵临危受命，成为乔治六世。他面临的最大挑战就是如何在"二战"前发表鼓舞人心的演讲。

CHAPTER 10

珍爱生命
——高职大学生生命教育与心理危机应对

　　人是这个世界上最奇特的生命，也是最复杂的生命体。很多高职大学生不仅对外在的事物好奇，对自己的生命也充满好奇——我为什么而活着？在这个世界上我活着的意义是什么？我是谁？我从哪里来？我要到哪里去？在生死之间，人有权利、有自由、有义务活出一个自己认为有意义的生命。高职大学生在生命历程中，除了会对自己的生命意义进行探索，还可能会遭遇一些对心理造成严重打击的事情，如失恋、丧亲、重大疾病、辍学等，这些事情会让人重新思考生命的意义何在，甚至给生命带来危机。本章学习目标如下：

- 探索生命的意义；
- 了解高职大学生心理危机的表现；
- 了解高职大学生心理危机的预防与干预。

引/导/案/例

生命意义的思考

　　陈阳是佳琪的同学，是佳琪班上特别爱"思考"和"观察"的一个人。陈阳上了高职之后感觉很迷茫，不知道自己的前途何在，这样的生命有何意义？因此，陈阳放纵了自己，每天都过得逍遥自在，该打游戏打游戏，得过且过。陈阳也观察到一部分同学和自己一样，并没有太多目标，都是打算在高职学习一门技能，毕业能找到一份工作养活自己就可以了。但是他也观察到有不一样的同学，比如佳琪。佳琪每天都神彩奕奕，不是上自习就是去实习，要么就在社团忙得团团转，陈阳非常好奇，佳琪哪来的动力？她的生命意义是什么。

　　有一次陈阳和佳琪聊天，佳琪的回答让陈阳有很多启发："我觉得活着就是要过瘾，要尽兴，要努力，我不希望我将来后悔，所以我现在会为自己想要的东西去努力去奋斗。虽然没有宏伟的目标，但是努力过好每一天，不浪费青春年华，这就是我现在认为最有意义的事情。"

　　听完佳琪的话后，陈阳陷入了沉思，开始反思自己现在的生活，是自己想要的吗？如果自己的生命想要活得精彩，活得有意义，自己要怎么做呢？当天晚上陈阳没有再玩游戏，而是认真思考起了自己的人生。

生命的礼赞——生命及其意义

本节视频

你是不是也和陈阳一样得过且过，认为学习一门技能毕业之后找到一份工作养活自己就可以了，对于生命的意义并没有太多思考。如果现在让你思考一下，你会怎么回答这个问题呢？这个问题并不好回答，有的人一生都在追寻这个问题的答案。生命是无比珍贵的，又是有无限可能的。人们只有拥有了生命，才有机会去了解和探索这个世界，才会充满力量，才会创造无限的可能性。究竟什么是生命？生命的意义何在？如何让自己拥有一个丰盈的人生？本节将带你一起来探索这些问题的答案。

一、花开花落：生命及其过程

一个人的生命始于受精卵，终于生物学意义上的死亡。大约有 4 亿的精子从父亲的体内射出，但大约只有 100 个精子能够穿越重重障碍，达到母亲体内的卵子附近，而这 100 个强大的精子中，最终只有一个精子能够幸运地刺破卵子的外膜，与卵子结合，受精卵在母亲的子宫中经过 280 天的孕育，成为一个全新的生命。由此可见，每一个生命本身就是一个奇迹，生命的产生是一个极小概率的事件，生命的产生也是一个非常奇妙和神奇的过程。

生物学中所讲的生命泛指有机物和水构成的一个或多个细胞组成的一类具有稳定的物质和能量代谢现象（能够稳定地从外界获取物质和能量并将体内产生的废物和多余的热量排放到外界）、能回应刺激、能进行自我复制（繁殖）的半开放物质系统。生命个体通常都要经历出生、成长和死亡。

心理学中所讲的生命的内涵比生物学要丰富得多。人不是植物，也不是动物，人是一个复杂的生命体。动物的生存是为了繁衍，而人的生存目的和意义比繁衍后代要丰富得多，人有更多的心理需求。人的生命全过程就是由一次次的生命活动所组成的。一次次生命活动的质量决定了生命全过程的质量，个人重视每一次生命活动的质量就是重视生命全过程的质量。

人的生命可以分为以下 3 种形态。

（1）生物性生命，即人首先是作为自然生理性的肉体生命而存在的，这一点是和自然界的广大生物一样必须具有的基本属性。

（2）人的精神性生命。人之所以为人就在于人有高于动物的意识活动，有超越生物性生命的精神世界。人不但要思考如何活下来，还要思考如何更好地生活。人只要在世界上存在一天，大脑就不会停止思考，人就要创造，就要超越，就要更好地认识世界、改造世界。

（3）人的价值性生命。每个人在一生中都要思考诸如"为何活着"的问题，这些问题是人对于生命意义发自内心的追问，是人对价值生命的一种诉求。人的价值性生命为人的生存夯实了根基，加足了动力。

如果你对生命的历程感到好奇，可以尝试：买一粒种子（适宜在宿舍里种植的植物种子），呵护它健康生长，体会生命由一粒种子逐渐长大的历程。

扩/展/阅/读

通向死亡的单行道——人类生命的特点

人类生命具有唯一性、不可逆性、有限性和创造性的特点。如果想进一步了解人类生命的特点，请扫描旁边的二维码听老师讲解详细的内容。

扫一扫

听音频

二、我要到哪里去：高职大学生关于生命意义的困惑

案/例

关于"生命的意义"的大讨论

有一次上哲学课，老师问大家："你究竟为什么而活？你的生命意义是什么？"同学们的回答如下。

为了明天生活得更好。

生命的意义就是好好活，好好活就得让自己做些有意义的事情，让生命放出光芒。

我想生命的意义也许是当你将要死的时候能够对自己说："我没有什么遗憾，我可以安心快乐地去了。"

每个人对生命的看法都不同，而我认为人活着是为了去做自己想做的事，是为了自己而活着，并不是为了别人。

我们是为了心中的期待而活着。

为爱我们的人而活着，为需要我们帮助的人而活着，为看见自己最灿烂的笑容而活着。

我的人生目标非常清晰，活着就是为了拥有一段真挚的爱情。

活着是为了追求，是为了拼搏，是为了证明自己，是为了诠释生命。

生命的意义就是将生命继续传递下去。

"生命的意义是什么？"很多人都曾在人生的某些阶段思考过这个难以回答的问题，其中绝大部分人是在思考"生命有何目的"这个问题。大学阶段正是人对生命充满迷茫、好奇和探索的阶段。高职大学生找到自己生命的意义，可以使自己的生活更为充实和丰盈。

美国临床心理学家维克多·弗兰克尔认为发现生命意义的途径如下。

1. 创造和工作

创造和工作会给人带来价值感，也是成就感的获得途径。职业的存在意义，尤其在失业时最容易表现出来。

2. 经验

"经验"这个途径是个人通过体验某个事件和人物，如工作的本质、文化、爱情等，来发现生命的意义。

3. 经历苦难

人在经历苦难的时候，可以通过认识人生的悲剧性，促使自己深思，寻找自我，最终发现人生的意义，达到自我超越。

心理学家维克多·弗兰克尔曾讲过这样一个故事。一天，一位患了严重抑郁症的老年全科医生来找自己。两年前他深爱的妻子死了，之后他无法克服丧妻的沮丧。维克多·弗兰克尔问他："如果您先离世，而尊夫人继续活着，那会是怎样的情景呢？"医生答道："哦！对她来说是怎样的痛苦啊！"于是，维克多·弗兰克尔说："您看，现在她免除了这痛苦，那是因为您，才使她免除的。而现在您必须付出代价来偿付您心爱的人免除痛苦的代价。"医生一言不发地紧紧握住维克多·弗兰克尔的手，然后静静地离开了。

想一想：从这个故事中你得到什么启发？自己是否经历过或者正在经历痛苦的事情，试着从这些痛苦的事情中寻找意义，看看结果怎么样。

扩 / 展 / 阅 / 读

纳粹集中营生还的心理学家——维克多·弗兰克尔

扫一扫

听音频

维克多·弗兰克尔是享有盛誉的存在主义心理学家。他所发明的意义心理治疗方法是西方心理治疗的重要流派。在第二次世界大战期间，他和家人都被德国纳粹抓进了集中营。在集中营里，他的父母、新婚 7 个月的妻子及兄弟姐妹全部遇难，只有他生还。第二次世界大战结束后，他被救出来，建立了意义心理治疗的方法。他以自己的亲身经历，指导人们寻找生命的意义，使很多人获益。如果想进一步了解详细内容，请扫描旁边的二维码收听老师的讲解。

课 / 堂 / 活 / 动

人生倒计时

"人生倒计时"是一个想象的活动，同学们通过这个活动可以更好地体会自己生命的意义，了解自己生命的真谛。

（1）假如现在你得了一种疾病，没有药能够医好你的病，你的生命只剩下一个月，你会在这一个月的时间里做什么？请将你要做的事情写下来。

（2）5 分钟后：假如医生告诉你一个好消息，目前新研制出来一种药可以延长你的生命时间，医生说你还可以活半年。如果你的生命只剩下半年时间，你会做什么？请将你要做的事情写下来。

（3）5分钟后：假如医生又告诉你一个好消息，新研制出来的药效果很好，可以将你的生命延长到两年，你会在这剩下的两年时间里做些什么？请写下来。

（4）5分钟后：以5～6人为一组，分享当生命剩下一个月、半年和两年时，自己的想法和感受。

活动总结：人在觉得自己有很多时间的时候，通常不懂得珍惜时间，也经常会为一些不重要的事情而烦恼，而在有限的生命时间里更能够了解自己生命的价值和意义。在整个活动过程中，老师可以引导学生分享自己的感受，帮助学生探索自己的生命价值和意义。

三、感恩生命：生命意义的绽放

感恩，《现代汉语词典》对它的解释是对别人所给的帮助表示感激；《牛津字典》给出的定义是乐于把得到好处的感激呈现出来回馈他人。其中心意思都相同——感激。

感恩教育是教育者运用一定的教育方法与手段，创造一定的教育氛围，对受教育者实施的以"知恩图报"和"施恩不图报"为教育内容的人文教育。感恩教育既是道德教育，又是一种情感教育、人性教育。感恩教育的本质任务是完善人的生命，特别是完善人的精神生命。

感恩是中华民族的传统美德，如"滴水之恩，当涌泉相报""投我以木桃，报之以琼瑶""知恩不报非君子"等名言，都是中华传统文化崇尚感恩的典范。感恩意识是社会文明进步和人际关系和睦融洽的重要因素，是一个人具有健全人格和优秀品质的标志，是和谐社会要求公民尤其是高职大学生应该具有的基本素质。感恩也是一种社会责任。

四、从拥有到失去：如何面对死亡

1. 如何面对死亡的恐惧和焦虑

一谈到死亡，相信绝大部分人的反应都是感到恐惧和焦虑，人为何会对死亡感到恐惧？这其中有对未知的恐惧：死了是怎么一回事，死后去哪里？有对失去的恐惧：生离死别，从此就要独自走向另一个世界了。有对死亡过程的恐惧：死的过程是不是会很痛，很可怕？也有对生存意义消失的恐惧：既然注定要死，活着有什么意义？

那大学生要如何面对死亡的恐惧和焦虑呢？生命教育的目的不是帮助人减轻死亡焦虑，恰恰相反，是适度引发人的死亡焦虑，让死亡焦虑成为人思考生命意义的起点。你可以反思一下：在焦虑和恐惧的背后是什么，焦虑和恐惧这两种情绪给我们传递的信息是什么？焦虑情绪传递的信息——生命是重要的，生命只有一次，有时候生命是脆弱的，焦虑情绪提醒我们要珍惜生命和保护生命。恐惧情绪传递的信息——死亡是可怕的，死亡是不可逆的，恐惧情绪在提醒我们，生命只有一次，生命没有重启的机会，要好好保护和对待生命。

2. 丧失与哀伤

丧失就是失去，虽然人们都不希望失去重要的人、关系或者物，但丧失是每个人在生命历程中都必须面临的经历。一个人面对丧失，尤其丧失重要的人，会产生强烈的痛苦和悲痛，哀伤就是个人处理、消化这些痛苦和悲痛的过程。通常人的哀伤会经历以下5个阶段。

（1）否认。否认丧失的事实，不愿意承认事情发生在自己的身上。丧失事情刚发生的时候，人往往会说类似"这不是真的，妈妈没有生病""她肯定还爱着我，她不会离开我的"这样的话。

（2）愤怒。愤怒可能针对别人，也可能针对自己，甚至指责别人，把情绪强加给他人。人处于愤怒的时候，会说类似"为什么爸爸才45岁，就会得癌症""如果我早点提醒爸爸每年做体检，他就不会离开了"这样的话。

（3）讨价还价。个人通过讨价还价，去

改变失落无助的状态。比如当一个人得知母亲病危时，会说："医生，拿我的命换我妈的命可以吗？"

（4）抑郁和消沉。抑郁和消沉可能是个人在丧失重要人的时候都会经历的阶段，也是个人比较难过的关口。人在这个阶段可能会感到愧疚、无力、无助和悲痛，有的人还会消沉或者自暴自弃，说出类似"我失去了妈妈，生活还有什么意思"的话。

（5）接受。这是哀伤的最后一个阶段，在这个阶段，人开始意识到生活必须要继续下去，开始接受失去重要人的事实，渐渐走出哀伤，变得更加坚强，用类似"即使妈妈离开了，我还是要好好地活下去"的话鼓励自己。

在哀伤的过程中，并非所有的人都要经历这5个阶段，有的人由于害怕丧失太痛苦，因此一直否认丧失的事实，比如通过麻痹自己回避悲痛和伤心的感受；有的人则认为自己应该坚强而不表现出脆弱，装作什么事情都没有发生。个人如果长期这样，不释放自己内心的伤痛，对心理健康可能会产生消极的影响。在这里建议经历丧失的人要面对自己内心的悲痛，将自己内心的悲痛和伤心释放出来，比如独自在安全的环境里，或者信任的人面前放声痛哭，把自己心里想说的话说出来，这个过程有助于自己从哀伤中走出来。

课/堂/活/动

在人的一生中，总会面对死亡，至亲的逝去，好友的离开，自己生命的结束。我们要如何面对死亡呢？在面对死亡时，要思考些什么呢？也许有人会说："我不用想这么多，死亡离我和身边的人远着呢。"但这是每个人都避不开的话题，也是每个人都不能完全把控的事情。请思考下面两个问题。

1. 当我们挚爱的亲人患了危及生命的疾病时，谁有权利决定他是否应该治疗，应该进行怎样的治疗？对当事人隐瞒病情，是不尊重他的权利吗？

2. 当事人已经处于生命末期，无论采用什么方法都要让当事人活下去，一定是正确的选择吗？这种选择的背后，个人的驱动力是什么？社会文化又产生着怎样的影响？

第二节

生命中的挫折——高职大学生心理危机概述

本节视频

案/例

是危险还是机遇？

杨菲是佳琪的同班同学，是一个非常要强的女孩子，学习成绩全班排名第一，是班里的学习委员，对班级活动非常热心。有一天，佳琪同宿舍的同学接到杨菲的电话，说她现在心情很不好，想离开学校。后来佳琪从梅姐姐那儿得知了杨菲想离开学校的原因。原来杨菲前阵子竞选班长落选，男友又提出分手，在双重打击下，她觉得实在没面子，没法在学校待下去。一方面自己心情特别难受，另一方面又怕同学们会议论她——被人抛弃了。于是她想到了离校，在离开前给同学打了个电话。

人的一生中总会遇到危机，不管是失恋、意外、疾病还是亲人去世，都有可能给人的心灵带来冲击。究竟什么是心理危机？高职大学生心理危机有哪些特点？高职大学生心理危机的产生机制是什么？我们一起来看一下本节的内容。

一、危险与机遇：危机和心理危机概述

危机（Crisis）是一个在很多领域都广泛使用的概念。《辞海》对危机的解释："危机是一种紧急状态。"《韦伯词典》的解释："决定性或至关紧要的时间、阶段或事件。"在心理学范畴，危机通常指个人或群体无法利用现有资源和惯常应对机制加以处理的事件和遭遇。

心理危机则强调危机事件给人的心理带来的巨大冲击。卡普兰1964年首次提出了心理危机干预的理论，1968年在其主编的心理学词典中，他将心理危机定义为"存在具有重大影响的心理事件，主要指一个人赖以生存和发展的基本需要和供给发生了改变，这种改变可能是负面的"。格拉斯进一步对心理危机进行了说明，他在卡普兰理论的基础上进一步强调了个人受到刺激或打击的时候所受到的心理伤害。心理危机的产生不但与激发的事件有关，还取决于个人解决事件的有效资源。

从汉语"危机"一词来看，其包含两方面的内容：一方面是"危"，代表威胁或者危险；另一方面是"机"，代表机遇。可见危机并不是一个负面的词。个人在遭遇心理危机时，不仅要看到"危险"，而且要看到改变的"机遇"。

在杨菲的案例中，杨菲遭受到双重打击，一方面竞选班长失败，另一方面男友提出与自己分手，这些事件的改变对杨菲来说都是很负面的，导致她对自己的否定，所以可能会引发心理危机，这主要是危险的一方面。另一方面，如果杨菲能够接受这个"挑战"，并没有因为竞选班长落选和男友提出分手而否定自己，而是不断去提升和改进自己，对她来说这个"危险"其实就是一个重新认识自己和自我成长的机会，这是一个新的机遇。人只有在不断地挑战自我的过程中才能完善自我。

过了很久后，杨菲告诉梅姐姐，和前男友分手后感觉轻松了很多，其实她早就感到与男友并不合适，之前只是害怕被抛弃，所以没有放弃。她现在可以找一个更适合自己的人，同时也更清楚自己需要什么样的关系了，看来分手这个危机确实是一个机遇。

二、突发与累积：高职大学生心理危机的特点

高职大学生心理危机的特点如下。

1. 连续性

连续性指高职大学生心理危机的发生并非是一个点，而是一条连续的线，往往与之前的许多问题相关。通常情况下，人们认为危机是突发的，具有爆发性，似乎是由一件事情带来的，实际上心理危机的产生与之前的问题紧密相关。比如杨菲的案例，她想离校出走，与之紧密相关的问题是之前的竞选班长落选以及男友提出分手。

2. 复杂性

复杂性指高职大学生心理危机不管是产

生原因还是表现方式都不是单一的。高职大学生心理危机产生原因是多种的，有的是因为失恋，有的是因为身体疾病，有的是因为经济问题，这个在后面的内容中会详细阐述。高职大学生心理危机从表现方式来看也是多样化的，有的表现为自杀，有的是离校出走，有的是伤害别人。

3. 破坏性

破坏性指高职大学生心理危机给家长、老师和同学带来很大的担心、伤痛。研究表明，一个人自杀，平均会对6个人产生影响，可见其破坏性是很大的。

三、心理危机如何发生：高职大学生心理危机的产生机制

心理危机的产生是一个复杂的过程，往往并非单一因素导致。从通常情况来看，心理危机的产生是应激源因素和个人易感性因素共同作用的结果，如图10-1所示。

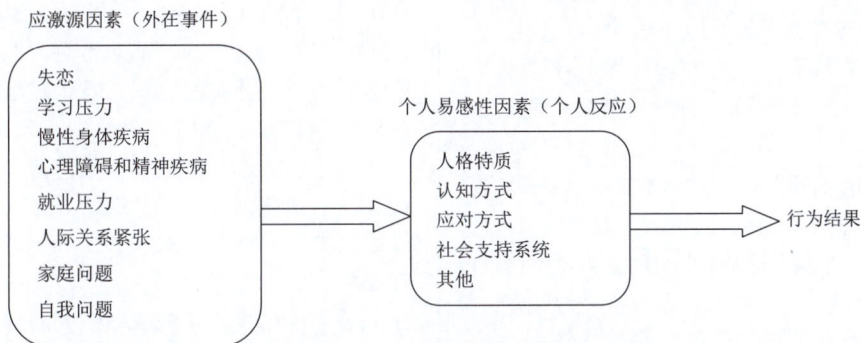

应激源因素（外在事件）

失恋
学习压力
慢性身体疾病
心理障碍和精神疾病
就业压力
人际关系紧张
家庭问题
自我问题

个人易感性因素（个人反应）

人格特质
认知方式
应对方式
社会支持系统
其他

行为结果

图10-1　心理危机产生机制

应激源即能引发应对反应的刺激或环境需求，也就是能引发心理危机的事件，比如失恋可以是一个应激源。但事件本身不一定会直接引发个人心理危机，还要通过个人的应对能力等因素发挥作用，即个人的易感性因素。个人易感性因素指容易引发应对反应的个人因素，包括这个人的性格特征、应对方式等，例如特别敏感和内向的人在面对失恋的时候，可能比外向的人更容易产生心理危机。

同样的事件发生在不同的人身上，其结果会不一样。比如，A和B两个人同时失恋，A的朋友比较多，失恋后有很多人安慰他，A又是一个乐观的人，那么A因为失恋这件事情而产生心理危机的可能性就比较小。B恰恰相反，B是一个性格孤僻的人，本身没什么朋友，对待社会和恋爱又比较消极，因此B产生心理危机的可能性就比A要大，如图10-2所示。

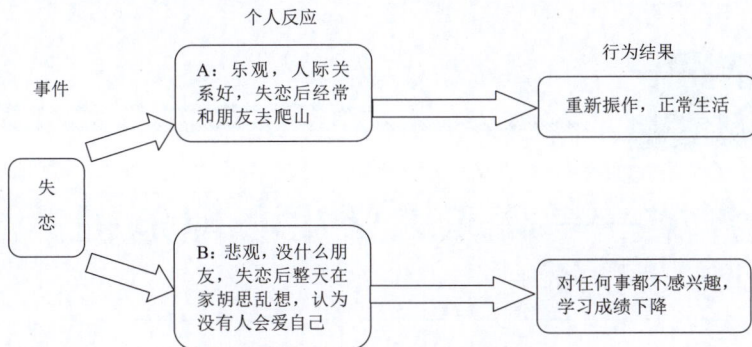

个人反应

事件

A：乐观，人际关系好，失恋后经常和朋友去爬山

行为结果

重新振作，正常生活

失恋

B：悲观，没什么朋友，失恋后整天在家胡思乱想，认为没有人会爱自己

对任何事都不感兴趣，学习成绩下降

图10-2　心理危机产生举例

1. 引发高职大学生产生心理危机的应激源因素

高职大学生已进入生理发展的青春期中晚期，正处于生理发育的基本成熟和部分心理发展相对滞后的特殊时期，人生观、价值观和世界观逐渐形成，心理状态还不稳定，容易受到外界的各种影响而产生心理危机。大学阶段也是种种人生压力相对集中的阶段，当问题发展到一定程度而不能克服和有效解决时，极易引发自伤、伤人事件。当前引发高职大学生产生心理危机的应激源因素有以下8个方面。

（1）学习压力和对大学环境的不适应。

（2）一些长期的、慢性的身体疾病，或者突发的严重身体疾病。

（3）情感问题，如失恋的打击、三角恋的纠纷等。

（4）心理障碍和精神疾病，典型的有抑郁症、焦虑症等。

（5）就业形势的严峻，个人未进行生涯规划。

（6）人际关系问题，如被孤立、和别人发生冲突等。

（7）家庭问题，如丧亲、家庭经济条件突发改变等。

（8）自我相关的问题，如自卑等。

2. 个人易感性因素

现实生活中，绝大部分人遇到了问题，并不会发生心理危机，都能从阴霾中走出来。虽然有应激源因素的存在，但是决定发生心理危机的因素是个人易感性因素。通常情况下个人易感性因素主要有以下5种。

（1）认知方式：是个人对自我及周围环境的认识。对外在事件的认知在个人应对危机事件的过程中起着重要作用。例如归因风格，有的人习惯把失败归结为自己的原因，而把成功归因为运气，这类人就比较容易产生心理危机。还有的人习惯负性思维模式，看问题总看到消极的一面，在遇到问题和挫折的时候也易感心理危机。

（2）应对方式：又称应对策略，是个人在应激期间处理应激情境、保持心理平衡的一种手段。有的人遇到问题会积极想办法解决问题，而有的人会回避问题，有的人会寻求他人的帮助和支持解决问题，而有的人宁愿自己一个人解决问题。相比较而言，回避问题和独自解决问题的人易感心理危机。

（3）社会支持系统：是个人可用于整合以充实应对资源的社会联系。高职大学生的社会支持系统通常包括家人、同学、朋友、老师和学校各级组织等。个人如果没有一个质量较高的社会支持系统，就容易陷入心理危机。

（4）人格特质：人格包含气质和性格两个部分。气质有4种类型：胆汁质、多血质、黏液质和抑郁质。胆汁质和抑郁质两种气质类型的人易感心理危机。胆汁质的人往往比较急躁，情绪易激动，做事冲动，容易走极端，欠思考。抑郁质的人是另一个极端，他们比较敏感，不善与人交流，情感体验深刻，在困难面前常常怯懦、自卑。对于性格来说，内倾型和顺从型性格的人易感心理危机。

（5）其他：包括过往经历、适应能力和生理条件等，如过去是否有过严重的精神创伤，身体是否残疾等。

第三节

凤凰涅槃——高职大学生心理危机的预防与干预

本节视频

前面一节我们了解到高职大学生心理危机的一些概况。危机不可避免，如果我们能够正确并积极地面对危机，就可使危险转变为机遇，成为成长的契机。高职大学生在生活中如何提高自身的心理免疫力，预防危机的发生？自己面临危机时该如何处理？怎么识别他人产生心理危机的信号？周围的人产生危机该怎么帮助他们？阅读本节的内容会帮你找到答案。

一、预防从健心做起：高职大学生心理危机的预防

1. 培养积极认知

认知对于人在应对危机事件的过程中起着非常重要的作用。弗兰克尔在《追寻生命的意义》一书中描述了他在奥斯维辛集中营的生活，他看到了3类不同的人：一类人会主动寻求死亡，一类人会主动寻求生存，另一类人被动地生存。这3类人面临的是同样的集中营生活：残酷、冷漠、随时对生命都会有威胁。他们其实一直处于危机中，但是他们的反应却不一样，在这里面起作用的就是认知，有的人拥有更积极的认知。

消极认知的人会认为我做什么都没有用，在这里太痛苦了，我还不如主动结束自己的生命。

积极认知的人会认为我要努力生存，就算环境再恶劣，我也要生存下去，这种日子总会结束的。

2. 建立良好的应对方式

应对方式是个人在应激期间处理应激情境、保持心理平衡的一种手段，它会直接影响到心理危机是否能够得到有效解决。通常情况下人的应对方式主要有以下3种。

（1）解决问题—求助，成熟型：这类人在面对应激事件或环境时，常能采取"解决问题"和"求助"等成熟的应对方式，而较少使用"退避"、"自责"和"幻想"等不成熟的应对方式，在生活中表现出一种成熟稳定的人格特征和行为方式。

（2）退避—自责，不成熟型：这类人在生活中常以"退避"、"自责"和"幻想"等应对方式应对困难和挫折，而较少使用"解决问题"和"求助"这类积极的应对方式，表现出一种退缩的人格特点，其情绪和行为均缺乏稳定性。

（3）合理化，混合型："合理化"应对方式既与"解决问题""求助"等成熟应对方式呈正相关，也与"退避""幻想"等不成熟应对方式呈正相关，反映出这类人的应对行为集成熟与不成熟的应对方式于一体，在应对行为上表现出一种矛盾的心态和两面性的人格特点。

高职大学生需要记住的是"求助是强者的行为"，成功人士往往更懂得求助，而不是事必躬亲。高职大学生要认识到每个人都有自己的局限，也都有所长，你不能解决的问题，别人未必不能，你想不到的方法，别人也许能想到。

3. 构建社会支持系统

社会支持指人们感受到的来自他人的关心和支持。构建社会支持系统就是要构建一个来自他人关心和支持的系统。尤其是个人遇到心理危机之后，可以寻求他人的帮助，而不是独自解决。

扩/展/阅/读

构建你的人际支持系统

人离不开别人的支持，那么一个人究竟需要哪些朋友呢？作家汤姆拉斯认为，有8种朋友必不可少。

（1）成就你的朋友。

（2）支持你的朋友。

（3）志同道合的朋友。

（4）牵线搭桥的朋友。

（5）为你打气的朋友。

（6）开阔眼界的朋友。

（7）给你引路的朋友。

（8）陪伴你的朋友。

如果想进一步了解详细内容，请扫描旁边的二维码收听老师的讲解。

扫一扫

听音频

二、自助与求助：当自己遭遇心理危机时

一个人遭遇心理危机时，最重要的就是求助，求助主要分以下两个部分。

1. 寻求专业帮助

一个人遭遇心理危机后，往往会出现一些应激的症状，如失眠、情绪低落、胃口不好等，通常情况下这些应激反应都会在一周左右减少或者消失。如果这些症状持续两周以上，并且严重影响到了个人的生活和学习，那就说明这个人需要寻求专业帮助了，比如找心理咨询师或者精神科医生。

创伤后应激障碍（Post Traumatic Stress Disorder，PTSD），指个体经历、目睹或遭遇到一个或多个涉及自身或他人的实际死亡，或受到死亡的威胁，或严重的受伤，或躯体完整性受到威胁后，所导致的个体延迟出现和持续存在的精神障碍。产生这些威胁的事件包括战争、地震、严重灾害、严重事故、被强暴、受酷刑、被抢劫等。PTSD发病多数在遭受创伤后数日至半年内出现。当出现PTSD的症状时，也需要寻求专业帮助。

2. 寻求社会支持

高职大学生在自己的生活中遭遇一些危机事件，如家庭重大变故、身体疾病、失恋等时，要寻找必要的社会支持，如老师、同学等，集众人的力量帮助自己走出心理危机。这个时候，有的高职大学生可能会担心是不是会给别人添麻烦，别人会不会不愿意帮助自己，而放弃求助。高职大学生一定要相信，自己在有危机情况时，身边的人会愿意伸出援助之手。

三、助人与转介：当身边的人遭遇心理危机时

1. 发现心理危机：识别他人自杀的信号

有自杀企图的人以普遍存在的无望感为特征——"我的生活没有希望"，主要体现在以下4个方面：（1）不可爱——我不值得活着；（2）无助——我解决不了这个问题；（3）耐受痛苦能力差——我再也受不了这种痛苦了；（4）认为累赘他人——我走了大家会过得更好。人在自杀前会发出一些信号，只要用心观察，其实并不难发现，这些信号包括以下5个方面。

（1）言语线索——直接和间接的表达

① 直接的言语线索

"我不想活下去了。"

"我想自杀。"

"我真希望我死了。"

"如果不……我就自杀。"

② 间接的言语线索

"活着没有意思。"

"我的问题根本解决不了。"

"死了比活着好。"

"没有我大家会更好。"

"我再也无法忍受了。"

"很快我的所有问题都结束了。"

"现在没有人能帮我。"

"我感到没有希望。"

（2）情感线索——感受

最核心的感受是绝望，其他的孤独、愤怒、内疚、难过、无望、无价值感、无助都是可能产生心理危机的感受。

（3）行为线索——行动

学习成绩下降，注意力不集中。

疏远家人和朋友，在学校表现出退缩和逃避。

食欲减退。

分发财物，道别。

酒精或者药物滥用。

不计后果的行为。

极端的行为改变。

自我伤害。

严重抑郁后突然的平静。

（4）情境线索——伴随丧失感的压力事件

突然被所爱的人拒绝，不情愿的分手等。

失去重要的目标或梦想，如考研失败、找工作失败、作弊被开除等。

感到被所爱的人背叛。

所爱的人去世。

患了绝症。

与重要他人的近期冲突。

突然失去自由，比如犯罪被捕。

失去经济保障或者面临其他重大经济问题。

（5）生理线索——身体情况的改变

对什么事情都缺乏兴趣。

睡眠障碍（失眠、多梦、早醒等）。

食欲/体重改变/减少。

身体健康问题（心悸、头痛等）。

性欲改变/减退。

总之，任何对未来感到特别痛苦、绝望、无望或想要结束生命的警示信号都值得被关注。如果发现自己身边有人透露出想自杀的各种信号，一定要引起注意，没有什么比生命更重要，如果发现同学有潜在的危险，一定要及时和老师沟通，或者带领同学寻求专业帮助。

扩/展/阅/读

对自杀的错误理解

（1）谈论自杀的人不自杀。

（2）自杀前没有任何征兆。

（3）自杀者不是真的想死。

（4）一旦产生自杀的想法，这个想法就总是存在。

（5）一个人自杀未遂后，以后再也不会出现自杀行为。

（6）如果一个人有抑郁情绪存在，与他提及自杀会导致他产生自杀的想法。

（7）大多数的自杀缘于一个突发的创伤事件。

（8）非致命性的自杀行为只是为了引起他人的注意。

（9）如果一个人的抑郁情绪突然好转，他就没有自杀的危险了。

（10）大多数自杀者是穷人。

（11）所有自杀者都有精神问题。

2. 危机进行时：心理危机的应对

▤ 案/例

杨洋的"求救"短信

杨洋是佳琪的高中同学，在佳琪的眼里，杨洋一直是一个幸福的女人，她和比自己大4岁的师兄朱力在恋爱，佳琪也知道这段恋爱对杨洋很重要。

可是天下无不散的筵席，朱力毕业之后去了美国。刚开始的时候杨洋也在准备和憧憬去美国和朱力一起奋斗，可是当朱力去了美国半年后，一切都变了。以前两人每天都打电话，现在一个星期都没有一个电话，朱力总是说自己很忙。最后朱力和杨洋摊牌了：现在确实很忙，无暇恋爱，同时也对他们的恋爱看不到未来，于是提出分手。

这对杨洋来说无疑是一个致命打击，她从来没有想过自己如此信任的一个人，居然会这样伤害自己。失恋2个月了，杨洋每天都以泪洗面，她不相信这是真的，一想到失去朱力就很伤心很难过，对她失去的这些，她都是如此的不舍。

杨洋之前给佳琪打过好几次电话哭诉这个事情，佳琪也一直在安慰她。

这天佳琪正和张帅在图书馆自习，突然接到杨洋的一条短信，短信内容是："我实在是坚持不下去了，如果离开，一切痛苦都会结束！"看到这条短信，把佳琪吓坏了，她立刻打电话给杨洋，听到电话那头杨洋在哭泣："佳琪，我实在是太痛苦了，他说分手就分手了，虽然时间过了很久，但是我仍然很痛苦，还是走不出来。"

"杨洋，你在哪儿？我能感到你很痛苦，我过来陪你聊聊。"

"没用，真的，所有的努力都没用，他不会回来的。"

"我知道你现在很无奈，杨洋，告诉我你在哪里？我过来陪你。"

"我在南门外面的过街天桥，你知道吗？我随时都可以从这儿跳下去。"

"杨洋，我知道你很痛苦，你现在能从天桥上走下来吗？走到南门，我马上就过来陪你。"（第一步：保证安全。）

"佳琪，你知道吗？我真的很痛苦，好想结束这种痛苦。"

"杨洋，我知道你很痛苦，我知道你不想这样。你先听我说，现在从天桥上下来，走到南门，我正往南门方向走，等我到了再详细聊。"（第二步：表达支持。）

"好吧，我等你。"杨洋还在哭泣。

佳琪很担心杨洋，拉着张帅就往南门走，边走边问张帅该怎么办、是不是要告诉老师。张帅觉得应该通知老师，佳琪立刻打电话给自己的班主任梅姐姐。梅姐姐听到之后让佳琪立刻到南门，安抚杨洋的情绪，保证她的安全。梅姐姐马上联系杨洋的班主任处理接下来的事情。（第三步：寻求外界帮助。）

（1）当你发现别人正处于危机时

在一项对大学生求助行为的研究中发现，大学生发生心理危机的时候，可能第一个会打电话或者发短信给自己的同学和朋友。一旦身边的同学向我们发出求救的"信号"，我们要懂得识别这些信号，同时也要知道该如何初步应对身边的同学发生的危机。

如果你接到"求救"电话或者短信，你该怎么做？下面这些步骤你可以借鉴。

第一步：保证安全。了解对方此刻在哪里，

在做什么，是否安全。如果对方不安全，比如在窗台上、在天桥上，一定要将对方引导到安全的地方，比如从窗台上下来，从天桥上走下来。用正向和具体的言语指导对方如何做，比如："你现在能从天桥上走下来吗？走到南门，我马上就过来陪你。"不要说："你不要在天桥上，这样危险。"

第二步：表达支持。当同学处于危机时，你要倾听对方，承认对方的想法和感受，不反驳对方，比如："杨洋，我知道你很痛苦，我知道你不想这样。"而不是否认对方的感受："你不应该这样想，你为他这样痛苦不值得。"另外，表达对对方的关心也是表达支持的一种形式。

第三步：寻求外界帮助。遇到有危机情况发生时，不要害怕求助。有的同学可能会担心被老师知道，给别人带来麻烦，千万不要有这种想法，这个时候求助于外界是最好的选择，告诉老师有助于大家一起想办法帮助处在危机中的同学解决问题。

（2）如何面对发生过心理危机的同学

面对发生过心理危机的同学时，最重要的是真诚表达关心，比如面对离校出走又返校的同学，你可以说："你回来了，我们这几天真的很担心你。""我想做点什么，但又不知道该做点什么，如果你需要我的帮助，请告诉我！"

面对发生过心理危机的同学时，还可以给予支持，支持可以是生活上和学习上的各种支持，比如给对方带饭，为对方讲解难题，多倾听对方的心声等。

在表达关心与支持时，要避免同情心泛滥和劝说。避免过度同情对方，比如说："你真可怜。"避免劝说和责备对方，比如说："你真傻，你怎么就选择自杀呢，多好的生活，不懂得珍惜。""你知道吗，你这样做很不负责任，你给大家带来了多少麻烦啊！"

3. 危机事件影响群体的自我照顾

危机事件影响群体指事件目击人、危机相关人（同学、室友）。在心理学上有替代创伤（Vicarious Trauma）或次级创伤（Secondary Trauma）这一概念，也就是说，与当事人有关联的人都有可能会受到影响。因此，危机事件发生时，被影响群体的自我照顾也很重要。

（1）接纳自己的感受。对于危机事件现场的目击人，或者与危机当事人的社会交往较多的人，都会有较为强烈的情绪体验，如震惊、不敢相信、悲痛、失眠、噩梦等，甚至有可能表现出创伤后应激障碍的一些症状。因此，我们要尊重和接纳受到事件冲击而表现出来的一些情绪、举动。

（2）注重情绪疏导。允许自己表达、宣泄由于事件诱发的各种情绪，情绪得到充分疏导后，才能进行进一步的理性思考，比如接受逝者已逝的事实。如果自己处理不了，还可以求助于心理咨询中心的老师。

（3）相互支持。如果受危机事件影响的是同一个群体，比如同宿舍的室友、同学，可以和大家建立起相互支持的联盟，比如共同缅怀逝去的同学，在面对悲恸时相互给予支持，互相照顾彼此的生活等。

四、及时求助：可以求助的专业资源

北京危机干预中心热线：800-810-1117，（010）82951332。

上海市心理援助公益热线：021-12320-5。

北京协和启迪心理治疗 / 咨询中心救助热线：（010）65132928。

南京生命求助热线：（025）86528082。

杭州心理研究与干预中心救助热线：（0571）85029595。

武汉市精神卫生中心危机干预中心救助热线：（027）85844666/51826188。

深圳心理危机干预热线：（0755）25629459。

广州市青少年心理健康热线：（020）83182110。

天津市心理危机干预热线：（022）96051199。

四川省心理危机干预中心热线：（028）87577510/87528604。

湖南省《法制周报》心理危机干预中心热线：（0731）4839110。

重庆市心理危机干预中心热线：（023）66644499。

青岛市心理危机干预中心自杀干预热线：（0532）85659516。

石家庄心理危机干预热线：（0311）6799116。

北京1980阳光部落心理治疗/咨询热线（010）680011980。

本章小结

（1）生命泛指有机物和水构成的一个或多个细胞组成的一类具有稳定的物质和能量代谢现象、能回应刺激、能进行自我复制（繁殖）的半开放物质系统。

（2）生命的产生是一个极小概率的事件，每个人的生命都是一个奇迹。

（3）生命教育的目的不是帮助人减轻死亡焦虑，而是适度引发人的死亡焦虑，让死亡焦虑成为人思考生命意义的起点。焦虑和恐惧情绪都在提醒我们生命是重要的，生命只有一次，我们要珍惜和爱护生命。

（4）人面临丧失通常会经历否认、愤怒、讨价还价、抑郁和消沉、接受5个阶段。

（5）心理危机指存在具有重大影响的心理事件，主要指一个人赖以生存和发展的基本需要和供给发生了改变，这种改变可能是负面的。危机包括"危险"和"机遇"两个方面，要懂得如何在危机中学习成长。

（6）高职大学生的心理危机有连续性、复杂性和破坏性3个特点。

（7）心理危机的产生是应激源因素和个人易感性因素共同作用的结果。

（8）高职大学生心理危机的预防重点在于培养积极认知、建立良好的应对方式和构建社会支持系统。

（9）当自己遭遇心理危机时要懂得寻求社会支持，必要时要寻求专业帮助。

（10）人在自杀前可能会透露出很多线索，这些线索包括言语、情感、行为、情境和生理5方面。发现任何对未来感到特别痛苦、绝望、无望或想要结束生命的警示信号都要格外关注。当发现别人正处于危机时，有3个步骤可以借鉴：保证安全、表达支持和寻求外界帮助。

（11）高职大学生在面对发生过心理危机的同学时，可以真诚表达关心，给予支持，避免过度同情和劝说对方。

（12）危机事件影响群体的自我照顾包括接纳自己的感受、注重情绪疏导和相互支持。

思考题

生命的顽强与脆弱——汶川大地震中的生命奇迹

一般情况下，在地震发生后，被压在废墟下人的生还极限为72小时，这是国际公认的"黄金救援"时间，然而生命的极限却一再被改写。每一个活下来的生命，都给了我们感动与惊喜，同时也是他们创造了一个又一个的生命奇迹。

5月18日9时，四川省彭州市龙门山镇两名被困长达139小时的遇险老人——何××、何××，被济南军区某官兵成功救出。

……

5月19日20时，安县一位名叫彭××的37岁矿工，在被困170小时后获救。整个救援过程约18小时。解放军第三军医大学的医务人员抬了十个半小时，终于把伤员从山上抬到山下。

……

5月20日18时45分，成都空军某训练团在四川省彭州市龙门山九峰村营厂沟成功营救出被困196小时的60岁妇女王××。

5月21日14时30分，两名被困216小时的受灾群众被某部官兵成功救出。其中一名叫崔××的38岁女性为巴蜀电力的职工，身上多处骨折，生命垂危，经广州军区武汉总医院医疗专家的紧急施救脱离危险。

请思考：支撑他们坚持下来的是什么？看到这些生命的顽强，你有什么感触？

推荐资源

（1）书籍：《影像中的生死课》，陆晓娅著。

《影像中的生死课》是陆晓娅老师自2012年起在北京师范大学开设的同名公共选修课的授课笔记实录。全书以"什么样的生活值得一过"为核心关切点，选取中外电影，搭建与"生死"相关重大议题的思考平台，跨越心理学、社会学、医学、人类学、伦理学、哲学、美学等多个学科，在观影、阅读和讨论的多重对话中，协助大学生探索生命存在的意义和价值，建构自身的生命意识和生命价值观。《影像中的生死课》以纪实性的手法，逐一呈现每个单元的教学内容，展现生动的课堂教学过程，在解析相关生死议题的同时，亦分享作者的教育理念和教学手法。

（2）电影：《阿甘正传》。

阿甘是个智商只有75的智力障碍孩子。在学校里为了躲避别的孩子的欺侮，听从一个朋友珍妮的话而开始"跑"。在中学时，他为了躲避别人跑进了一所学校的橄榄球场，被大学破格录取，并成了橄榄球巨星，受到了肯尼迪总统的接见。阿甘的智商尽管并不高，但他的身上却具有这个社会非常需要的诚实、守信、勇敢、真诚等美德。影片的开始，我们或许会被阿甘的木讷所逗乐，在他面前，我们充满着优越感，但在影片结束时，我们却不得不被他的真诚所感动。

　　每个看过《阿甘正传》的人都会从中得到一些感悟——生命就像那空中白色的羽毛，或迎风搏击，或随风飘荡，或翱翔蓝天，或坠入深渊……

　　下面为《阿甘正传》中的经典台词。

Life is like a box of chocolates. You never know what you're going to get.

人生就像一盒各式各样的巧克力，你永远不知道下一块将是什么口味。

You got to put the past behind you before you can move on.

你只有忘记以往的事情，才能够继续前进。

Miracles happen every day.

奇迹每天都在发生。

Death is just a part of life，something we're all destined to do.

死亡是生命的一部分，是我们注定要面对的一件事。

CHAPTER 11

心灵加油站
——心理咨询

　　社会的变迁给高职大学生的观念和心理带来了巨大冲击，高职大学生心理上的动荡进一步加剧，所面临的心理行为适应等问题也前所未有。越来越多的高职大学生需要心理咨询，越来越多的高职大学生也接受了心理咨询。心理咨询在我国还是一个比较新的事物，很多高职大学生对心理咨询并不了解，本章将带高职大学生走进心理咨询，揭开心理咨询的神秘面纱。本章学习目标如下：

- 了解心理咨询的概念以及心理咨询的工作对象、设置和不同形式；
- 了解心理咨询常见的理论流派；
- 掌握高职大学生运用心理咨询的资源的方法；
- 了解精神障碍及其初步判断，了解高职大学生常见的精神障碍及应对措施。

引/导/案/例

暴饮暴食的小美

　　有一天，佳琪和话剧社的小美吃饭，小美的饭量让佳琪感到吃惊。

　　佳琪吃了一两米饭、两个菜，感觉吃得很饱了。小美要了二两米饭、3个菜，吃完后还不过瘾，又买了一堆甜点，再加一杯酸奶。佳琪暗暗想，这都够我吃一天的了。

　　佳琪觉得奇怪，小美平时很爱美，还会为了保持身材而节食，今天怎么吃这么多东西呢？

　　佳琪问小美："小美，你怎么了？今儿怎么吃这么多东西？别吃了吧。"

　　小美说："我也不知道，有时候就是想吃，完全控制不住自己，吃完之后又很内疚，觉得自己不应该吃这么多。"

　　佳琪说："要不你去学校心理咨询中心看看吧，听说那儿的老师很不错，人很好，或许可以帮到你。"

　　小美说："我不去，我觉得他们帮不了我，他们就和你聊聊天，浪费时间，再说了，去心理咨询又不是件光荣的事，我才不要去那个地方呢。最关键的是我没多大的事儿。"

小美究竟怎么了？她需不需要去做心理咨询呢？

第一节

助人自助——心理咨询概述

本节视频

关于心理咨询，你是不是也有和小美一样的想法——丢脸，浪费时间，就是简单的谈话，根本没有帮助？接下来我们一起来看看究竟什么是心理咨询，心理咨询是不是件丢脸的事，哪些问题可以通过心理咨询解决，高职大学生常见的心理问题有哪些。

一、有技术含量的"聊天"：心理咨询概述

1. 什么是心理咨询

心理咨询是心理咨询师协助求助者解决各类心理问题的过程。心理咨询的完整概念为心理咨询师运用心理学的原理和方法，帮助求助者发现自身的问题和根源，从而挖掘求助者本身潜在的能力，来改变原有的认知结构和行为模式，以提高对生活的适应性和调节周围环境的能力。

心理咨询也称作心理辅导。心理咨询师又称作辅导老师，被咨询的对象通常被称为来访者、咨客或案主等。

案/例

小美的心理咨询历程

小美在大家的劝说下，终于鼓足勇气走进了学校心理咨询中心。走进心理咨询室，小美感觉非常温馨，墙上挂了壁画，桌上放了鲜花，房间的色调也是暖暖的淡黄色。心理咨询师是一位中年女教师，让人觉得和蔼可亲，小美感觉她像一位"知心姐姐"。"知心姐姐"对自己进行了简单的介绍，并给小美讲解了"心理咨询知情同意书"，小美没有什么异议，在知情同意书上签完字之后就开始了心理咨询。

小美向这位"知心姐姐"吐露了自己的烦恼。小美说话的速度很快，而且中间没有停顿地一直说，终于说完了，小美就等着"知心姐姐"给自己"支招"，告诉自己该怎么改，该怎么做。没想到，"知心姐姐"居然没有告诉自己该怎么办，只问了小美一个问题："刚刚你滔滔不绝地讲了 30 多分钟，我一直在听，我好奇的是在这个过程中发生了什么。"这个问题并没有给小美支招，而是在引起小美反思——我怎么就一直不断地讲了 30 多分钟？在反思过程中，小美发现：原来自己最近一直很着急，很焦虑。

"知心姐姐"就像一面镜子一样照出了小美的焦虑，而这种焦虑是小美之前根本没有觉察到的。原来小美一紧张和焦虑就开始猛吃东西。

2. 心理咨询的特点

从对心理咨询的界定来看，心理咨询既不是"授人以鱼"，又不是"授人以渔"，更像是心理咨询师和来访者一起去探索捕鱼的方式，即助人以自助。心理咨询有以下特点。

（1）助人自助

心理咨询师会在咨询过程中运用心理咨询的原理和方法来帮助来访者解决他的心理困扰，这个过程并不是心理咨询师直接解决问题，而是"助人自助"的过程，目的是让来访者自己找到解决问题的方法。

（2）互动性

很多人认为心理咨询和一般看病的过程一样，因此，进了心理咨询室之后就会喋喋不休地先给心理咨询师讲一堆的问题和症状，讲完之后等着心理咨询师"开处方"。其实心理咨询师和来访者的交互并非是一问一答的过程，而是互动的。心理咨询师会提问，但这种提问不是为了"开处方"，而是为了促进来访者自身的探索和思考，就像"知心姐姐"并没有告诉小美该怎么做，而是通过提问引发小美的反思。

（3）心理性

心理性的意思就是心理咨询解决问题的范畴是心理问题，而一些非心理的问题则不属于心理咨询的范畴。心理咨询不能直接给你好成绩，也不能让离开你的爱人回来，更不能治疗癌症，但是它可以帮助你探索获得好成绩的方法，正确面对失恋时的伤痛，应对得了癌症之后的绝望感。

3. 心理健康中的"灰色地带"

人的心理健康并不是黑白分明的，而是在健康与不健康之间有很长的"灰色地带"。大部分人的心理健康水平处于灰色地带，只有少部分的人有严重的精神问题。心理健康地带如图 11-1 所示。

处在不同心理健康地带的人所需要的心理服务是不同的，如表 11-1 所示。

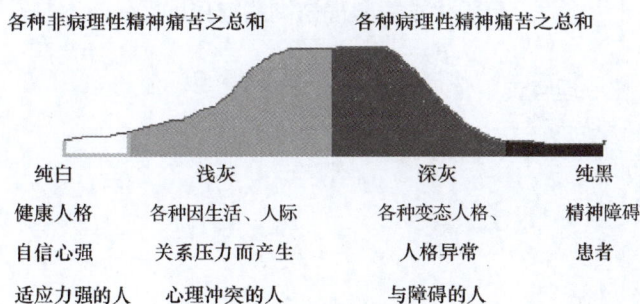

各种非病理性精神痛苦之总和		各种病理性精神痛苦之总和	
纯白	浅灰	深灰	纯黑
健康人格 自信心强 适应力强的人	各种因生活、人际 关系压力而产生 心理冲突的人	各种变态人格、 人格异常 与障碍的人	精神障碍 患者

图 11-1　心理健康地带

表 11-1　不同地带的人所需心理服务

	纯白	浅灰	深灰	纯黑
心理表现	健康人格、自信心强、适应力强的人	各种因生活、人际关系压力而产生心理冲突的人	各种变态人格、人格异常与障碍的人	精神障碍患者
所需服务	无须	心理咨询	心理治疗	精神科治疗，心理治疗

二、心理咨询能解决哪些问题：心理咨询的工作范围

1. 心理咨询的工作对象

心理咨询的工作对象可分为两大类：一是正常人群，即遇到了与心理有关的现实问题并请求帮助的人群，或者是希望在某一方面做得更好的人群；二是有心理问题，但并非精神异常的人群。

心理咨询的主要对象是健康人群，或者是存在心理问题的亚健康人群，而不是人们常误会的"病态人群"。病态人群，如精神分裂症、抑郁症等患者是精神科医生的工作对象。

2. 心理咨询可以解决的问题

健康人群会面对诸如婚姻家庭、择业、亲子关系、子女教育、人际关系、学习、恋爱、性心理、自我发展、情绪管理、压力应对等问题，他们会期待做出理想的选择，顺利地度过人生的各个阶段，求得内心平衡，以及自身能力的最大发挥和寻求良好的生活质量。

这时他们就可以寻求心理咨询的帮助。

高职大学生碰到的问题可以分为两种：发展性问题和障碍性问题。

发展性问题，就是在某一发展阶段遇到的问题，如果不能顺利完成这个发展阶段的任务，就可能会出现问题，这些问题常人都可能会遇到。帮助每个人适应发展阶段的任务，增进身心健康、提高生活质量、实现自我价值是心理咨询的宗旨。发展性问题包括生涯规划、恋爱关系、新生入学适应、人际关系等，如张帅见到佳琪就紧张，就属于发展性问题。

障碍性问题，是人们在生活、学习、工作及各种人际关系中出现的困难和烦恼，心理难以适应，导致较严重的心理障碍问题。

心理咨询主要解决的是发展性问题。高职大学生通过心理咨询可以了解自己处在什么样的发展阶段，需要发展哪些心理品质，以及怎样发展这些心理品质，以便顺利地发展自己，取得更大成功。

≡ 扩 / 展 / 阅 / 读

高职大学生心理咨询的常见问题

高职大学生在心理咨询中常见的主要问题如下。

（1）人际关系问题。

（2）压力问题。

（3）自我问题。

（4）情感问题。

（5）学业问题。

（6）生涯与就业问题。

（7）家庭问题。

（8）慢性身体疾病。

（9）精神障碍。

（10）其他问题，包括环境适应等问题。

三、规矩多多的"聊天"：心理咨询的设置

规矩多多的"聊天"

50 分钟后，心理咨询师提出本次咨询结束，但小美还意犹未尽。虽然小美觉察到了自己的焦虑，但"知心姐姐"还没告诉自己该怎么办呢，怎么能结束呢？之前"知心姐姐"在讲解知情同意书时说到一条，每次心理咨询时间如果没有意外就是一次 50 分钟，每周进行一次，总的心理咨询次数会根据小美的具体情况和希望达到的目标来决定。小美心想：还真的是规矩多多啊，干吗有这么多要求呢？为什么不能想什么时候来就什么时候来呢？干吗一周一次？到底我的问题要多久才能解决呢？这次心理咨询虽然没能帮小美解决实质性问题，但让小美觉察到自己的焦虑，看到自己焦虑时的表现：紧张、吃东西等。小美心里也充满了疑问，但小美打算再试一下，继续进行心理咨询。

心理咨询不同于一般的聊天，它是专业的"聊天"，专业的"聊天"就要有规矩。通常情况下，心理咨询师要遵守以下的心理咨询原则。

1. 保密原则

很多人对心理咨询有一个非常大的顾虑——我的问题会不会被别人知道？保密是大部分来访者的强烈要求。来访者只有确定自己的谈话内容受到严格保密后，才能很放松地向心理咨询师吐露自己的心声。保密原则是心理咨询中的一个重要原则。有很多高职大学生在进行心理咨询前或者进行心理咨询的过程中都会有这样的担心：心理咨询师会为我的问题保密吗？我的问题会不会被班主任知道？答案是一个合格的心理咨询师会为你所讲的问题保密，一般在进行心理咨询前都会签类似于"来访者知情同意书"之类的协议，里面规定了哪些情况心理咨询师会保密，哪些情况会打破保密协定。一般情况下，来访者的问题不会被别人知道，但有两个例外情况：一是有可能伤害自己或他人的情况；二是法律规定需要披露的情况。在这两种情况下心理咨询师可以打破保密原则。

2. 地点设置原则

心理咨询作为一项专业的助人工作，不同于简单的聊天，它必须有严格的地点设置。这是心理咨询原则中最根本的一点。心理咨询是在固定的，装饰得比较有安全、温暖感觉的心理咨询室进行的。一般心理咨询师不出诊，如果有特殊情况（如危机干预）则可以出诊。

3. 时间设置原则

心理咨询中所需要进行的时间设置，主要是为了把咨询控制在来访者注意力最容易集中的时间段，这样对解决来访者的问题更有效。

（1）心理咨询时间：来访者心理咨询的时间一般以每次 50 分钟左右较为合适。当然，根据来访者的不同情况和心理咨询师选用的不同咨询技术，心理咨询的时间也会有一些差异，需要具体问题具体对待。

（2）心理咨询频率：经典精神分析的心理咨询频率通常是每周安排 4～5 次咨询，其他形式的个人心理咨询目前以每周一次的设置比较普遍。心理咨询师依据来访者的情况，设置心理咨询的频率，可以取得较好的咨询效果。

（3）疗程：指从第一次会谈直到心理咨询目标的实现，整个心理咨询过程将持续的时间长度。心理咨询的疗程长短取决于来访者的心理困难程度、心理咨询目标及心理咨询师所选用的心理咨询技术。目前心理咨询的疗程一

一般为 6～20 小时。在不同的心理咨询阶段，根据心理咨询的不同任务，心理咨询的时间长度和频率还需要不断进行适当的调整。

4. 预约设置原则

心理咨询师的心理咨询时间安排需要有严格的预约设置。预约设置，一方面是为了避免心理咨询中心有人任意来往，给来访者造成不安全的感觉；另一方面是为了保障心理咨询师有休息的时间，能够在咨询后有足够的时间整理自己的思绪，做好迎接下一位来访者的准备。心理咨询师一般不接受临时来访者，除非属于危机情况。

5. 转介原则

在遇到下列情况时，心理咨询师可以将来访者转介到其他的机构或心理咨询师。

（1）不属于心理咨询解决的范畴。如来访者是精神疾病患者，心理咨询师会将其转介到精神疾病治疗机构，这样更有利于帮助来访者。再如对法律问题、学校的校纪校规等问题的咨询，也不属于心理咨询的范畴，心理咨询师也可以将来访者进行转介。

（2）心理咨询师个人的问题。凡是心理咨询师觉得自己不适合做心理咨询的情况都属于此类。如有的心理咨询师能力有限，不擅长解决来访者的某些问题，可以将来访者转介给合适的心理咨询师；有的心理咨询师在心理咨询进程中遇到了个人重大问题，不适合做咨询，这时也可以将来访者转介给别的心理咨询师。

转介的原则是维护来访者的利益。来访者要对转介有正确的认识：转介并不一定是因为自己的问题有多严重，或者是心理咨询师不喜欢自己，而是心理咨询帮不到自己，或者因为某个心理咨询师帮不了自己。

扩 / 展 / 阅 / 读

神奇的催眠术

什么是催眠？

说到催眠，你会想到什么？神奇、神秘、水晶球、怀表……在一些影视作品中会提到催眠，如把一个人催眠后，让他做什么他就做什么。一个人被催眠后，会吐露他内心的秘密，或者是知晓过去和未来。这些看起来都让人觉得很神秘，也很恐怖。虽然现在的科学还未对催眠起作用的机制有定论，但它并没有那么神奇和神秘，它也并非无所不能。究竟什么是催眠？大众对催眠有哪些误解？催眠可以用来做什么呢？

如果想进一步了解详细内容，请扫描旁边的二维码收听老师的讲解。

扫一扫

听音频

四、个人、家庭、团体：心理咨询的不同形式

你想象中的心理咨询是什么样的？和心理咨询师单独面对面坐着，或者像电影里一样，躺在长椅上，一个人自顾自地说话？实际上，心理咨询的形式有很多种，依据心理咨询对象，可以把心理咨询分为个人咨询、家庭咨询和团体咨询。

1. 个人咨询

个人咨询指心理咨询师与来访者进行一对一的心理咨询方式。个人咨询中，时间只属于来访者和心理咨询师两个人，心理咨询师专注于一个人，来访者通过与心理咨询师一对一的互动来进行咨询。咨询过程中的谈话内容也仅限于心理咨询师和来访者知道。

个人咨询比较适用于个人的深层次心理问题的探索。

2. 家庭咨询

家庭咨询是以家庭为对象实施的心理咨询模式，其目标是协助家庭消除异常、病态的情况，执行健康的家庭功能。参与咨询的对象是整个家庭，如夫妻、一家三口等。家庭咨询解决的问题不仅是家庭中的问题，个人的问题也可以被视作家庭功能失常的一个"症状"，如孩子的厌学问题可能和父母之间的冲突有关。在家庭咨询中，心理咨询师和家庭成员共同合作，从家庭系统的角度解决问题。大学生进行家庭咨询比较适合的情况如下。

（1）大学生的心理问题与家庭有直接的关系，比如某大学生得了焦虑症，直接诱因是父母对该大学生要求太高，该大学生达不到父母的要求，这时，如果该大学生和父母均愿意，该大学生可以和父母一起进行家庭咨询。

（2）已婚大学生解决夫妻关系的问题或亲子关系的问题，比如想改变夫妻之间的关系，双方都愿意参与。

（3）某些需要家庭成员照顾的大学生的问题，比如某大学生得了抑郁症，如果该大学生和父母均愿意，该大学生可以和父母一起进行家庭咨询，磋商患病期间如何沟通的问题。

需要注意的是，有的问题虽然比较适合家庭咨询，但如果有家庭成员不愿意参与，那也不要强迫对方参加，可以先从个人咨询开始。

3. 团体咨询

团体咨询指心理咨询师将具有同类问题的来访者组成小组或较大团体，进行共同讨论、指导和矫正的咨询形式。不同于个人咨询中心理咨询师和来访者一对一的交流，团体咨询创造了一个类似真实的社会生活情境，为参与者提供了社交机会。每个成员既可以从多角度了解自己、洞察自己，又可以学习其他成员的适应行为，成员间相互支持，共同探寻解决问题的方法。

一般来说，团体咨询要求参与者为咨询中所发生的事情保守秘密。团体咨询比较适合那些愿意在团体中开放的人，也比较适合有人际交往类心理困扰的人。如果想在人际交往上有所突破，同时希望在解决问题的路上有人同行，不妨试试团体咨询。

第二节

条条大路通罗马——心理咨询的常见理论流派

本节视频

案/例

小美的心理咨询师告诉她有任何想法和感受都可以在咨询中表达。小美鼓起勇气和心理咨询师谈起了自己在心理咨询中的紧张和迷茫，她不知道心理咨询是如何发挥作用的，是要催眠还是简单地聊聊天，心理咨询师就能猜到自己心里怎么想的。心理咨询师听完后，对小美说："感谢你的坦诚，心理咨询发挥作用的方式其实有很多种，心理咨询也有不同的理论流派，每个心理咨询师和来访者都有适合彼此的心理咨询流派。"小美好奇地问："有哪些流派呢？"心理咨询师告诉她，心理咨询流派有很多种：精神分析、认知疗法、行为治疗、人本主义、后现代心理咨询……小美一边听一边点头，仿佛打开了一扇新世界的大门。

你也许会好奇心理咨询师是依据什么工作的，是简单地聊聊天就可以解决你的困扰吗？其实心理咨询师要学习"十八般武艺"，以便在进行心理咨询工作的时候选择适合自己和来访者的方法。

你是不是和小美一样，对心理咨询有很多的好奇？你听说过哪些理论流派呢？

一、探索潜意识：精神分析

在众多的心理咨询流派中，精神分析流派可谓是心理咨询的开山鼻祖。

1. 基本观点

精神分析理论是奥地利精神科医生弗洛伊德于19世纪末20世纪初创立的，它揭开了人类心灵世界的面纱。弗洛伊德提出人在日常生活中对自己内心世界的觉察仅仅是人全部心灵的冰山一角，人尚未觉察到的冰山的全貌就是"潜意识"。潜意识指人类心理活动中，不能认知或没有认知到的部分，是人已经发生但并未达到意识状态的心理活动。精神分析理论认为梦是通往潜意识的窗口。

2. 常用技术

在精神分析心理咨询师的咨询过程中，心理咨询师致力于探索来访者的潜意识的影响，并关注人在早期童年经历中形成的内心冲突。心理咨询师和来访者建立彼此信任的工作联盟，来访者在心理咨询中通过自由联想和梦境的分析，进行自我探索。心理咨询师通过对来访者梦境的分析，探索来访者的潜意识和被压抑的本能冲动。

3. 特点

精神分析的心理咨询适用于对个人内心世界的深入探索，对于心理咨询师和来访者而言，都是一个漫长而深入的旅途。如果你愿意用较长的时间深入探索自己，可以选择精神分析流派的心理咨询师。

二、想法决定结果：认知疗法

心理咨询流派中另外一个影响较大的流派是认知疗法，认知疗法关注人的认知过程。

1. 基本观点

人的认知过程会影响情感和行为的结果，认知过程及其导致的错误观念是行为和情感的中介，适应不良的行为和情感与适应不良的认知有关，人们可以通过认知的改变来改变不良的情绪和行为。

2. 常用技术

你在与认知疗法流派的心理咨询师交流时，会接触到一个神奇的三角形，即"认知三角形"，这个三角形可以帮助你充分地觉察和探索自我。认知三角形的3个顶点分别是认知、情感和行为，三者之间相互影响，密不可分。例如，你开始疏远和你曾经关系亲密的室友（行为），原因是他有一次出去玩没有叫你一起去，你认为他不喜欢和你一起玩（想法）。自此，你看到他，你就感到愤怒（情感）。在这个例子中，对方出去玩没有叫你是事实，你将这个事实加工为"他不喜欢和你一起玩"，这就是你的想法，这个想法又进一步引起你的愤怒情绪，以至于你开始疏远他。认知疗法的心理咨询是识别出你对一些事情的"不合理信念"（不合理信念指个人内心中不现实、不合逻辑、站不住脚的信念，即那些绝对化、过分概括化、极端化的思想认识），进而验证它的不合理性，并考虑其他的可能，改变你对事情的看法，从而改变你自身的感受和行为。比如，如果你这样想：室友没有叫我出去玩可能是因为他以为我最近准备考试，没有时间出去玩，那么你可能就不会产生愤怒的情绪和疏远他的行为。

3. 特点

认知疗法的心理咨询疗程相较于精神分析心理咨询比较短，心理咨询过程也更结构化，工作目标和任务都很明确，适用的范围较广，心理咨询效率也比较高，适合于认知功能比较高、想在较短时间内解决问题的人。

三、行动改变内在：行为治疗

在心理咨询中，还有一个流派已流传百年，经久不衰，那就是行为治疗。行为治疗是以减轻或改善来访者的症状或不良行为为目标的一类心理治疗技术的总称。

1. 基本观点

行为治疗区别于其他观点的显著的一点是它强调以行为为中心，关注的是来访者目前的问题和影响这些问题的因素，不强调对可能的历史性的决定因素的分析。广泛意义的行为不仅包括外显的行为，而且包括思维、语言和表象等内隐行为，也包括胃肠、血压等生理行为。行为治疗认为任何行为都是有功能的，包括正常和异常的行为。行为治疗的目的是建立适应性反应，替代非适应性的反应。

现代行为治疗已经超越了巴普洛夫经典条件反射时期的内容，行为治疗的过程包括对自己行为模式的觉察。心理咨询中会聚焦4个层面——认知、情绪、躯体和动作，来达到改变的目的。

2. 常用技术

在现代行为治疗心理咨询中，针对不同部分（认知、情绪、躯体、动作）会采用不同的技术。

（1）认知：行为功能分析、行为观测与记录、认知治疗等。

（2）情绪：宣泄、利用物品（椅子、纸张等任何东西）呈现关系技术等。

（3）躯体：躯体治疗（根据情境放松或紧张）、表象训练、系统脱敏等。

（4）动作：角色扮演与模仿、行为技能训练、自信训练、暴露疗法等。

放松训练是行为治疗心理咨询的经典技术之一，常用的是一种渐进式紧张—松弛放松法，它是通过循序渐进地放松一组一组肌肉群，最后达到全身放松的目标。放松训练可以有效缓解焦虑情绪。系统脱敏主要用于治疗各种恐惧症状，例如害怕某些动物、考试焦虑、社交恐惧和广场恐惧等。它通过使来访者在放松状态下接触（实际的或想象的）恐惧对象来克服恐惧或焦虑。

3. 特点

行为治疗心理咨询具有针对性强、易操作、疗程短、见效快等特点，适用于个人有恐惧、强迫和焦虑等情绪和行为问题的情况，也适用于个人想要提高自己表现的情况，比如高考、演讲等。

四、接纳、倾听与共情：人本主义

"人之初，性本善"，这句古语正是心理咨询流派中的人本主义的基本观点。在人本主义流派的心理咨询中，来访者可以在和心理咨询师的关系中体验到被接纳、倾听和被充分共情的感受，在这样的关系氛围下，来访者能够充分地自我探索，进而自我实现。

1. 基本观点

人本主义心理咨询流派认为，任何人在正常情况下都有积极、奋发向上、自我肯定、无限的成长潜力，如果人的自身体验受到闭塞，或者自身体验的一致性丧失、被压抑、发生冲突，那么人的成长潜力会受到削弱或阻碍，人就会表现出心理冲突和适应困难。如果创造一个良好的环境使人能够和别人正常交往、沟通，他便可以发挥自己的潜力。

2. 常用技术

人本主义心理咨询的常用技术包括无条

件积极关注、共情、接纳、尊重等。这些技术看起来很简单，对一些来访者的帮助却非常大。你可以试想下：一棵小树苗在生长过程中，如果体验到充分的阳光和雨露，它将按照自然规律茁壮成长，但如果在生长中遇到了虫灾，它就会出现生长不健康的情况。人本主义心理咨询师认为人也是这样，遇到了心理困扰就是成长中遇到了阻碍，当来访者在心理咨询室中体验到足够多的被关注、接纳和共情，他人生中的阻碍就会慢慢消失。人本主义心理咨询师认为每个人生来就具有自我实现的本能和能力，正是种种阻碍让我们止步不前。自我实现指人的各种才能和潜能在适宜的社会环境中得以充分发挥，实现个人理想和抱负的过程。

3. 特点

人本主义心理咨询过程的形式和时间都比较自由，其重点在于以来访者为中心，在良好的关系氛围中，移除来访者人生的阻碍，帮助其自我实现。

五、人人都可以构建自己的世界：后现代心理咨询

近年来，在后现代主义的思潮下应运而生了一些心理咨询方法，这些咨询方法统称为后现代心理咨询。后现代心理咨询是个大家族，它包括很多家庭成员：叙事治疗、短期焦点解决治疗、绘画治疗、音乐治疗等。

1. 基本观点

后现代主义主张社会建构论，否认任何"事实"和"规律"的客观性，认为能够对人发生影响的只能是经验中的事物，而不是客观事物本身。后现代心理咨询认为心理失常是人的意义系统与主流的强势的意义系统之间出现矛盾或不协调，心理咨询的目的在于通过心理咨询师和来访者的互动和相互作用，建构意义，从而消除既有的矛盾，帮助来访者恢复或达到某种理想的心理协调状态。

世界在我们面前展开，每个人看到的各不相同。试想你和室友们走在同一条去教学楼的路上，有的人低头看脚下的路，有的人看来往的行人，有的人看树上的小鸟……就算是看到了同样的事物，但每个人从中感受到的意义又各不相同。同样是看到鸟，有的人会觉得春天来了，有的人会觉得城市化让鸟无处栖身……你可以发现，每个人心中的世界是靠个人建构出来的，对于世界的认识没有统一的标准。当人内心建构的独特意义和社会环境价值体系下的主流意义发生矛盾时，人会感到痛苦和困惑。在后现代心理咨询中，心理咨询师通过和来访者一起建构独特意义的方式，帮助来访者消除这种冲突，重新回归到和谐的状态。

2. 常用技术

后现代心理咨询又是如何实现的呢？在它庞大的家族里，不同成员有不同的高超技艺，方法虽不同，但背后的原理却是一致的。叙事治疗指心理咨询师通过倾听来访者的故事，运用适当的方法，帮助来访者找出遗漏片段，使问题外化，从而引导来访者重构积极故事，以唤起来访者发生改变的内在力量的过程。短期焦点解决治疗指心理咨询师鼓励来访者深思自己的意义建构，审查这种建构方式给自己的生活所带来的消极影响，通过改变意义建构的方式达到解决问题的目的。绘画治疗、音乐治疗等艺术治疗方式，也是心理咨询师通过不同的媒介帮助来访者重新建构独特的意义，达到和谐状态。

3. 特点

后现代心理咨询的特点是让来访者自由地建构和探索。

看到这么多纷繁复杂的心理咨询流派，你是不是有点混乱？到底该选哪一个？到底哪一个适合我？到底哪一个效果好？研究者们对各个心理咨询流派的心理咨询效果研究后发现了"渡渡鸟效应"，即主流的心理咨询流派之间的咨询效果并没有差异，一个心理咨询流派都只对一部分来访者有效，并非对所有来访者都有效。接下来的一节会详细介绍你可以运用哪些心理咨询的资源，以及如何挑选一个适合自己的心理咨询师。

本节视频

第三节

有了心理问题怎么办——高职大学生如何运用心理咨询资源

案 / 例

这些天，佳琪话剧社的一个新成员芳芳觉得自己心情很低落，每天晚上睡不好，早上醒来觉得没什么精神，看着平时最喜欢吃的菜居然没有食欲。前几天芳芳的男朋友叫她出去玩，也被她拒绝了，这几天他们也一直没有联系。但是芳芳又想不通自己为什么会这样，只想尽早摆脱这种痛苦。

前阵子芳芳观察到小美的状态有了变化，过去对学习焦虑，现在变得自在放松了，也不像以前那样要么不吃东西，要么吃很多东西。她很好奇，是什么让小美发生了变化，于是忍不住就去问了小美。原来，小美在学校心理咨询中心正接受心理咨询。于是芳芳向小美请教她是怎么知道心理咨询信息的，一问之下，芳芳发现原来身边可以获取的资源这么多，立即给学校心理咨询中心打电话预约了心理咨询。

一、你身边的资源：大学心理咨询中心

每一所高校都有专门的心理健康服务机构，通常对在读大学生免费开放，学校里的心理咨询师有一定的专业性，对大学生的典型问题较为了解。对于大学生来说，学校里的心理咨询中心是经济高效又便捷的心理咨询资源。一般来说，高校的咨询中心的服务内容主要包括：开设心理健康课程、讲座，进行个人、团体咨询等。

以北京某大学为例，心理咨询中心的服务内容主要如下。

1. 心理健康教育

心理健康教育的服务内容包括：开设一些心理健康课程，指导大学生心理健康协会社团活动，组织各种形式的心理健康宣传教育活动，如大学生心理健康宣传月活动、各种专题讲座等。

2. 心理咨询

个人咨询：提供适应、发展、学习、压力、人际关系、情绪、人格、恋爱、生涯规划、择业等方面的咨询服务。

团体咨询：主题涉及大学生生活适应、情绪调节、压力处理、人际沟通、自我认识、人际交往能力训练等，包括舞动治疗、创造性戏剧体验、曼陀罗绘画等多种形式的心理咨询。

3. 团体训练

成长训练营以小组的形式为在校的学生提供有关个人沟通、团队协作、领导力提升、适应新环境等方面的心理训练。同时组建成长训练营教练组，并训练资深组员为教练，以"同学训练同学"的朋辈辅导的方式在学校内广泛地推广。

4. 心理测试

心理测试服务内容包括：新生心理测查，抑郁、焦虑、人格测试，职业适应性测试。

社会常见的心理服务资源

下面是一些社会上常见的心理服务资源。

1. 社会的免费服务机构

社会中的免费服务机构一般是隶属于高校的研究中心，或者是公益热线类的服务机构。下面以北京为例，列举一些免费的服务热线。

（1）"12355"青少年服务台

热线电话：12355（危机干预，电话咨询免费）。

服务时间：24小时。

面向人群：青少年。

主办方：中国共产主义青年团中央委员会。

（2）北京红枫妇女心理咨询服务中心

热线电话：010-68333388。

服务时段：周一至周五，9：00—12：00（老年关爱热线）；

9：00—17：00（反家庭暴力热线）；

13：00—17：00（妇女问题专家热线）；

17：00—20：00（妇女综合热线）。

面向人群：妇女儿童。

主办方：北京红枫妇女心理咨询服务中心。

（3）清华大学李家杰珍惜生命大学生心理热线

热线电话：4006525521。

服务时间：周一至周日16：30—22：30。

主办方：清华大学学生心理发展指导中心。

（4）北京心理援助热线——自杀与危机干预热线

热线电话：8008101117、010-82951332、010-82951150。

服务时间：24小时。

主办方：北京回龙观医院。

（5）雪绒花学生心理帮助热线

热线电话：010-58800525/58800764。

服务时间：每天17：30—21：30。

主办方：北京师范大学党委学生工作部学生心理咨询与服务中心。

2. 医疗类资源

如个人的问题可能是某种精神障碍（详见本章第四节），可以前往精神科专科医院就诊，遵医嘱进行治疗。一般来说，每个地区都有专门的精神疾病专科医院，如果没有，可以到综合医院的精神科就诊。以北京为例，精神疾病专科医院有北京大学第六医院、首都医科大学附属北京安定医院、北京回龙观医院等。

想一想：你知道你所在学校的心理咨询服务机构的名称吗？它的具体位置在哪里？它可以提供的服务包括哪些？除了学校的心理咨询服务机构，还有哪些机构可以帮助你解决心理问题？

二、适合自己的就是好的：高职大学生如何运用身边的心理咨询资源

1. 了解心理健康知识的途径

当遇到心理困扰或者想进行自我探索时，除了直接寻找心理咨询，还有一些其他渠道可以了解心理健康相关知识。

在大学校园里，学校的心理社团会组织一些心理健康知识的传播活动，如心理学影视放映、心理知识相关沙龙讲座等。学校尤其会在每年的 5 月 25 日即大学生心理健康日，组织多种多样的活动，等待大学生的体验和参与。

除了学校里的活动，一些心理健康服务机构也会不定期地举办一些活动。如有些医疗机构会在节假日举办一些有关于精神障碍预防和治疗、药物治疗、病患家属如何给病人提供更大支持的讲座，这些讲座有的需要线下参与，有的是网络直播。

网络平台上也有很多心理健康相关知识的内容，如一些心理咨询机构通常会有公众号服务，会定期发布一些心理健康相关的内容，从专业的角度进行心理科普。越来越多的心理专家也在通过网络媒体，如 Ted、网易公开课等渠道向大众传播心理健康知识。

除了以上获取心理健康知识的途径，还有一个蕴藏海量的宝贵资料的地方——图书馆，大学生可以走进图书馆里翻阅和品读心理学书籍。

想一想：你有推荐的传播心理健康知识的网站或者公众号吗？推荐的理由是什么？

2. 挑选适合自己的心理健康服务

本书在前两节中，已经介绍了心理咨询的不同形式和不同流派。每个人的心理困扰都各不相同，高职大学生可以基于对这些知识的了解，根据自己的诉求，选择合适的心理健康服务。

3. 挑选适合自己的心理咨询师

"众里寻他千百度"，在众多的心理咨询师中，如何寻找一个适合自己的心理咨询师呢？首先，心理咨询师的专业性要过关；其次，也是最关键的一点：自己内心对于心理咨询师的感受，这也是在整个心理咨询中最重要的部分。一个好的、适合你的心理咨询师可以让你有以下感受。

（1）可以信任他

在第一节中已经介绍过，心理咨询发挥作用的关键是来访者和心理咨询师之间可以建立有效的工作联盟，而建立这样的工作联盟的基础就是信任。如果你在心理咨询中，感受到心理咨询师是可以信任的，感到放松而安全，你可能找对人了；如果你感到自己无法信任心理咨询师，你可以把顾虑告诉对方，有时这种不信任的信号说明你们双方并不匹配。

（2）愿意向他倾诉

在心理咨询初始阶段，你如果愿意向心理咨询师倾诉，那么有利于后面心理咨询的开展。如果在心理咨询初始阶段，你就感觉不是很愿意向心理咨询师倾诉，这有可能意味着你们是不适合的。在心理咨询中期，你如果感到不愿意倾诉，有可能是心理咨询阶段的原因，你也可以开诚布公地告诉心理咨询师你的顾虑。

（3）感到被倾听、被接纳和被理解

在一段合适的咨访关系中，你会从心理咨询师那里充分地感受到被倾听、被接纳和被理解。心理咨询师不仅仅关注你的故事，还

关注故事背后的模式，心理咨询师对你的好奇是带着尊重和渴望的，而不是八卦和刺探。

（4）感到有成长和改变

你决定进行心理咨询一定是你遇到了困惑，因此，决定你和你的心理咨询师合适的关键就是你在心理咨询中感受到了自己的成长和改变。这个过程也许需要你的一点耐心，但在一段合适的咨访关系中，这种成长迟早会出现。

扩/展/阅/读

如何挑选可靠的心理咨询师或者机构

心理咨询师是不是适合自己很重要，心理咨询师是不是可靠或者这个咨询机构是不是可靠也很重要。在心理咨询师的选择上可以从以下 6 个方面进行考量。

（1）学历背景。

（2）受训背景。

（3）咨询师没有盲目自信，也没有过分树立权威。

（4）设置稳定。

（5）工作边界明确。

（6）留意咨询中的性移情。

对于咨询机构的可靠性判断，可以依据专业人士的推荐，或者通过和机构中的咨询师咨询后，从咨询师的能力来判断。如果想进一步了解详细内容，请扫描旁边的二维码收听老师的讲解。

扫一扫

听音频

三、心理咨询前如何准备自己：如何做一个好的来访者

在前面的内容中提到有效的心理咨询需要心理咨询师与来访者建立安全和彼此信任的工作联盟，在你选择可靠的咨询师后，又如何成为一个可靠的来访者，和心理咨询师共同搭建工作联盟呢？一个好的工作联盟可以提高心理咨询的效率，而真诚和开放是建立稳固工作联盟的两块基石。

你在开始走入心理咨询室前，如果感到紧张和不安，这是正常的现象。缓解这份紧张的方式之一是，你可以在网络上充分搜集有关心理咨询的介绍，包括设置、过程和如何发挥作用等，对心理咨询有个初步了解。

还有一个更加有效缓解紧张的方式是，你把自己的不安坦诚地告诉心理咨询师，这也是你"真实表达感受和想法"的第一步。你坦诚地表达自己的紧张不仅可以化解这份紧张，而且有助于咨访关系的建立，也对自身的心理困扰有益。在接下来的心理咨询中，这份真诚依然很重要，你的任何感受和想法都可以和心理咨询师讨论，这是心理咨询最为关键的部分，也是咨访关系和别的关系最大的不同，在别的关系中，人很难真的做到表达自己的任何想法。

虽然工作联盟靠心理咨询师和来访者的共同努力来搭建，但最终的改变依然要回归到来访者自己身上。来访者应该在心理咨询中更多地发挥主动性，要充分地参与和卷入到心理咨询中，通过心理咨询来发现自己的能力，依靠自身的力量来实现改变。

也许你对心理咨询还有这样一些期待：心理咨询师是权威而专业的，是拯救者，可以很快带自己走出苦海，甚至期待在一次心理咨询后，自己的困扰就能够化解。事实上这些期待是不合理的。心理咨询是一种科学的手段，而不是神奇的魔法，无法在短短的几个小时里就化解困扰来访者几个月甚至数年的问题。心理咨询是一个过程，是心理咨询师运用专业的方式方法帮助来访者，但心理咨询师不是万能的，他无法全知全能，拯救他人。心理咨询师是来访者的伙伴，双方在接受每个人不是全能的状态下，一起学习和成长。

第四节

灰黑地带——精神障碍概述

本节视频

案/例

王强变"懒"了

王强是张帅的室友，他以前是宿舍的学霸型人物，别人玩游戏，他戴着耳机背单词；别人给女友打电话聊天，他在楼道里读英语。可最近一段时间张帅觉得王强变懒了，变邋遢了。现在，王强整天睡到吃午饭，起床脸也不洗，床上乱得一团糟，他也不背单词了。张帅很纳闷，这王强到底是怎么了？

张帅和其他室友在劝说王强无果的情况下决定把他送到学校心理咨询中心。心理咨询师在听了王强的叙述后怀疑他可能得了抑郁症，需要去专科医院进行诊治，转介王强去精神疾病专科医院。王强一听要去精神疾病医院，立刻摇头说："打死我也不去，等放假我回家休息一下就好了。"其实王强是被精神疾病专科医院给吓住了，认为自己的问题很严重，同时又觉得很丢脸。张帅说："老师都让你去了，你就去吧，我陪你一起去。"

后来王强确实被诊断为中度抑郁，医生建议服药治疗，同时结合心理咨询。回到宿舍，王强拿着医生给开的药有点犹豫，是吃还是不吃？我真的需要吃药吗？

现实生活中，像王强这样的高职大学生不在少数，他们缺乏对精神障碍的了解，当自己被诊断出患有精神障碍时往往不知所措。本节就带大家了解精神障碍以及精神障碍的应对。

一、精神障碍不可怕：精神障碍简介

1. 什么是精神障碍

精神障碍指由各种原因引起的感知、情

感和思维等精神活动的紊乱或异常，导致人出现明显的心理痛苦或社会适应等功能损害。严重精神障碍指疾病症状严重，导致人的社会适应等功能严重损害，对自身健康状况或者客观现实不能完整认识，或者不能处理自身事务的精神障碍，主要包括精神分裂症、偏执性精神病、分裂情感障碍、双向情感障碍、癫痫所致精神障碍、精神发育迟滞6种。

2. 关于精神障碍的错误观念

（1）精神障碍很可怕。实际上，目前我国精神障碍的发病率为16.6%，其中严重精神障碍的发病率为1%左右。只要配合治疗，大部分患者都能痊愈。

（2）得了精神障碍会被人笑话。在科学技术日新月异的今天，精神卫生知识也正在逐渐地深入人心，随着大众对精神卫生知识的逐步了解，人们对精神障碍患者的接纳度也在逐步提高。

（3）是因为自己脆弱才会得精神障碍。精神障碍的发病原因是比较复杂的，往往是遗传、社会和个人共同作用的结果。

（4）出现精神异常只要扛一扛，就会过去。事实并非如此，如抑郁症患者脑内有多种神经递质出现了紊乱，并不是扛就能扛过去的。

（5）治疗精神障碍的药物都有副作用，能不吃尽量不吃。精神障碍患者是否吃药需要遵医嘱，这样有利于治疗。现在也有很多副作用很小的精神类药物。

（6）只要症状好了，就可以不用服药了。症状虽然有改善，但大部分精神障碍患者都需要巩固治疗，这样可以降低复发率，所以精神障碍患者不要擅自停药，应遵医嘱。

二、世人笑我太疯癫，我笑世人看不穿：精神异常的初步判断

有同学会问，那我如何才能知道自己或者他人精神是不是正常？一个普通人要怎么判断呢？有一些小的技巧可以帮助大家进行精神异常的初步判断。通常从以下4个方面进行。

1. 行为

行为是人们表现出的各种举止、反应，是判断是否存在精神异常最为直观和有效的判断指标。可以通过以下行为来初步判断当事人是不是精神异常。

（1）当事人能否保持正常的学习、生活能力？

（2）当事人的行为活动是否与其身份相符？

（3）当事人是否表现出他人难以理解的言行举止？

（4）当事人的行为活动是否明显地减少或增多？

（5）当事人是否保持与周围人群的正常沟通？

（6）当事人是否表现出自杀意向、自杀行为或制订自杀计划？

（7）当事人是否有威胁周围人群和环境的意向或行为？

2. 情绪

情绪是人的各种感觉、思想和行为的一种综合的心理和生理状态，是对外界刺激所产生的心理反应，以及附带的生理反应，如喜、怒、哀、乐等。情绪是个人的主观体验和感受。在情绪支配下，个人会产生各种行为，情绪本身也会影响到认知。可以通过以下情绪来初步判断当事人是否精神异常。

（1）当事人的总体情绪感受如何？

（2）当事人的情绪反应是否和环境、诱因匹配？

（3）当事人是否存在消极情绪（忧伤、愤怒、焦虑等）？

（4）当事人的情绪是否稳定，是否存在波动，波动程度如何？

（5）当事人的情绪是否受其本人的控制，是否有失控的倾向？

（6）当事人是否存在情感解体或混乱的表现？

3. 认知

认知指人认识外界事物的过程，即对作用于人的感觉器官的外界事物进行信息加工的过程。潜在危机评估过程中的认知，指的是人的总体思维能力（分析能力、记忆力、注意力等）和个人对问题以及个人的看法。可以通过以下认知来初步判断当事人是否精神异常。

（1）当事人对面临问题的解释如何，是否符合实际？

（2）当事人是否能够有效地解决所面临的问题？

（3）当事人的注意力水平如何，是否能够保持必要的注意力？

（4）当事人的记忆力水平如何，是否存在长期、短期记忆的损害？

（5）当事人的逻辑思维能力如何，是否存在思维混乱的现象？

（6）当事人的认知范围是否发生变化，是否过于狭窄？

（7）当事人的自我认知如何，是否存在自我怀疑、自我否定等现象？

（8）当事人是否存在强迫性思维等异常思维表现？

4. 生理表现

生理表现指一些和心理问题相关联的，可以观察到的生理层面的表现。可以通过以下的生理表现来初步判断当事人是否精神异常。

（1）当事人的睡眠状况如何，是否有入睡困难、睡眠质量不高、早醒（与抑郁症相关）等症状？当事人的饮食状况如何，是否存在厌食、拒食、过度饮食、暴饮暴食等？

（2）当事人是否存在物质依赖表现，如吸烟、酗酒，或者借助其他物品来消磨意志等？

（3）当事人是否有身体不适等感受，如是否抱怨自己身体感觉不好，或其他症状等？

（4）当事人的总体生活节奏是否有明显改变？

以上内容只是给大家提供一个初步判断的依据，并不能因此而下定论，如果你或者他人有上面的异常情况存在，应该考虑求助心理咨询或到专科医院进行治疗。通常情况下，如果这些异常情况持续时间比较短，如几天、一周的时间，之后就能恢复正常，一般不用太在意，如果持续两周以上，则需要引起关注和寻求相应的帮助。

想一想：王强在得抑郁症前后有哪些变化？

扩 / 展 / 阅 / 读

反精神疾病歧视

歧视（Stigma）是使用负面标签来定义一个有精神障碍或者其他不同于你的明显特征的人。因为害怕被歧视，个人会丧失寻求专业帮助的勇气。宁可自己扛着，也不愿意承认自己有精神疾病。

很多人正是因为害怕被人歧视，所以才不去就医，不求助，导致病情恶化。有研究表明，大学生寻求专业心理咨询的帮助有以下特点：在寻求他人帮助时，更倾向于向关系密切的人求助，只有当面临严重的心理困扰时，才倾向于向专业心理咨询求助；男生较女生更倾向于自己解决问题。妨碍大学生寻求专业咨询帮助的主要原因有两个：一是心理咨询不能帮助自己解决问题；二是去做心理咨询是一件丢脸的事情。其中最重要的一个原因是担心丢脸。

当你身边的人有心理问题或者精神疾病时，你要做的是：接纳、支持；使用尊敬的语言；对于那些表现出歧视的人，要予以制止；鼓励他们求助或者就医。

不能做的是：给别人贴上标签，比如弱智、神经病等；使用"疯子"等字眼；告诉对方没关系，没问题，扛一扛就好了。

心理健康专业人士估计，在一年时间内，每4个成年人中就有一个人遭受某种类型的心理障碍或精神疾病，大约三分之一的人在一生中至少经历过一次重大的心理障碍。减少对精神疾患的歧视，就会增加他们寻求帮助的机会。

三、精神感冒来袭：高职大学生常见的精神障碍

提到生理上的感冒，我们知道可以分为细菌性感冒和病毒性感冒。那么提起精神障碍，又包括哪些类别呢？在我们日常生活中，比较常见的精神障碍包括焦虑症、抑郁症、强迫症、恐怖症、网络游戏障碍和进食障碍。接下来我们一起来看看。

1. 焦虑症

焦虑症是一种以持久性焦虑情绪为主的神经症，症状呈急性发作或慢性持续状态。急性焦虑的患者可突然感到呼吸困难、紧张恐惧或出现濒死感。检查可见心跳加快、呼吸窘迫、震颤，发作可持续数分钟至数小时，并可反复发作。慢性焦虑患者多有胆小、羞怯、过分敏感、忧心忡忡等人格特点，常处于持续紧张状态，终日惶恐、提心吊胆、坐卧不安，容易激惹，注意力不集中，对外界事物缺乏兴趣或自身躯体不适，多伴有失眠多梦、胃肠不适、性欲缺乏。焦虑症是大学生常见的精神障碍之一。

2. 抑郁症

抑郁症又称忧郁症，是大学生常见的一种精神障碍，由于比较普遍，因此常被称为"心灵感冒"。它是神经症的一种，指情绪显著而持久（抑郁发作需持续至少两周）的低落为基本临床表现并伴有相应的思维和行为异常的一种精神障碍。患者情绪低落，自卑忧郁，甚至悲观厌世，可有自杀企图和行为。抑郁症其实并不可怕，只要及时发现，早治疗，一般治疗效果都很好，复发率也很低。

≡ 扩/展/阅/读

我有一条"黑狗"，它的名字叫抑郁

"心中的抑郁就像只黑狗，一有机会就咬住我不放"。截至2019年，我国抑郁症发病率最高达6.1%，30年间，抑郁症发病率暴增10～20倍。抑郁症是世界第四大精神疾病，预计到2020年将成为第二大精神疾病。在全球自杀人群中，有高达70%的人是重度抑郁症患者。这条"黑狗"越来越多地出现在公众的视野里，让我们再也无法视而不见。那么如何识别出自己和他人是否患上了抑郁症？如果诊断出了抑郁症，又要怎么办呢？如果身边的人得了抑郁症，应该怎么做？如果想进一步了解详细内容，请扫描旁边的二维码收听老师的讲解。

扫一扫

听音频

3．强迫症

强迫症即强迫性神经症，患有此病的人总是被一种强迫思维或行为所困扰，在生活中反复出现强迫观念及强迫行为。患者自知力完好，知道强迫行为是没有必要的，却无法摆脱。

4．恐怖症

恐怖症，又称恐惧症，是以过分和不合理地惧怕外界客体或处境为主的神经症。患者明知没有必要恐惧，但仍不能防止恐惧感发作，恐惧感发作时往往极力回避所害怕的客体或处境，或是带着畏惧去忍受。

5．网络游戏障碍

网络游戏障碍是伴随互联网出现的新事物。网络游戏障碍指在无成瘾物质作用下对互联网使用冲动的失控行为，表现为过度使用互联网后学业、职业和社会功能明显损伤。其中，持续时间是诊断网络游戏障碍的重要标准，一般情况下，相关行为需至少持续12个月才能确诊。

6．进食障碍

进食障碍指以进食行为异常、对食物及体重和体型的过分关注为主要临床特征的一组疾病，在女性中较为常见。进食障碍由于最早出现的症状常常是消瘦、便秘、呕吐、闭经等营养不良、消化道及内分泌等症状，因此，这类病人起初多就诊于综合医院的消化科、内分泌科、妇科、中医科等，从而延误疾病的诊治。

进食障碍主要分为神经性厌食症和神经性贪食症，二者共同的表现是恐惧发胖，神经性厌食症患者多是体重过低，神经性贪食症患者的体重多是正常，甚至是偏高。神经性厌食症是一种高度限制性的进食模式，可导致渐进性饥饿。

以上列出的是高职大学生中几种常见的精神障碍。精神障碍的诊断是一个复杂且专业的工作，如果怀疑自己有精神障碍，请到具有资质的医院做诊断，切勿自行搜索网上的结果对号入座。

扩/展/阅/读

心理咨询可以治疗精神障碍吗？

很多精神障碍患者谈药色变，或者认为自己不需要服药，那心理咨询可不可以治疗精神疾病呢？

《中华人民共和国精神卫生法》第二十三条中规定：心理咨询人员不得从事心理治疗或者精神障碍的诊断、治疗，心理咨询人员发现接受咨询的人员可能患有精神障碍的，应当建议其到符合本法规定的医疗机构就诊。第二十九条中规定：精神障碍的诊断应当由精神科执业医师作出。也就是说心理咨询师不可以对精神障碍进行诊断和治疗，如果怀疑一位来访者有精神障碍，必须要转介到有资质的医疗机构。

有的同学得知自己有精神障碍，非常不愿意去医院，同时也不想服药，坚持要做心理咨询，其实心理咨询不能治疗精神障碍，去有资质的医院治疗才是更为有效的方式。

四、精神障碍不可怕：高职大学生精神障碍的应对措施

1．怀疑自己有精神障碍怎么办

当你发现自己的心理生病时，要怎么做呢？其实和我们身体生病是一样的，要及时就医，寻求专业人士的帮助。由于公众缺乏对于精神障碍的公共卫生知识，甚至对精神障碍存在比较严重的社会病耻感，因此，既不愿意承认自己患有精神障碍，又对其他患者避之不及。

这样的看法会对疾病的康复造成负性影响。

在怀疑自己有精神障碍时，最好的办法就是调整好心态，及时向专业人士求助。如果你对就医心存顾虑，可以先从身边容易获得的资源入手，比如你的心理学朋友，学校里的心理咨询师，把你的顾虑告诉他们，和他们一起想办法克服困难。

如果你打算去精神科就诊，那么就要做好准备。一般来说，精神科医生的初诊会持续 10 ~ 20 分钟，所以你要提前准备好自己的主诉问题，把你自己感受到的痛苦、症状充分地告知医生，积极配合医生的问诊。当医生建议你服药时，如果你对服药心存顾虑，可以坦诚地和医生沟通，并确认清楚服药的注意事项和复查等事宜。

2. 身边的人有精神障碍怎么办

如果你发现身边有人疑似患有精神障碍，一方面你可以建议对方及时就医，另一方面你要放下你心里对精神障碍的病耻感，为患者提供一个温暖、支持和无偏见的关系环境。

精神障碍的患者内心经历着孤独的痛苦，他可能一直在努力和这份痛苦抗争，甚至长期游离在生与死的边缘。身为局外人的你，是很难体会到他内心的这份痛苦的，你首先要做的是对患者保持尊重，不去妖魔化精神病人，要怀着一颗像对待一个有身体疾病的人一般的"平常心"。其次，你在建议和支持对方就医的同时，也要调整好自己的心态，做好自己的事情，并记住没有人可以为其他人的生命负责，精神障碍患者的确需要一个温暖支持的人际系统，但最终的痊愈依然是要靠他们自己。

如果你的宿舍同学得了某种精神障碍，也许你和其他同学会担心：他/她会不会伤害到我们？这个时候你们最好的做法是建议室友去学校的心理咨询中心或者就医。如果该同学有伤害他人的情况，老师和医生通常都会给予相应建议，做相应的处理。如果宿舍里的同学仍然很害怕，不知道该如何与该同学相处，宿舍同学可以一起到心理咨询中心寻求老师的支持。

3. 医疗资源如何与心理咨询资源相结合

精神障碍患者除了可以利用医疗资源，向精神科医生求助，服用精神类药物，还可以借助心理咨询的支持。患者如果想采用医疗资源和心理咨询资源相结合的方式治疗疾病，则需要了解这两种资源的不同。

精神科的心理治疗和心理咨询适用的范围和工作方式是不同的。心理咨询服务于遇到心理困扰而非精神障碍的人群以及各类型的轻度心理障碍者，如神经症、人格障碍、适应障碍等。而精神科的心理治疗面向精神分裂症、双向情感障碍、重度抑郁等重症精神障碍患者，也包括某些较重的神经症及人格障碍患者。二者的服务对象有一定的交叉，但也存在明显不同。

那么如何判断个人适用心理治疗还是心理咨询呢？如果你怀疑自己或身边的人有严重的精神障碍（如重度抑郁），首选的是去精神科做一个明确的诊断，如果被确诊为精神障碍，那么是否要配合心理咨询要由精神科医生来判断。有些重症患者，心理咨询对他的帮助是微乎其微的。而另一些患者，在药物治疗的同时配合心理咨询效果更佳。

如果你不确定自己是否严重到要去精神科做药物治疗，也可以先选择和心理咨询师见面，通过初次评估，让心理咨询师来帮助自己判断是否需要去精神科诊断和治疗。

4. 休学后重返校园的适应

精神障碍患者在有些情况下，不适合继续学习时，可能需要办理休学或住院治疗，基本痊愈后可以重返校园。重返校园对于痊愈的大学生来说，是一个新的适应过程，既包括学业上的适应，也包括人际关系上的适应，是社会功能逐渐恢复的过程，也是一个格外要留意的时期，如果适应不良，还会引发其他的问题。

绝大部分精神障碍患者经过治疗后，在学业和人际适应上情况较好，能够融入校园生活中，正常行使社会功能。有一些精神障碍患者处于症状的残留期，返回校园后，在日常生活和学习中仍然存在一定困难，例如注意力和记忆力可能还在康复期，相较于正常水平偏低，学习上需要比其他同学付出更多的时间。这类大学生要提前做好心理准备，要认识到出现这种学业上的困难是正常的，要在心里接纳这一时期的状况，为自己设定符合当前阶段的学习目标，循序渐进，而不要过于急躁，以免功亏一篑。长时间和社会关系脱离可能导致这类大学生在人际适应上存在一定困境，这类大学生可以选择一些团体咨询的支持资源，慢慢恢复人际功能。

此外，这类大学生也可以利用学校里的心理咨询资源，向心理咨询师寻求帮助。

5. 什么情况下我是有危险的

有些精神障碍会威胁到个人的生命安全，及时识别出潜在的威胁非常重要。

在诸多精神障碍中，抑郁症是大家最为耳熟能详的。由抑郁症所导致的自杀意念和行为是我们需要识别的首要信号。在患者进入抑郁状态时，会感受到严重的心情低落、思维迟缓和意志行动减退，严重时会出现自杀意念，即想要结束自己生命的想法。也许你会认为每个人的生命中都曾有过某个瞬间想到死亡，但当这种想要结束生命的想法长期存在，而且经常出现，表现出固定的自杀意念时，这就是一个提醒你正处于危险中的信号。此时，你要及时向专业人员和身边的人寻求帮助。

一些伴有精神病性症状的精神障碍的人，会因病产生幻觉，出现幻听和幻视觉。有时，幻听到的声音也在敦促个人去自杀或者是伤害别人，这也是一个危险的信号。如果你听到有人让你自杀或者伤害别人的声音，一定要及时就医，进行有效治疗，保障自己和他人的生命安全。

6. 我有精神障碍，该不该和别人说

假如你确诊了精神障碍，相信你心里一定会产生很多问题：说还是不说，如果要说和谁说，说什么。

对"说还是不说，如果要说和谁说"的问题，这里给出以下建议。

（1）如果在治疗过程中，你可以正常地学习和生活，可以选择不告诉别人，也可以只告诉自己的好朋友或者信任的人。

（2）如果疾病会影响到你的社会功能，比如社会交往、学习等，可以这样做：①和自己比较信任的朋友说；②告诉自己的班主任老师，因为如果需要帮助，班主任老师就在身边；③告诉与自己朝夕相处的人，比如室友。

对"说什么"的问题，这里给出以下建议。

（1）不仅仅是告诉对方你得了某种病，还需要你对此病的症状做出一些科普和解释，绝大部分人对精神障碍了解并不多，甚至会感到害怕，这可以帮助你更好地和周围的人相处。

（2）直接具体地告诉对方你的需要，这可以帮助别人更好地与你相处。比如"我得了抑郁症，抑郁症的表现就是无论做什么事情都开心不起来，不管这件事情多么让人开心，所以最近一段时间我都会比较低落，如果我不开心，你们不要觉得意外，也并不是因为你们做错了什么事让我不开心。另外，你们也不必做什么事情让我开心，我真的开心不起来，也不用给我特别的关心，就像平时一样相处就好了。"

本 章 小 结

（1）心理咨询是心理咨询师运用心理学的原理和方法，帮助求助者发现自身的问题和根源，从而挖掘求助者本身潜在的能力，来改变原有的认知结构和行为模式，以提高对生活的适应性和调节周围环境的能力。

（2）心理咨询有3个特点：助人自助、互动性和心理性。

（3）心理咨询的工作对象大部分是面临发展性问题的正常人群。

（4）心理咨询作为一项专业的助人工作，不同于简单的聊天，心理咨询师要遵守一些原则：保密原则、地点设置原则、时间设置原则、预约设置原则和转介原则等。

（5）心理咨询有个人咨询、家庭咨询和团体咨询3种不同形式。

（6）心理咨询主要靠心理咨询过程中来访者与心理咨询师的工作联盟，工作联盟包括咨询中的目标一致、任务一致和双方的情感连接。

（7）心理咨询有不同流派，包括精神分析、认知疗法、行为治疗、人本主义、后现代心理咨询等，各种流派之间的咨询效果并没有差异。

（8）每一所高校都有专门的心理健康服务机构，可以在你所在的高校里找到相关的心理服务资源。一般来说高校的心理咨询中心的服务内容主要包括：开设心理健康课程、讲座，进行个人、团体咨询等。

（9）挑选适合自己的心理咨询资源，可以从了解心理相关知识、挑选适合自己的心理健康服务、挑选适合自己的心理咨询师入手。

（10）在心理咨询前，你如果能够对心理咨询有比较正确的理解，往往会提高心理咨询的效率。

（11）精神障碍指由各种原因引起的感知、情感和思维等精神活动的紊乱或者异常，导致个人出现明显的心理痛苦或者社会适应等功能损害。

（12）高职大学生常见的精神障碍有焦虑症、抑郁症、强迫症、恐怖症、网络游戏障碍和进食障碍。

（13）心理咨询师不能进行精神障碍的诊断和治疗，你如果怀疑自己有某种精神障碍，需要到有资质的医院进行诊治。

（14）判断某个人是否精神异常可以从其行为、情绪、认知和生理表现4个方面进行初步判断。

（15）如果怀疑自己得了精神疾病，一定要及时就医，以免耽误病情。如果被医生诊断为精神疾病，需要做的是：以精神科医生的诊断为主，遵医嘱服药；坚持服药，不要私自停药或者断药。

思考题

"天才"还是"疯子"——一个沉默的怪才

小娇是话剧社的知名编剧，佳琪早就想会一会大家口中常念叨的奇才。当佳琪第一次和小娇见面时，佳琪却不知所措。小娇似乎不太爱说话，也不怎么搭理她。当她和小娇打招呼时，小娇只是很小声地"嗯"了一下，声音简直可以忽略不计。据说刚开始的时候大家都非常担心她，班主任还因为她的沉默寡言把她带到心理咨询中心去，想让她变得乐观起来，起码说话能让别人听见声音。

你怎么看小娇的问题？

推荐资源

（1）书籍：《身体从未忘记：心理创伤疗愈中的大脑、心智和身体》，巴塞尔·范德考克著。

本书针对人们遭受的心灵创伤提出了多个被证实有效的创新疗法（包括神经反馈、正念、游戏、瑜伽、眼动脱敏与再加工等），这些方法可以激活大脑自然的神经可塑性，重新连接被创伤扭曲、失去功能的大脑回路（尤其是那些与快乐、投入和信任有关的脑区），一步步重建"感知当下"的能力。这些治疗方法也能提供新的身体体验，消除创伤留下的无力、愤怒和崩溃的感觉，让人们重获自我控制。

（2）电影：《美丽心灵》。

故事的原型是数学家约翰·福布斯·纳什。英俊而又十分古怪的约翰·福布斯·纳什早年就做出了惊人的数学发现，开始享有国际盛誉。但约翰·福布斯·纳什出众的直觉受到了精神分裂症的困扰——原来约翰·福布斯·纳什的挚友查尔斯、查尔斯可爱的小侄女和威廉·帕彻都是约翰·福布斯·纳什的幻觉。在妻子艾丽西亚的支持下，约翰·福布斯·纳什被她那坚贞不渝的爱情和忠诚感动，最终决定与这场被认为是只能好转、无法治愈的疾病作斗争。

处在病魔的重压之下，他仍然被那令人兴奋的数学理论所驱使着，他决心寻找自己恢复常态的方法。通过意志的力量，他接纳他所出现的幻觉，与幻觉共存，他一如既往地继续进行他的工作，并于 1994 年获得了诺贝尔奖。

参考文献

[1]美国不列颠百科全书公司. 简明不列颠百科全书（第9卷）［M］. 中国大百科全书出版社《不列颠百科全书》国际中文版编辑部，编译. 北京：中国大百科全书出版社，1986.

[2]林崇德. 发展心理学［M］. 北京：人民教育出版社，1998.

[3]伊斯特伍德·阿特沃特，卡伦·达菲. 心理学改变生活（第9版）［M］. 邹丹，张莹，等译. 北京：世界图书出版公司，2011.

[4]谢弗等. 发展心理学——儿童与青少年（第8版）［M］. 邹泓，等译. 北京：中国轻工业出版社，2009.

[5]田宏碧，陈家麟. 中国大陆心理健康标准研究十年的述评［J］. 心理科学，2003（04）.

[6]江光荣，王铭. 大学生心理求助行为研究［J］. 中国临床心理学杂志，2003（03）.

[7]张大均. 心理健康教育的目标与功能［J］. 成都航空职业技术学院学报，2003（02）.

[8]乔·卡巴金. 正念——身心安顿的禅修之道（第1版）［M］. 雷叔云，译. 海口：海南出版社，2009.

[9]罗晓路，夏翠翠. 大学生心理健康教育［M］. 上海：上海交通大学出版社，2012.

[10]乔纳森·布朗. 自我［M］. 陈浩莺，等译. 北京：人民邮电出版社，2004.

[11]樊富珉，付吉元. 大学生自我概念与心理健康的相关研究［J］. 中国心理卫生杂志，2001，15（02）.

[12]张月娟，阎克乐，王进礼. 生活事件、负性自动思维及应对方式影响大学生抑郁的路径分析［J］. 心理发展与教育，2005（01）.

[13]郭金山，车文博. 大学生自我同一性状态与人格特征的相关研究［J］. 心理发展与教育，2004（02）.

[14]王淑兰. 关于大学生自我意识发展趋势与特点的调查研究［J］. 心理科学，1989（02）.

[15]姚信. 大学生自我概念发展状况研究［J］. 中国心理卫生杂志，2003，17（01）.

[16]李松霞，王俊红，邹香. 自我决定理论下的自主支持教学策略研究［J］. 大学教育，2019，3.

[17]丹尼斯·库恩. 心理学导论（第9版）［M］. 郑钢，译. 北京：中国轻工业出版社，2004.

[18]王登峰，崔红. 人格结构的中西方差异与中国人的人格特点[J]. 心理科学进展，2007，15(02)：196-202.

[19]彭聃龄. 普通心理学［J］. 北京：北京师范大学出版社，2001.

[20]聂振伟. 大学心理［M］. 北京：中国人民大学出版社，2009.

[21]马蒂·兰妮. 内向孩子的潜在优势［M］. 赵曦，译. 长春：北方妇女儿童出版社，2011.

[22]维吉尼亚·萨提亚. 萨提亚家庭治疗模式［M］. 聂晶，译. 北京：世界图书出版公司，2007.

[23]布赖恩·利特尔. 突破天性［M］. 黄珏苹，译. 杭州：浙江人民出版社，2018.

[24]格里格，津巴多. 心理学与生活［M］. 王垒，王甦，等译. 北京：人民邮电出版社，2003.

[25]奥苏伯尔，诺瓦克，汉内先. 教育心理学——认知观点［M］. 余星南，宋钧，译. 北京：人

民教育出版社，1994.

［26］孙瑞雪. 完整的成长［M］. 北京：世界图书出版社，2010.

［27］维克多·弗兰克尔. 活出生命的意义［M］. 吕娜，译. 北京：华夏出版社，2010.

［28］刘儒德. 教育中的心理效应［M］. 上海：华东师范大学出版社，2006.

［29］钟谷兰，杨开. 大学生职业生涯发展与规划［M］. 上海：华东师范大学出版社，2008.

［30］中共北京市委教育工作委员. 大学生心理健康与自我成长［M］. 北京：北京出版社，2011.

［31］卡伦·达菲. 心理学改变生活（第9版）［M］. 邹丹，张莹，等译. 北京：世界图书出版公司，2011.

［32］凯利·麦格尼格尔. 自控力［M］. 王岑卉，译. 北京：印刷工业出版社，2012.

［33］克里斯托弗·彼得森，史蒂文·迈尔，马丁·塞利格曼. 习得性无助［M］. 戴俊毅，译. 北京：机械工业出版社，2010.

［34］陈琦，刘儒德. 教育心理学［M］. 北京：高等教育出版社，2005.

［35］Andrew J. Dubrin. 职业心理学（第7版）［M］. 姚翔，译. 北京：中国轻工业出版社，2008.

［36］泰勒·本－沙哈尔. 幸福超越完美［M］. 倪子君，刘骏杰，译. 北京：机械工业出版社，2011.

［37］彼得·布朗，亨利·L·罗迪格三世，马克·A·麦克丹尼尔. 认知天性［M］. 邓峰，译. 北京：中信出版社，2018.

［38］约翰·佩里. 拖拉一点也无妨［M］. 苏西，译. 杭州：浙江大学出版社，2013.

［39］侯玉波. 社会心理学［M］. 北京：北京大学出版社，2007.

［40］坎贝尔. 多元智力教与学的策略［M］. 霍力岩，等译. 北京：中国轻工业出版社，2004.

［41］郑日昌. 大学生心理诊断. 济南：山东教育出版社，1999.

［42］Marti Olsen Laney. 内向者优势——如何在外向的世界中获得成功［M］. 杨秀君，译. 上海：华东师范大学出版社，2008.

［43］蔡玲丽，宋茜，赵春鱼. 大学生人际关系自我效能感状况及其辅导策略［J］. 思想理论教育，2011（105）.

［44］杜布林. 心理学与人际关系（第8版）［M］. 王佳艺，译. 北京：中国人民大学出版社，2010.

［45］莎伦·布雷姆，罗兰·米勒，丹尼尔·珀尔曼，苏珊·坎贝尔. 亲密关系［M］. 郭辉，肖斌，译. 北京：人民邮电出版社，2011.

［46］弗洛姆. 爱的艺术［M］. 李健鸣，译. 上海：上海译文出版社，2008.

［47］戈特曼. 幸福婚姻七法则［M］. 刘艳，译. 成都：四川人民出版社，2003.

［48］查普曼. 爱的五种语言［M］. 王云良，陈曦，译. 南昌：江西人民出版社，2010.

［49］李明建. 90后男、女大学生恋爱观对比分析［J］. 宁波教育学院学报，2010. 12（06）.

［50］王芳，尹瑜新. 当代大学生恋爱观与性心理调查［J］. 学习月刊，2012，（02）.

［51］吴立云. 大学生的恋爱心理及性观念分析［J］. 中外企业家，2011（14）.

［52］胡维芳. 当代大学生性心理发展的特点与教育对策［J］. 江苏技术师范学院学报，2007（01）.

［53］施塔，卡拉特. 情绪心理学（第二版）. 同仁来，译. 北京：中国轻工业出版社，2015.

［54］玛蒂·莱利. 内向者优势. 杨秀君，译. 上海：华东师范大学出版社，2008.

［55］马丁·塞利格曼. 持续的幸福［M］. 赵昱鲲，译. 杭州：浙江人民出版社，2012.

［56］米哈里·契克森米哈赖. 幸福的真意［M］. 张定绮，译. 北京：中信出版社，2009.

［57］赵昱鲲. 消极时代的积极人生［M］. 杭州：浙江人民出版社，2012.

［58］芭芭拉·弗雷德里克森. 积极情绪的力量［M］. 王珺，译. 北京：中国人民大学出版社，2010.

［59］布鲁纳. 多变世界中的压力应对（第3版）［M］. 石林，译. 北京：高等教育出版社，2008.

［60］戴夫·阿尔里德. 驾驭压力受益终身的8条抗压守则［M］. 许人文，译. 北京：人民邮电出版社，2018.

［61］布鲁斯·霍维德. 超级复原力：简单有效的抗压行动法. 傅婧瑛，译. 北京：人民邮电出版社，2017.

［62］弗兰克尔. 追寻生命的意义［M］. 何忠强，杨凤池，译. 北京：新华出版社，2003.

［63］塞利格曼. 真实的幸福［M］. 洪兰，译. 沈阳：万卷出版公司，2010.

［64］贾晓明，陶勒恒. 大学生心理健康——走向和谐与适应［M］. 北京：北京理工大学出版社，2007.

［65］田宝伟. 心理学的帮助——心理学通识读本［M］. 北京：高等教育出版社，2011.

［66］江光荣，王铭. 大学生心理求助行为研究［J］. 中国临床心理学杂志，2003（11）.

［67］沈德立. 大学生心理健康［M］. 北京：高等教育出版社，2017.

［68］陆晓娅. 影像中的生死课［M］. 北京：北京师范大学出版社，2016.

［69］金兰都. 因为痛，所以叫青春［M］. 金勇，译. 南宁：广西科学技术出版社，2012.

［70］卡伦·达菲，伊斯特伍德·阿特沃特. 心理学改变生活（第8版）［M］. 张莹，丁云峰，杨洋，译. 北京：世界知识出版公司，2006.

［71］罗伯特·C·里尔登等. 职业发展与规划（第3版）［M］. 侯志瑾，译. 北京：中国人民大学出版社，2012.

［72］张进辅. 青年职业心理发展与测评［M］. 重庆：重庆大学出版社，2009.

［73］黄天中. 生涯体验——生涯发展与规划（第3版）［M］. 北京：高等教育出版社，2015.

［74］施国春. 大学生职业探索的现状与成因［J］. 辽宁医学院学报（社会科学版），2008（03）.

［75］江光荣. 心理咨询的理论与实务［M］. 北京：高等教育出版社，2005.

［76］哈特. 谁在左右你的情绪与食欲（第8版）［M］. 屈宗利，吴志红，译. 北京：科学出版社，2009.

［77］艾德蒙伯恩. 心理医生为什么没有告诉我［M］. 邹枝玲，等译. 重庆：重庆大学出版社，2009.

［78］迈克尔·尼克尔斯，西恩·戴维斯. 家庭治疗概念与方法（第11版）［M］. 方晓义婚姻家庭治疗课题组译. 北京：北京师范大学出版社，2017.

［79］马修·约翰斯通，安斯利·约翰斯通. 我有一只叫抑郁症的黑狗［M］. 康太一，译. 南宁：广西科学技术出版社，2017.